FRANK THIELE

Richtig schnorcheln

pietsch

Einbandgestaltung: Katrin Kleinschrot, Marion Köster
Titelbild: Frank Thiele

Bildnachweis: Der größte Teil der zur Illustration dieses Buches verwendeten Aufnahmen stammt von Frank Thiele. Ein Teil der Bilder wurde freundlicherweise von SDI/TDI Germany zur Verfügung gestellt.

ISBN 978-3-613-50787-6

Ein Unternehmen der Paul Pietsch-Verlage GmbH & Co. KG

1. Auflage 2015

Sie finden uns im Internet unter www.pietsch-verlag.de

Lektorat: Horst Dederichs, Steffi Gaede
Innengestaltung: tebitron gmbh, 70839 Gerlingen
Satz: tebitron gmbh, 70839 Gerlingen
Druck und Bindung: Druck- und Medienzentrum Gerlingen, 70839 Gerlingen
Printed in Germany

Vorwort

Ich blätterte in diesem alten, in Leder eingeschlagenen Buch. Man musste sehr vorsichtig dabei sein, damit man nicht eine der doch sehr vergilbten Seiten beschädigte oder gar herausriss. Mein Blick fiel auf eine altertümliche Darstellung, auf der sich ein kleines Segelboot befand, von dem sich augenscheinlich jemand ganz bewusst ins Wasser stürzte, und ein anderer an der Reling hängend, wiederum etwas in das Boot hineinzerrte. Was ging hier vor? Mein Interesse war geweckt.

Ich fand heraus, dass bereits vor mehr als tausend Jahren sowohl vor Nordaustralien und den malaiischen Inseln als auch im Mittelmeer, Perlen- und Schwammtaucher schnorchelnd ihre Arbeit verrichteten. In alten Schriften wird erwähnt, dass beispielsweise der Perserkönig Xerxes bereits vor rund 500 Jahre vor Christus seine Sklaven wertvolle Schmuckstücke aus gesunkenen Schiffen an die Oberfläche bringen lassen hat. Schon damals verließ man sich auf die Ausdauer, Geschicklichkeit, Muskelkraft und die Kraft der Lungen.

Das Schnorcheln führte immer ein Schattendasein, selbst als Anfang des 20. Jahrhunderts die weltweit rasante Entwicklung des Sporttauchens einsetzte. Für den großen Bruder Tauchen wurden immer wieder technisch ausgereifte, supermoderne Ausrüstungen entwickelt, die einen Tauchgang unter Wasser zu einem sicheren und unvergesslichen Erlebnis werden lassen. Das dazugehörige vielfältige Wissen über die Welt unter Wasser wird heutzutage durch Verwendung modernster pädagogischer Techniken und Unterrichtsmaterialien (Bücher, Videos, DVDs etc.) vermittelt, und ermöglicht es damit nahezu jedem einfach und sicher in eine phantastische Welt voller Schönheit, Spaß und unvergesslicher Momente einzutauchen.

Und wie steht es mit dem Schnorcheln? Es wird leider immer noch ignoriert. Dabei gibt es wohl kaum eine vergleichbare Sportart, die sich so harmonisch in das moderne Freizeitverhalten unserer Gesellschaft einzupassen versteht, wie das Schnorcheln. Denn beim Schnorcheln - unabhängig von der Intensität mit der es betrieben wird - werden Mensch und Natur ideal miteinander verbunden. Man schwebt schwerelos durch die Stille, wird vom Wasser umschmiegt - man ist eins mit der Natur. Schillernde Farben, bizarre Schönheiten. Erleben, erfühlen und verzaubert werden, darum geht es. Schnorchler wissen, dass unter Wasser eine Wunderwelt auf sie wartet.

In dem vorliegenden Buch soll sowohl der Schnorchel-Interessierte, der sich einmal von der atemberaubenden Unterwasserwelt in den Bann ziehen lassen will, als auch der bereits erfahrene Schnorchler, Informationen und Anregungen finden, die das Schnorcheln zu einem unvergesslichen Erlebnis werden lassen. Der Schnorchel-Sport lässt jedem seine ganz persönlichen Wünsche und Vorstellungen verwirklichen.

Ein paar Worte zur Sicherheit: Schnorcheln gehört zu den Erlebnissportarten. Selbst wenn Sie keinerlei Fehler machen, bleibt doch immer ein Restrisiko für Leib und Leben. Sicherheit per Definition gibt es in einer erlebnisorientierten Natursportart wie dem Schnorcheln nicht. Wenn Sie sich dafür entscheiden sollten zu schnorcheln, müssen Sie dies deshalb aus freiem Willen tun und bereit sein, die Risiken dieser Sportart selbst zu tragen.

Jede Ausübung des Schnorchel-Sports erfordert spezielle gesundheitliche Voraussetzungen, theoretisches Wissen, praktische Ausbildung und spezifische Ausrüstung. Die im vorliegenden Buch zusammengetragenen Informationen erfüllen nicht die Anforderungen einer Bedienungsanleitung, sondern sind lediglich als Nachschlagewerk und Denkanstoß zu verstehen.

Ich freue mich, dass Sie hier aufgetaucht sind, und wünsche Ihnen nun viel Spaß auf Ihrer Entdeckungsreise in eine phantastische Welt voller Abenteuer. Verwirklichen Sie Ihre Träume, machen Sie neue Erfahrungen und brechen Sie auf zu neuen Ufern - und entdecken Sie dabei die Schätze der Unterwasserwelt!

Erlebnisreiche und sichere Schnorchel-Ausflüge wünscht Ihnen Ihr

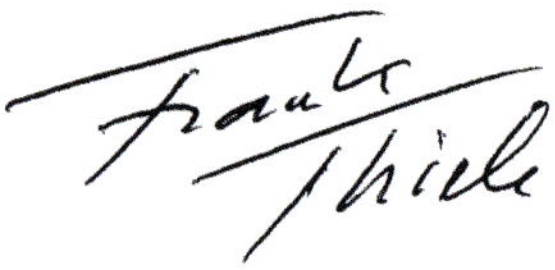

Frank Thiele
(www.FrankThiele.info)

Frank Thiele ist als Unternehmensberater für diverse Firmen in der Tourismusbranche weltweit tätig. Er bietet sein Know-how speziell für den Tauch-/Wassersport und in den Bereichen Hotel/Dienstleistungen an.

Die Welt unter Wasser fasziniert viele Menschen. Das Meer, diese unermessliche Wüste aus Wasser, ist Quelle allen Lebens und ein Ort voller Zauberei und Magie. Doch unser Wissen darüber ist leider sehr begrenzt, und es gibt noch so viel zu entdecken und zu verstehen. Gerade als Schnorchler und Liebhaber der Unterwasserwelt kann man aber leider auch direkt miterleben, wie die Schönheit der Meere, Seen und Gewässer immer mehr beeinträchtigt wird - insbesondere durch menschliche Aktivitäten.

»Mein Appell geht daher an jeden, der dieses Buch liest, niemals zu vergessen, diesem unendlichen Blau und seinen Bewohnern immer mit dem Respekt zu begegnen, den sie verdienen! Ich glaube an die Zukunft der Ozeane, und ich setze mich dafür ein - auch zum Wohl nachfolgender Generationen.«

Inhaltsverzeichnis

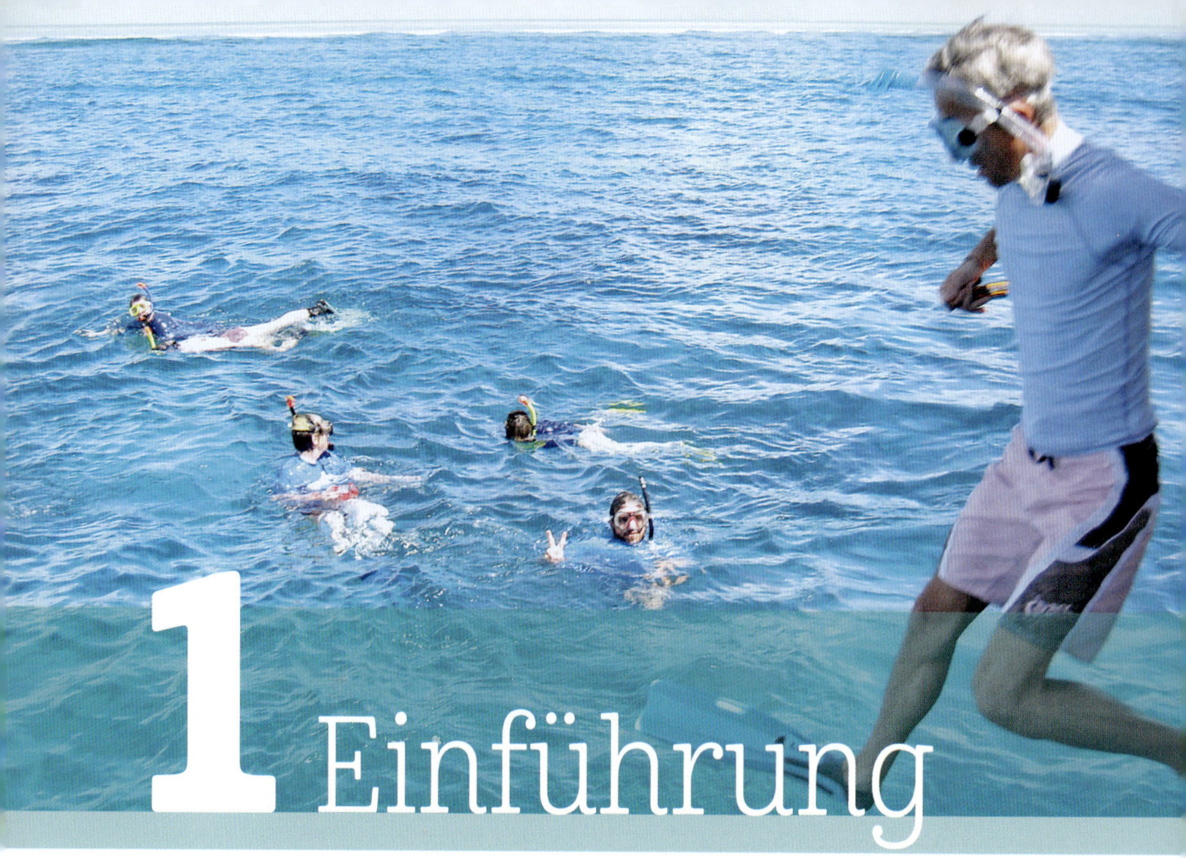

1 Einführung

1.1 Freude am Schnorcheln

Schnorcheln ist Faszination

Es ist eines der letzten Abenteuer unserer Zeit. Das schwerelose Gleiten in dem Element Wasser ist nicht nur ein elementares Naturerlebnis, sondern hat schon so manchen Schnorchel-Einsteiger süchtig gemacht.

Schnorcheln ist Abenteuer und Entdeckungslust

Die Oberfläche des Mondes ist uns Menschen besser bekannt als der Grund der Ozeane. Unter der Wasseroberfläche wartet noch heute eine Fülle an Schätzen darauf, von uns entdeckt zu werden. Man kann Dinge sehen, die ein Großteil der meisten Menschen mit Sicherheit niemals zu Gesicht bekommt. Außerdem haben Sie als Schnorchler das Privileg, sich an Plätze und Orte begeben zu können, die ebenfalls den meisten Menschen versperrt bleiben. Schnorcheln Sie am Strand, im See, im offenen Meer, an versunkenen Schiffen oder in Höhlen und entdecken Sie die Schätze der Unterwasserwelt.

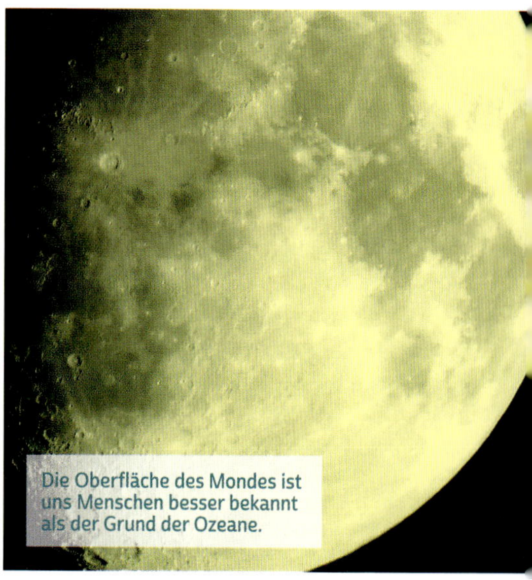

Die Oberfläche des Mondes ist uns Menschen besser bekannt als der Grund der Ozeane.

Schnorcheln ist Erlebnis

Sie haben wahrscheinlich bereits Filme, Dokumentationen im Fernsehen, oder Fotos über die faszinierende Unterwasserwelt und das Schnorcheln gesehen. Doch bevor Sie es nicht selbst ausprobiert haben, können Sie nicht nachvollziehen, wie es wirklich ist. Nichts auf der Welt ist vergleichbar mit den Gefühlen, die Sie hierbei erleben werden. Die Aufregung, sich im und unter Wasser zu befinden und sich sicher fortbewegen zu können, die Freiheit der Schwerelosigkeit, die neuen und interessanten Lebewesen und Lebensformen, und die einzigartigen neuen Bilder, Eindrücke und Geräusche. Schnorchel-Erlebnisse sind einzigartig und unvergesslich.

Schnorcheln ist ein weltweites Hobby

Von den Schiffswracks vor der Küste Schottlands, über die tropischen Riffe der Malediven, bis hin zu den Seehundkolonien in Feuerland - das Schnorcheln wird weltweit ausgeübt. Aber vergessen wir nicht das Schnorcheln in den heimischen Seen, oder in den Kelp-Wäldern Kaliforniens und den Bergseen der Alpen - denn überall dort, wo Wasser ist, kann auch geschnorchelt werden. Durch das Schnorcheln werden Sie Orte und Plätze besuchen, die Sie sonst möglicherweise nicht gesehen hätten.

Schnorcheln ist eine Herausforderung

Auch wenn Sie bereits hunderte Male schnorcheln waren, wird für Sie jeder neue Platz immer wieder eine Herausforderung sein. Oder wollen Sie nicht auch einmal an Ihren Lieblingsplatz in der Nacht schnorcheln, oder dabei helfen, verloren gegangene Objekte im Wasser zu suchen und zu bergen, oder einmal in einem kristallklaren Bergsee schnorcheln, oder mehr über das Leben und die Zusammenhänge unter Wasser lernen, oder ..., oder ..., oder ...? Sie sehen, das Schnorcheln bringt Ihnen immer wieder neue Herausforderungen und Einblicke.

Schnorcheln ist ein Naturerlebnis

Wasser, das Element aus dem - soweit wir wissen - alles Leben hervorgegangen ist. Schwereloses Schweben durch die Stille, schillernde Farben, unbekannte Lebensformen, bizarre Schönheiten, erleben, erfühlen und verzaubert werden, dies alles lässt das Schnorcheln zu einem elementaren Naturerlebnis werden. Können Sie sich vorstellen, welchen phantastischen Eindruck die Begegnung mit einem Delphin oder Wal hinterlässt? Schnorchler wissen, dass unter Wasser eine Wunderwelt auf sie wartet.

Schnorcheln für jedes Alter

Egal in welchem Alter Sie mit dem Schnorcheln beginnen, es wird mit Ihnen wachsen. Es gibt immer wieder etwas Neues zu sehen und zu entdecken, und Sie können die Erlebnisse ganz individuell und auf Ihre persönlich bevorzugte Art

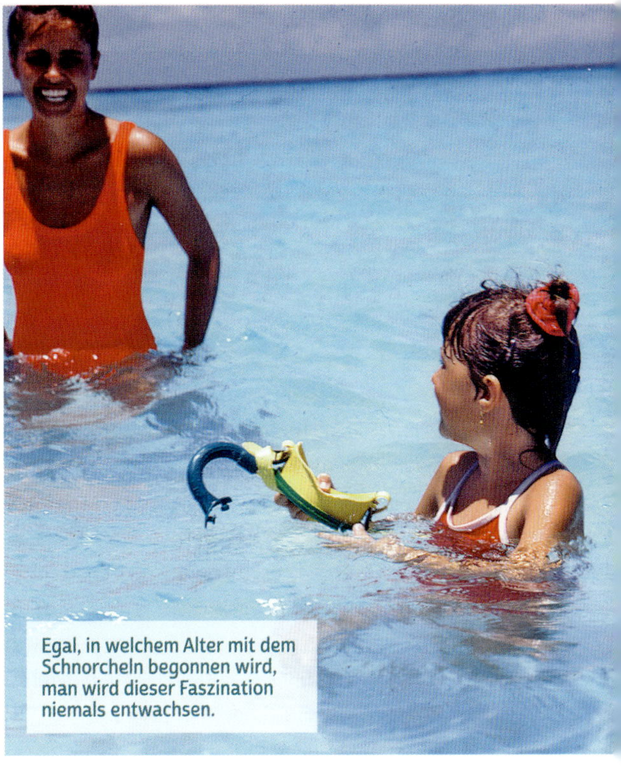

Egal, in welchem Alter mit dem Schnorcheln begonnen wird, man wird dieser Faszination niemals entwachsen.

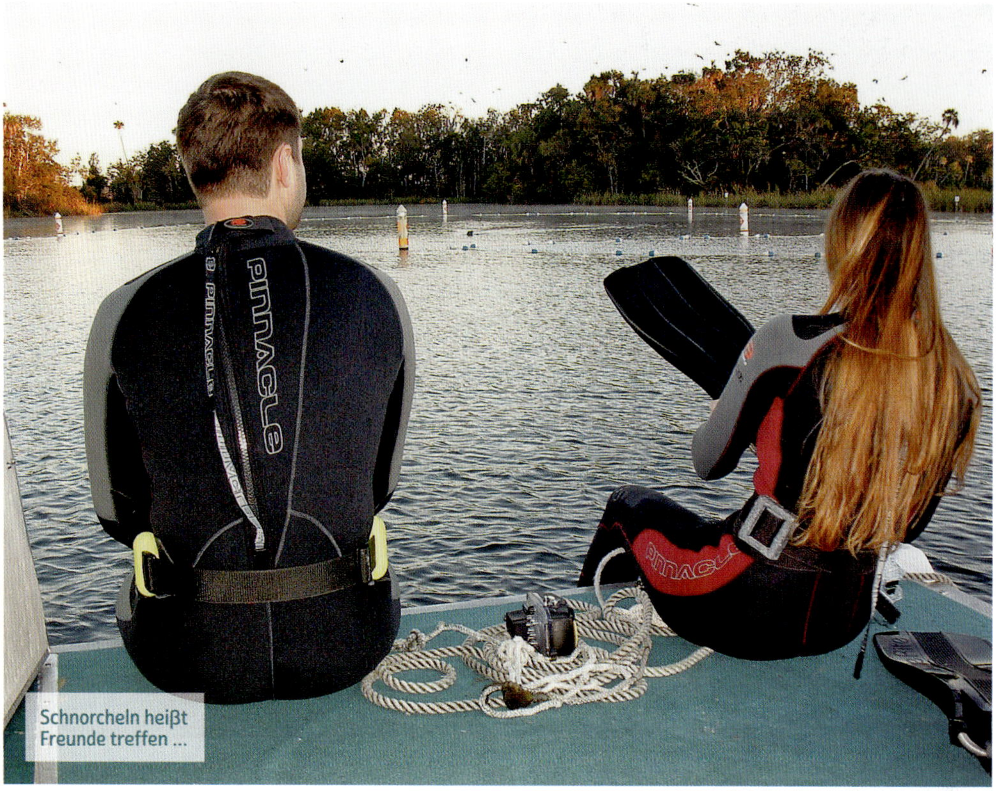

Schnorcheln heißt Freunde treffen ...

und Weise genießen. Kaum eine andere Aktivität kann Ihnen so leicht erfüllen, was Sie sich erhofft haben - jetzt, morgen und in zehn Jahren. Sie werden dem Schnorcheln niemals entwachsen.

Schnorcheln heißt Freunde treffen

Sie sind der Meinung nur Sie interessieren sich für das Schnorcheln? Weit gefehlt! Das Schnorcheln hat in den letzten Jahren zwar im Schatten des Tauchsports gestanden, dort aber auch eine sehr positive Entwicklung erfahren - und dies weltweit. Nahezu überall werden Sie Gleichgesinnte treffen und neue Freundschaften schließen können. Da Sie möglichst niemals alleine schnorcheln sollten, ist es für Sie umso besser, je mehr schnorchelnde Freunde und Bekannte Sie haben. Begeistern Sie auch Ihre Familie beispielsweise durch selbstgemachte Unterwasserfotos oder Videoaufnahmen. Dadurch können auch Nicht-Schnorchler an Ihren Erlebnissen teilhaben. Erleben und teilen Sie die schönen Momente des Schnorchelns mit Ihren Freunden.

Schnorcheln ist Spaß

Selbstverständlich kommt der Faktor Spaß auch beim Schnorcheln nicht zu kurz. Allein die Vorbereitungen auf einen Schnorchel-Ausflug, die Organisation, die Planung und Durchführung machen immer wieder Spaß, denn kein Ausflug ist wie der andere. Und auch beim gemütlichen Zusammensitzen nach dem Schnorcheln wird so manches »Schnorchel-Latein« gesponnen. Generell sind Schnorchler ein offenes und lustiges Völkchen und unter Gleichgesinnten und Freunden gibt es immer wieder eine Gelegenheit, den einen oder anderen Scherz zu machen.

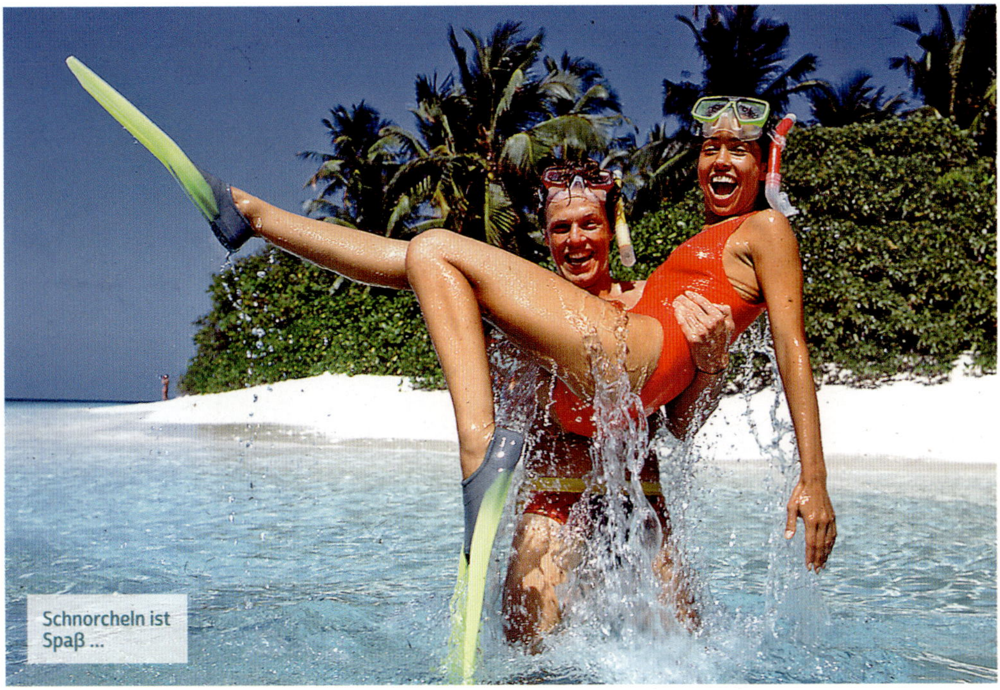

Schnorcheln ist Spaß …

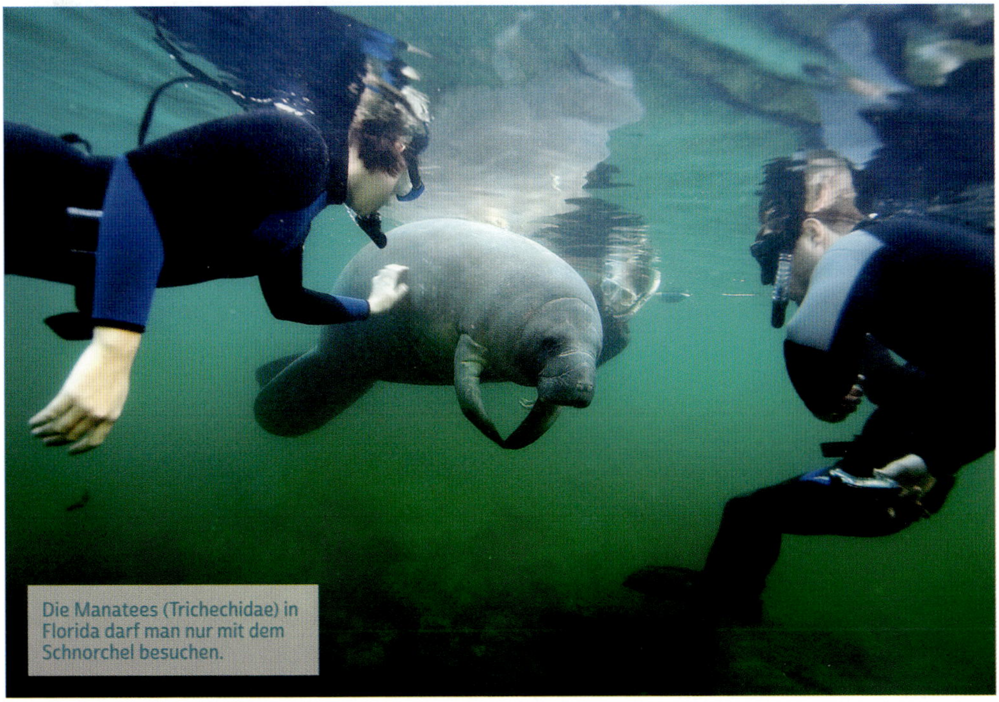

Die Manatees (Trichechidae) in Florida darf man nur mit dem Schnorchel besuchen.

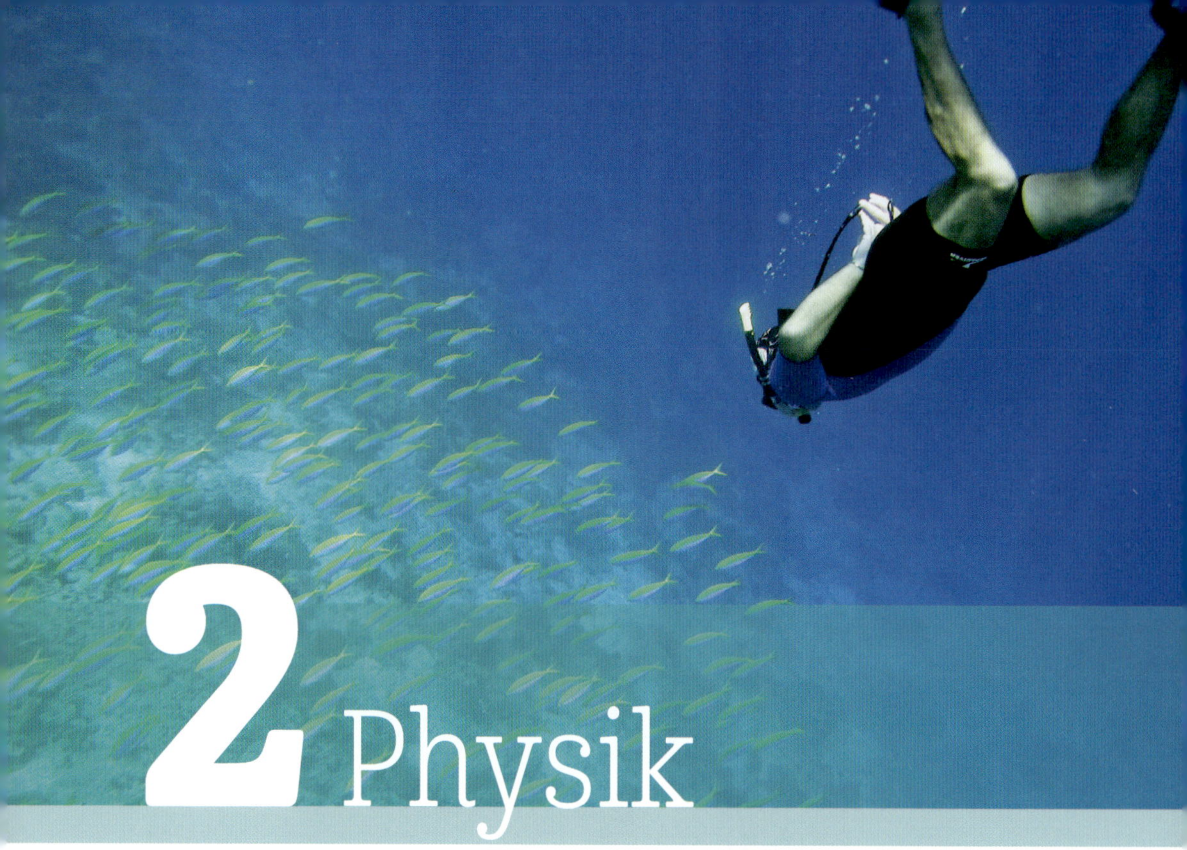

2 Physik

2.1 Was ist Luft?

Schnorchler brauchen Luft zum Atmen. Doch was ist eigentlich Luft? Nun, die normale atmosphärische Luft, die wir atmen, ist ein Gemisch aus verschiedenen Gasen. Sie besteht aus 78 % Stickstoff (N_2), 21 % Sauerstoff (O_2), 0,1 % Edelgase, Wasserdampf, Kohlenmonoxid und anderen Gasen. Im Vergleich zum Wasser kann Luft beispielsweise zusammengedrückt (komprimiert) werden. Luft hat auch eine geringere Dichte (das ist der Abstand der einzelnen Moleküle zueinander) als Wasser. Deswegen ist es vergleichsweise so schwer im Wasser zu laufen (Wiederstand). Wasser ist nämlich 800 mal dichter als Luft, und aufgrund dieser größeren Dichte entzieht Wasser dem menschlichen Körper auch 20 mal schneller Wärme im Vergleich zu Luft (Wärmeleitfähigkeit).

2.2 Die Atmung

Durch die Atmung wird unser Körper mit dem lebenswichtigen Sauerstoff versorgt. Bei der Atmung wird aber vor allem auch gleichzeitig das durch Stoffwechselvorgänge entstandene Kohlendioxid (CO_2) aus unserem Körper herausgeatmet. Durch rhythmisch wechselndes ein- und ausatmen erfolgt ein ständiger Austausch der Luft in den Lungen (Ventilation). Von dem 21 % Sauerstoff-Anteil der Luft werden beim Einatmen jedoch nur ganze 4 % im Körper chemisch gebunden und den Stoffwechselvorgängen zugeführt, 17 % werden bei der Ausatmung wieder unverbraucht abgegeben. Selbst bei körperlicher Belastung (also bei erhöhtem Sauerstoffverbrauch) bleibt die gebundene Menge von 4 % Sauerstoff pro Atemzug konstant, die Atmung wird nur beschleunigt und vertieft. Den Impuls zur Atmung bekommt unser Körper vom Atemzentrum (es befindet sich im verlängerten Rückenmark, Über-

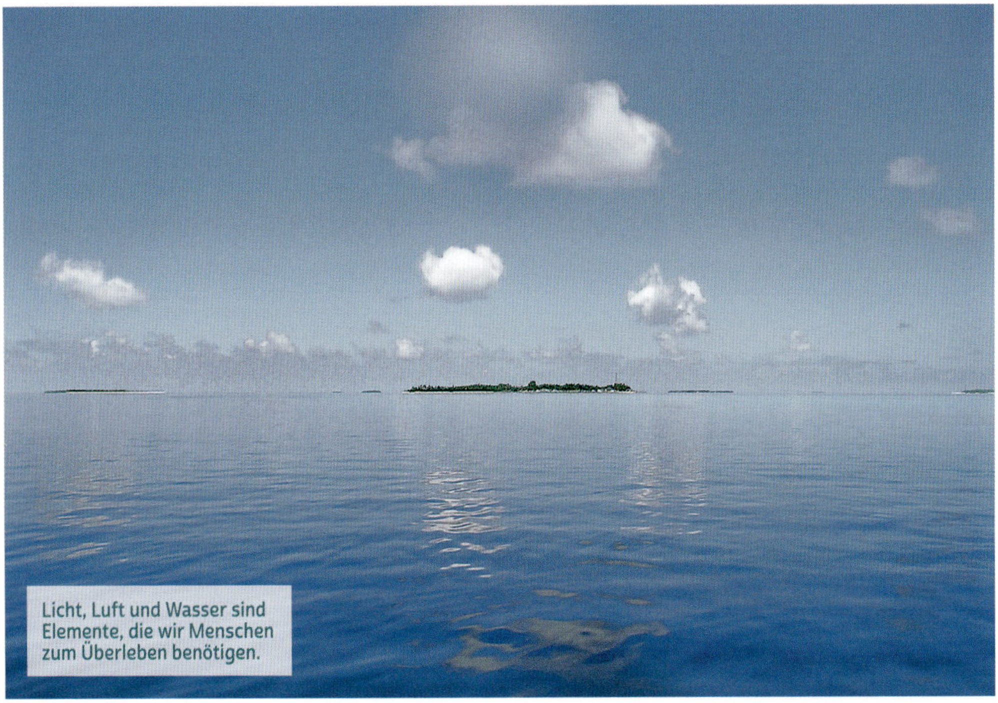

Licht, Luft und Wasser sind Elemente, die wir Menschen zum Überleben benötigen.

gang Rückenmark-Gehirn). Das Atemzentrum reagiert auf das im Blut gebundene Kohlendioxid (Abbauprodukt des Stoffwechsels). Erreicht der Kohlendioxidspiegel einen bestimmten Wert, erfolgt der Atemreiz. Bei körperlicher Anstrengung steigt der Kohlendioxidspiegel schneller an, woraufhin wir verstärkt atmen müssen, um den erhöhten Sauerstoffbedarf im Körper zu decken. Der Transport des Sauerstoffs, als auch des Kohlendioxids sowie der anderen gelösten Nährstoffe, wird vom Blut übernommen.

2.3 Die richtige Atemtechnik

Das Atmen durch einen Schnorchel will gelernt sein, gerade bei rauen Wasserverhältnissen (z.B. Wellengang). Jeder Schnorchel schafft einen gewissen Atemwiderstand, da die Luft im Rohr hin und her bewegt werden muss. Atmen Sie daher langsam und tief, um die Lungen auch mit ausreichend frischer Luft zu versorgen, und verbrauchte Luft heraus zu atmen. Wenn Sie hingegen zu flach atmen, steigt der Kohlendioxidgehalt in Ihrem Körper, da die Luft im Schnorchel-Rohr nicht vollständig ausgeatmet, und somit auch nicht ausgetauscht wird. Sie atmen also immer wieder alte und verbrauchte Luft ein (Pendelatmung). Aber auch die Atemwege zu und von der Lunge (Mund, Nase, Rachenraum, Luftröhre etc.) enthalten Luft, welche beim eigentlichen Gasaustausch zwischen Sauerstoff und Kohlendioxid keine direkte Rolle spielen. Man bezeichnet sie daher als Toträume. Der Schnorchel erhöht diese im Körper enthaltenen natürlichen Toträume.

Beim Schnorcheln schwimmt man bekanntermaßen in waagerechter Lage im Wasser mit dem Gesicht nach unten. Da sich Ihr Körper im Wasser befindet, stehen Ihre Lungen unter einem etwas höheren Druck als die Luft, die Sie durch den Schnorchel einatmen. Dadurch wird die Atmung auch noch zusätzlich erschwert.

Falls Sie einmal versehentlich Wasser einatmen sollten, kann es sein, dass Sie einen Hustenreiz bekommen. Halten Sie in solch einer Situation den Schnorchel mit einer Hand fest, und husten Sie kräftig in ihn hinein. Beim Niesen sollten Sie vorsichtshalber zusätzlich auch die Maske festhalten.

Wasser kann in den Schnorchel eindringen. Sie werden sich nicht verschlucken, wenn Sie vorsichtig einatmen, nachdem Sie den Schnorchel ausgeblasen haben. Zusätzlich können Sie auch noch die Zunge gegen den Gaumen drücken – falls doch noch ein kleiner Rest Wasser im Schnorchel war, findet dieser nicht direkt den Weg in die Luftröhre. Die Zunge dient in diesem Fall als Spritzschutz.

Übung macht den Meister, und die richtigen Atemtechniken wollen immer wieder geübt sein. Nur so können Sie beruhigt und mit einem sicheren Gefühl Ihrem nächsten Schnorchel-Abenteuer entgegensehen.

2.4 Druck

Als Schnorchler sind Sie an der Wasseroberfläche dem Luftdruck ausgesetzt und unter Wasser dem Wasserdruck. Doch was ist Druck eigentlich? Nun, Druck ist die Kraft, die auf eine Fläche einwirkt (Druck = Kraft : Fläche). Auch Luft übt auf unseren Körper einen Druck aus,

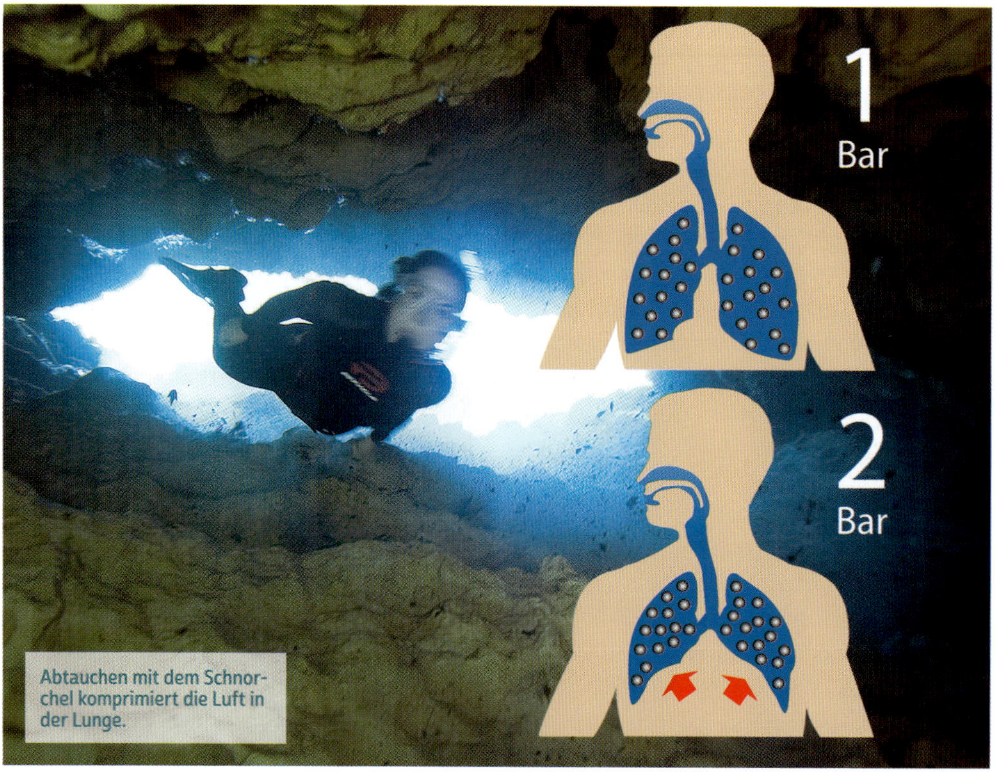

Abtauchen mit dem Schnorchel komprimiert die Luft in der Lunge.

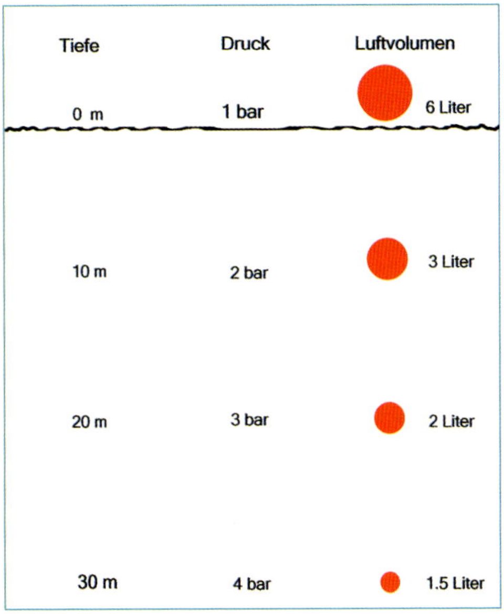

Beim Schnorcheln komprimiert der zunehmende Druck beim Abtauchen die Luft in der Lunge.

den wir aber von Kindesbeinen an gewohnt sind, und daher kaum mehr wahrnehmen. Doch gehen Sie einmal gegen den Wind an, und Sie spüren welche Kraft bzw. welchen Druck Luft haben kann. Auch der Luftmantel, der unsere Erde umgibt, besitzt eine Gewichtskraft, die auf die Erdoberfläche drückt. Auf Meereshöhe, also an der Wasseroberfläche, beträgt der Luftdruck 1 bar. Pro 10 m Wassertiefe nimmt der Druck um jeweils ein weiteres bar zu.

2.5 Zusammenhang von Druck, Volumen und Dichte

Je tiefer Sie abtauchen, umso mehr steigt der Druck um Sie herum. Der steigende Druck wirkt sich direkt und indirekt auf Ihren Körper aus. Keine Angst, auch wenn Ihr Körper unter einem erhöhten Druck steht, funktioniert er ganz normal. Erhöht sich der Druck, nimmt das Volumen in luftgefüllten Hohlräumen (beispielsweise Lunge, Neopren etc.) im gleichen Maß ab. Dieses Naturgesetz hat Boyle-Mariotte herausgefunden (das Produkt aus Druck und Volumen ist konstant, $p \times V = k$).

Die Veränderung des Volumens der Luft steht in einem umgekehrten Verhältnis zum Druck, erfolgt also umgekehrt proportional: verdoppelt ich der Druck, so halbiert sich das Volumen - oder umgekehrt.

Die Dichte der Luft in den luftgefüllten Hohlräumen wird ebenfalls vom Druck beeinflusst. Wird das Volumen durch Druck (Kompression) vermindert, so erhöht sich die Dichte der Luft. Die Veränderung der Dichte der Luft steht in einem direkten Verhältnis zum Druck, erfolgt also direkt proportional: verdoppelt sich der Gesamtdruck, so verdoppelt sich auch die Dichte der Luft - oder umgekehrt.

Wie ist das nun zu verstehen? Nun, beim Schnorcheln komprimiert der zunehmende Druck beim Abtauchen die Luft in der Lunge. Beim Auftauchen dehnt sich diese Luft wieder aus, so dass bei Erreichen der Wasseroberfläche die Lunge ihr Ausgangsvolumen in etwa wieder zurückgewonnen hat. Gleiches geschieht auch mit dem Neopren (Tauchanzug). Die Materialstärke (Volumen) nimmt beim Abtauchen ab, beim Auftauchen wird das Volumen wieder größer, mehr Wasser wird verdrängt und er Auftrieb nimmt zu. Es gibt aber noch andere luftgefüllte Hohlräume an und in unserem Körper, denen wir unbedingt Beachtung schenken müssen.

2.6 Luftgefüllte Hohlräume

Bei luftgefüllten Hohlräumen müssen wir zwischen künstlichen und natürlichen unterscheiden. Künstliche sind zum einen die im Neopren eingeschlossenen Luftblasen, und nicht zu

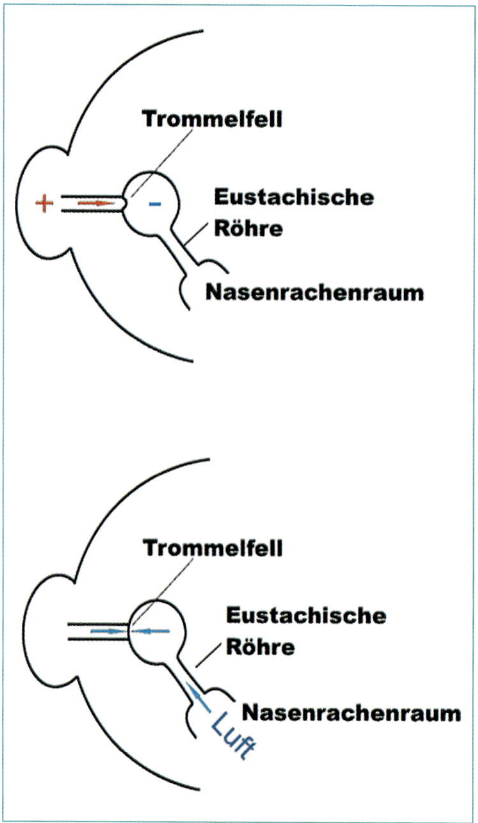

Für unser Trommelfell ist ein Druckausgleich unbedingt durchzuführen (siehe Kapitel 3.4 Druckausgleich).

vergessen die Maske. Zu den natürlichen aber starren Hohlräumen in unserem Körper gehören die Schädelhöhlen (Mittelohr, Kieferhöhlen, Stirnhöhle, Siebbeinzellen, Warzenfortsatzzellen, Keilbeinhöhle). Zu den flexiblen natürlichen Hohlräumen zählen die Lunge und die Luftblasen in Magen und Darm. Sie sind in etwa zu vergleichen mit einem Luftballon.

Wenn der Druck nun auf die luftgefüllten Hohlräume im und an unserem Körper zunimmt (beim Abtauchen), dann erhöht sich auch automatisch die Dichte der darin eingeschlossenen Luft. Es muss daher in den luftgefüllten Hohlräumen ein Druckausgleich hergestellt werden. Geschieht dies nicht, würden Schädigungen durch die unterschiedlichen Druckverhältnisse entstehen (Barotrauma).

2.7 Eigenschaften des Wassers

Wasser besteht aus 2 Teilen Wasserstoff (H) und 1 Teil Sauerstoff (O) und hat die chemische Formel H_2O. Es erreicht seine größte Dichte bei + 4 °C. Bereits bei 0 °C dehnt es sich geringfügig aus, deshalb schwimmt beispielsweise Eis oben, und frieren Seen nicht bis auf den Grund zu. Wasser, wie alle Flüssigkeiten, ist nicht komprimierbar, d.h. es verändert unter Druck sein Volumen nicht bzw. unter sehr starkem Druck nur unwesentlich. Der Mensch besteht zu 60–70 % aus Wasser. Ein Liter Wasser entspricht in etwa einer Masse von 1 kg. Daraus folgt, dass der Druck im Wasser pro 10 m um 1 bar zunimmt. Ein Schnorchler sollte stets danach streben, sein Gesamtgewicht mit Ausrüstung so auszutarieren, dass er im Wasser annähernd gewichtslos ist. Sofern mit Neoprenanzug abgetaucht werden soll, spielt auch die Tauchtiefe bei der Wahl der zusätzlichen Bleigewichte eine entscheidende Rolle. Die Lufteinschlüsse in den Poren der Neoprenanzüge werden beim Abtauchen entsprechend komprimiert (Boyle-Mariotte'sches Gesetz). Bei gleichbleibender Masse wird das Volumen des Anzuges verringert, er wird spezifisch schwerer. Daher gilt: Nicht zu viel Blei!

Das Wasser absorbiert Licht. Die einzelnen Spektralfarben (Regenbogen) werden aber nicht gleichmäßig absorbiert. Als erstes geht das Rot im Wasser verloren (ab 1 m), dann Orange (ab 5 m), Gelb (ab 10 m), Grün (ab 20 m) und als letztes Blau (ab 30 m). Da Blau die Farbe ist, die am tiefsten ins Wasser eindringt, erscheinen die Weltmeere blau. Leuchtet man unter Wasser etwas mit einer Unterwasserlampe an, dann kann man die natürlichen Farben wieder erkennen.

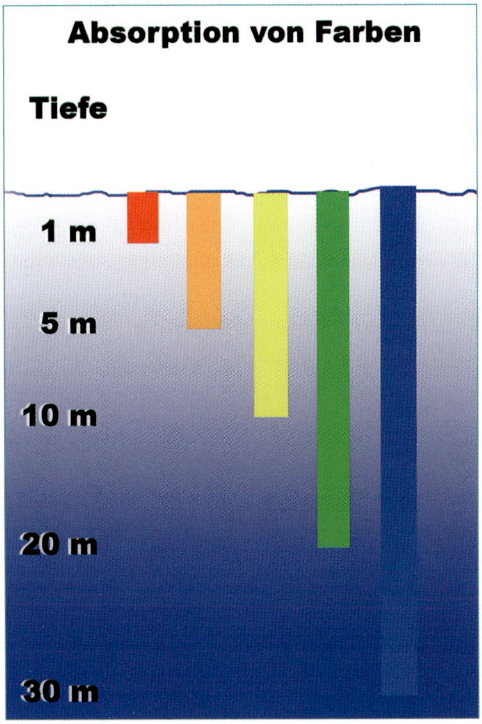

Mit zunehmender Tiefe sind durch die Absorption immer weniger Farben sichtbar.

2.8 Warum schwimmt etwas?

Legt man Gegenstände aus verschiedenen Materialien ins Wasser, werden einige schwimmen, einige sinken und wenige schweben zwischen Oberfläche und Grund. Gegenstände haben also einen unterschiedlich starken Auftrieb. Doch warum schwimmen beispielsweise große Kreuzfahrtschiffe und warum geht eine Stecknadel unter? Nun, jeder beliebige Gegenstand erfährt im Wasser eine Auftriebskraft, die dem Gewicht der von ihm verdrängten Wassermenge entspricht. Ein Gegenstand schwimmt also (hat positiven Auftrieb), wenn er eine Wassermenge verdrängt, die mehr wiegt als er selbst. Wenn der Gegenstand mehr wiegt als die von ihm verdrängte Wassermenge, dann sinkt er (er hat negativen Auftrieb bzw. Abtrieb). Ist er neutral und schwebt, hat er neutralen Auftrieb. Wenn ein Schnorchler also an der Oberfläche tief einatmet, verdrängt er mehr Wasser und

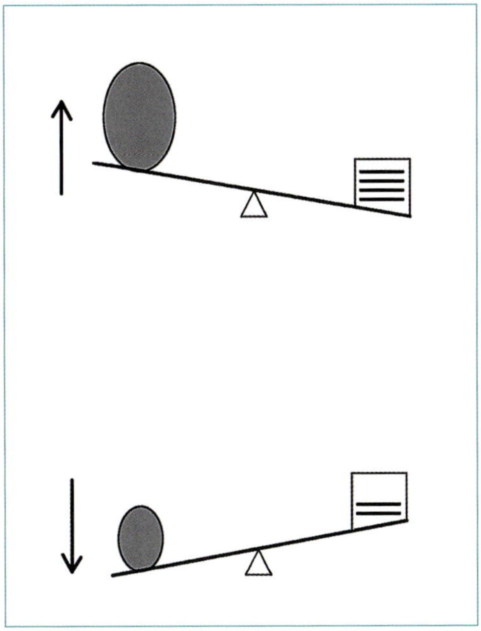

Es kommt auf das Gewicht des verdrängten Wassers an, ob etwas schwimmt oder sinkt.

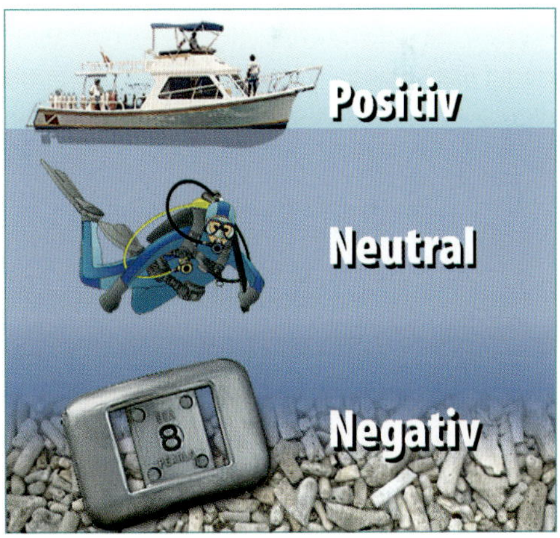

Grafische Darstellung der drei Auftriebszustände. Quelle: SDI Open Water Diver Manual.

hat dadurch einen erhöhten positiven Auftrieb. Wenn er ausatmet, verdrängt er weniger Wasser und hat deshalb einen negativen Auftrieb, er sinkt. Salzwasser hat eine höhere Dichte als Süßwasser, es ist schwerer. Das bedeutet, dass jeder Gegenstand - auch Schnorchler - im Salzwasser mehr Auftrieb erfährt als im Süßwasser.

2.9 Sehen unter Wasser

Das Sehen unter Wasser ist anders. Jeder, der schon einmal die Augen unter Wasser geöffnet hat weiß, dass man nur sehr verschwommen sehen kann. Das menschliche Auge ist für das Sehen unter Wasser nicht geschaffen. Mit Hilfe einer Maske bringt der Schnorchler zwischen Wasser und Auge eine Luftschicht. Obwohl man jetzt eigentlich wieder scharf sieht, unterliegt man trotzdem einer Täuschung.

Zum einen werden Lichtstrahlen im Wasser stärker gebrochen als in der Luft. Zusätzlich ändern sie beim Übergang von einem dünneren in ein dichteres Medium (hier von Luft in Wasser) ihre Richtung, sie werden (zum Lot) hin gebrochen. Es entsteht also an der Grenzfläche zwischen Wasser/Glas und Luft eine andere Lichtbrechung (Refraktion), wodurch Objekte uns unter Wasser etwa 1/3 größer und 1/4 näher, als sie in Wirklichkeit sind, erscheinen. Gerade Gelegenheits-Schnorchlern und Einsteigern unterlaufen dadurch vor allem oft zu Beginn des Schnorchel-Ausflugs Koordinationsfehler zwischen Augen und Händen. Während des Schnorchel-Ausflugs und mit zunehmender Erfahrung gewöhnt man sich aber daran. Gegen Fehlsichtigkeit bietet der Handel verschiedene Lösungen an, von eingeschliffenen Gläsern, bis hin zum Aufkleben bzw. Einbau von Gläsern. Aber auch das Tragen von Kontaktlinsen ist eine Alternative.

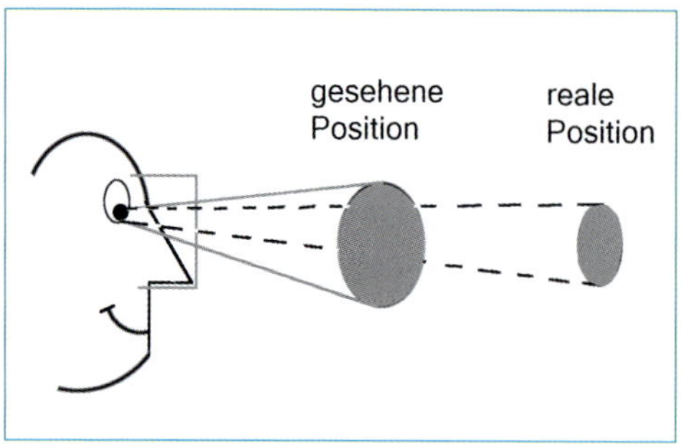

Unter Wasser sehen wir alles 1/3 größer und 1/4 näher.

2.10 Hören unter Wasser

Auch das Hören unter Wasser ist anders. Die sinnliche Wahrnehmung des Hörens gewinnt unter Wasser eine andere Qualität. Es ist aber nicht schwer, sich auf diese Veränderung einzustellen. An Land bestimmen wir die Position einer Geräuschquelle, indem wir unbewusst den Zeitunterschied bewerten, mit dem der Schall erst das eine und dann das andere Ohr erreicht. Doch aufgrund der höheren Dichte des Wassers, breitet sich der Schall unter Wasser vier mal schneller aus als in der Luft. Dadurch wird der erwähnte Zeitunterschied so kurz, dass wir die Richtung nicht mehr feststellen können. Die exakte Herkunft der Geräusche ist für uns unter Wasser nicht feststellbar, da der Schall für unser Ohr einfach zu schnell ist. Dies führt u.a. zu dem Eindruck, dass die Entstehungsquelle näher ist, als es tatsächlich der Fall ist. Oft ist nur zu erkennen, ob sich die Geräuschquelle nähert (lauter wird) oder entfernt (leiser wird).

2.11 Verständigung im Wasser

Eine normale Verständigung im Wasser ist kaum möglich, auch wenn man immer wie-

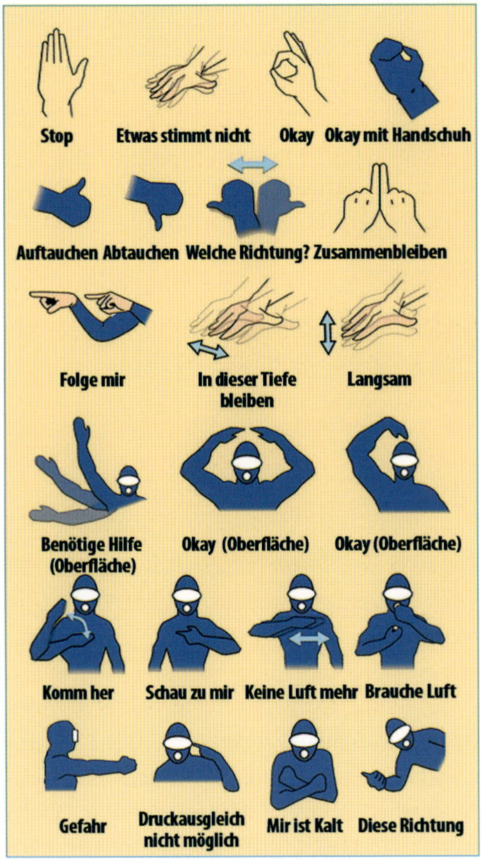

International gebräuchliche Handzeichen.

der Schnorchler sieht, die versuchen mit dem Schnorchel im Mund zu sprechen. Das kann gut gehen, muss aber nicht. Über größere Distanzen sollten Sie eine Pfeife benutzen, da diese über Wasser weithin hörbar ist und Sie so weniger Energie benötigen. Einen lauten Pfeifton zu erzeugen, um so auf sich aufmerksam zu machen, hat sich oftmals bewährt. Unter Wasser kann man ebenfalls seinen Schnorchel-Partner mit Geräuschen auf sich aufmerksam machen, da Schall bekanntlich im Wasser besser transportiert wird als in der Luft. So genannte Shaker, oder das Aufeinanderschlagen von Metall haben sich hier bewährt. Eine weitere Möglichkeit sind Unterwasserschreibtafeln, auf denen man seine Mitteilung ganz einfach schreiben kann. Auch die Berührung des Schnorchel-Partners ist ein Mittel der Kommunikation. Berühren Sie ihn aber möglichst nicht von hinten, damit Sie ihn nicht erschrecken. Doch die Methode, die sich am besten bewährt hat, ist die Zeichensprache. Achten Sie darauf, dass Sie immer auf Sichtweite mit Ihrem Partner zusammen bleiben, und das jedes Handzeichen vom Partner beantwortet bzw. bestätigt wird. Die Handzeichen sollen als Frage, Antwort und Aufforderung verstanden und eingesetzt werden. Sie müssen allen Beteiligten bekannt und ihre Bedeutung muss vor dem Schnorchel-Ausflug geklärt sein. Ein Schnorchler darf beispielsweise im Wasser niemandem zum Spaß zuwinken, da Winken ein international gültiges Seenotzeichen ist. Es gibt bereits international gebräuchliche Handzeichen, aber selbstverständlich können Sie sich mit Ihrem Partner auch eigene Zeichen ausdenken.

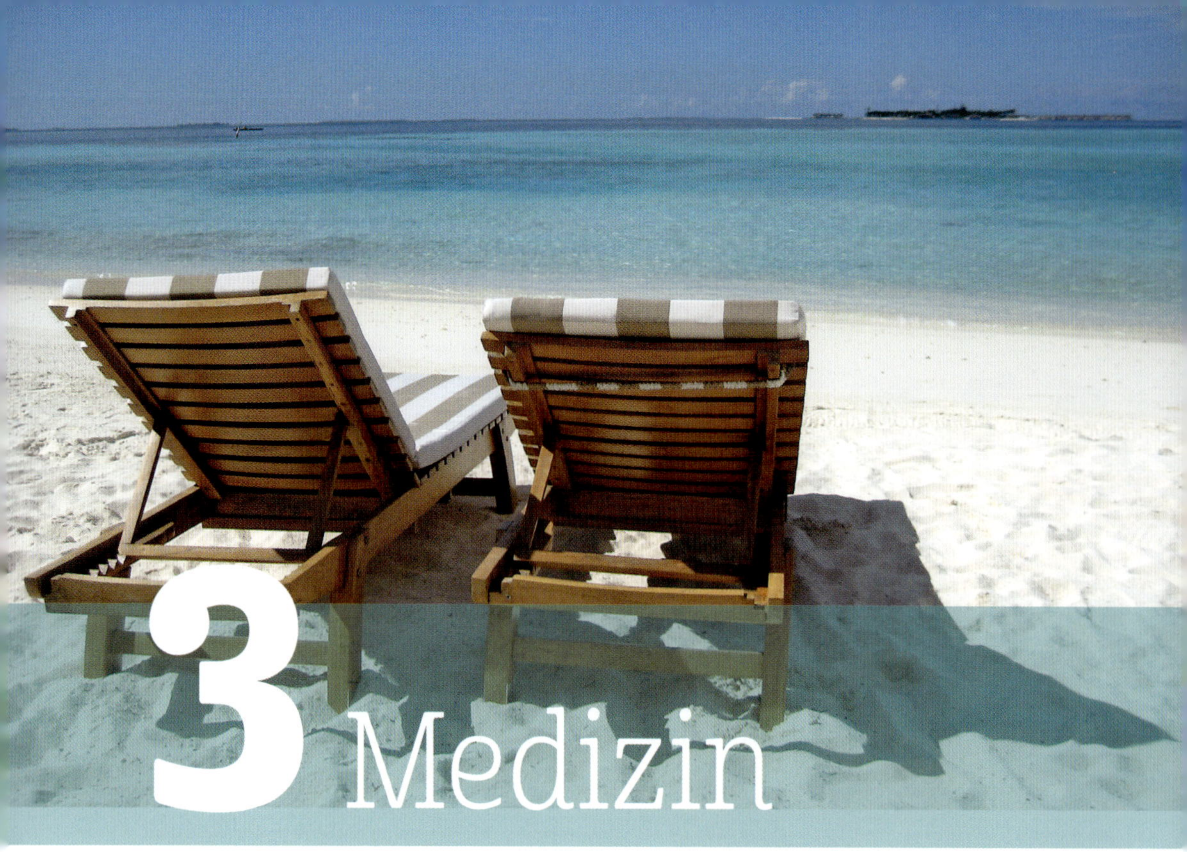

3 Medizin

3.1 Allgemeine gesundheitliche Voraussetzungen

Sicherlich trägt ein guter Gesundheitszustand dazu bei, die Faszination der Unterwasserwelt intensiver genießen zu können, und erhöht vor allem auch Ihre Sicherheit. Schnorcheln Sie nicht, wenn Sie sich nicht wohlfühlen oder gesundheitlich angeschlagen sind. Medikamente, Alkohol und Zigaretten kurz vor oder auch nach dem Schnorcheln sind ebenfalls nicht förderlich. Darüber hinaus sollten Sie in der Lage sein, eine längere Strecke (mehrere hundert Meter) im Wasser ohne allzu große Anstrengung, möglichst auch bei Wind und Wellen, schwimmen zu können. Keine Angst, Sie müssen kein Hochleistungsschwimmer sein, sondern Sie sollten nur über eine normale Fitness verfügen und sich im Wasser wohlfühlen.

Schwere chronische Erkrankungen wie zum Beispiel dauernde Herz-Kreislaufschäden, Atemwegserkrankungen oder chronische Harnwegserkrankungen führen leider zu einem Schnorchel-Verbot. Gleiches gilt für Stoffwechselstörungen, chirurgische Eingriffe nach Operationen, Anfallsleiden oder Medikamenteneinnahme, welche die Reaktionsfähigkeit beeinträchtigen. Auch alle akuten und chronischen Erkrankungen der Ohren, hier speziell des Trommelfells oder der Nebenhöhlen verbieten, zumindest zeitweilig, das Schnorcheln. Um wirk-

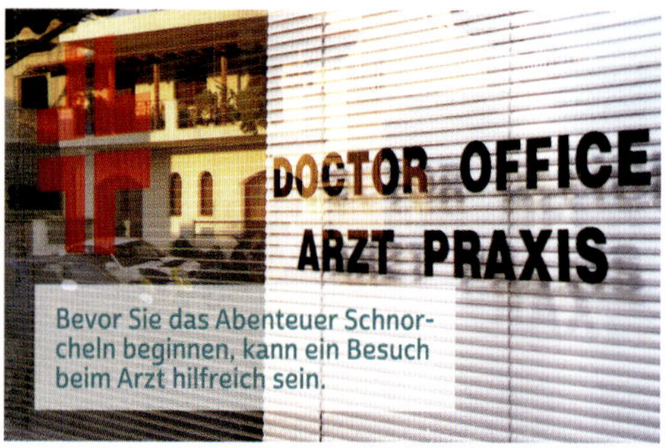

Bevor Sie das Abenteuer Schnorcheln beginnen, kann ein Besuch beim Arzt hilfreich sein.

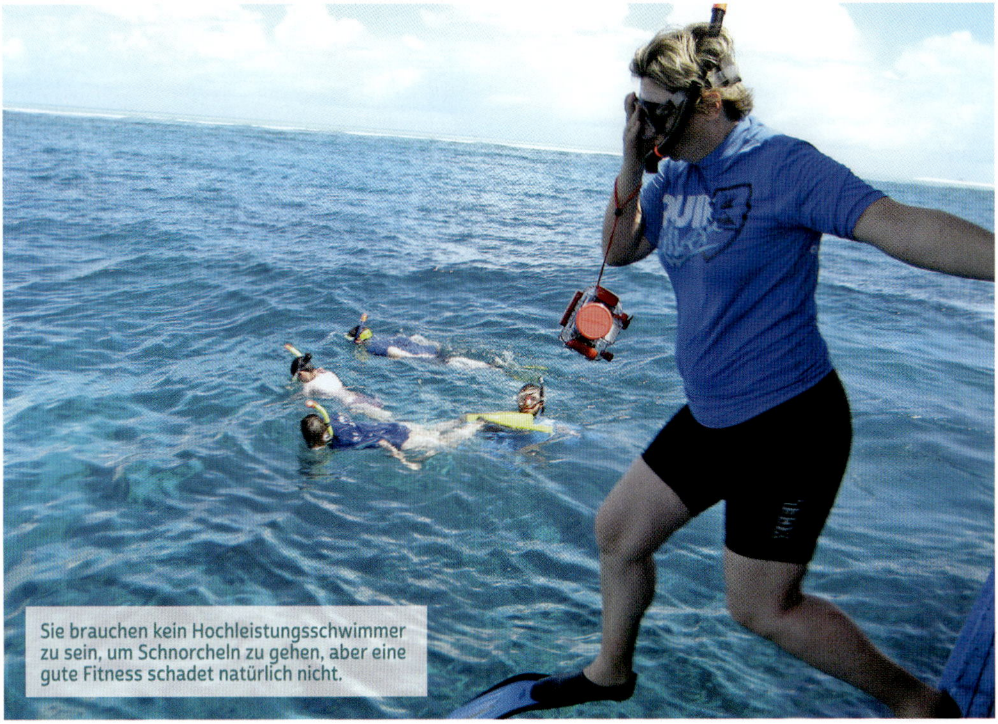

Sie brauchen kein Hochleistungsschwimmer zu sein, um Schnorcheln zu gehen, aber eine gute Fitness schadet natürlich nicht.

lich sicher zu sein, sollten Sie daher ärztlichen Rat einholen. Ein ärztliches Attest gibt Ihnen das Wissen und den notwendigen Rückhalt, um sorglos und unbeschwert Ihr Abenteuer Schnorcheln beginnen zu können.

3.2 Hyperventilation

Kohlendioxid (CO_2) ist ein Abfallprodukt des Stoffwechsels in unserem Körper. Sobald es eine gewisse Konzentration in unserem Körper erreicht hat, bekommt das Atemzentrum einen Befehl, mit dem nächsten Einatmen zu beginnen, um diese nutzlose Fracht aus dem Körper heraus zu atmen. Durch schnelles und tiefes Ein- und Ausatmen kann man den Befehl an das Atemzentrum mit dem nächsten Einatmen zu beginnen, verzögern. Tut man dies wissentlich, nennt man diesen Vorgang Hyperventilation. Wird dies jedoch übertrieben, kann es sein, dass die Zellen in unserem Körper längst frischen Sauerstoff benötigen, doch der Befehl an das Atemzentrum zum Einatmen noch nicht kommt. Wir merken also nicht, dass wir einatmen müssen, doch unsere Organe werden mit dem lebensnotwendigen Sauerstoff unterversorgt, eine Ohnmacht ist die Folge.

Symptome der Hyperventilation können zum Beispiel Schwindelgefühl sein, oder ein Kribbeln in den Händen, eine Art Taubheitsgefühl um den Mund herum, bis hin zu einer Krampfstellung der Hände (Pfötchenhaltung). Beim Einsetzen von rhythmischen Zuckungen der Gliedmaßen besteht meistens schon eine Ohnmacht (Bewusstlosigkeit). Ohnmacht bedeutet aber immer, dass der Körper nicht mehr kontrolliert werden kann. Der Schnorchler kann ertrinken. Die Ohnmacht kann aber auch plötzlich eintreten, ohne vorhergehende Anzeichen. Meiden Sie daher übertriebene Hyperventilation, verwenden Sie lieber andere Atemtechniken.

Unbewusstes oder unbeabsichtigtes Hyperventilieren kann auch auftreten, wenn man beispielsweise Angst oder Stress verspürt. Atmen Sie daher am besten zwei- bis dreimal tief ein und aus, also eher gemäßigt und sinnvoll hyperventilieren, dann können auch Sie die Luft gefahrlos länger anhalten.

3.3 Ohnmacht

Beim Abtauchen mit angehaltenem Atem werden vermehrt Sauerstoff-Moleküle ins Blut gepresst (steigender Teildruck, Partialdruck, des Atemgases). Auf dem Weg zurück an die Oberfläche (sinkender Partialdruck des Atemgases) kann dies dazu führen, dass eine Mangelversorgung der Gehirnzellen stattfindet. Es droht eine Ohnmacht, die plötzlich und ohne Vorwarnung einsetzt. Da dieser Blackout in geringen Tiefen passiert, wird er auch Flachwasserohnmacht oder Schwimmbad-Blackout genannt. Es gilt daher: Schnorcheln Sie nie allein! Die Ohnmacht kann übrigens auch an der Oberfläche, kurz nach dem Auftauchen, noch einsetzen, deshalb den Schnorchel-Partner immer noch etwas länger beobachten.

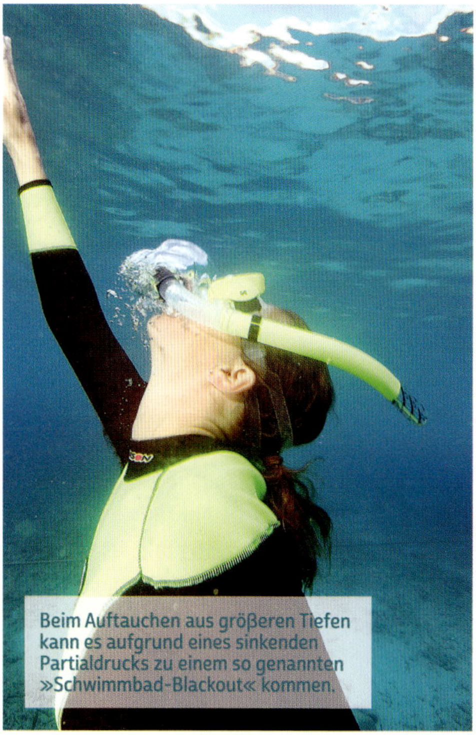

Beim Auftauchen aus größeren Tiefen kann es aufgrund eines sinkenden Partialdrucks zu einem so genannten »Schwimmbad-Blackout« kommen.

3.4 Druckausgleich

Beim Abtauchen nimmt der Druck auf unseren Körper, und damit auch in den luftgefüllten Hohlräumen, zu. Wir müssen daher einen Druckausgleich durchführen. Tun wir das nicht, können Schädigungen durch die unterschiedlichen Druckverhältnisse innerhalb und außerhalb des Körpers entstehen, die Bezeichnung dafür ist Barotrauma. Damit das nicht passiert, sollten Sie zum Beispiel mit Hilfe des so genannten Valsalva-Verfahrens (Ausatmen über die mit Daumen und Zeigefinger zugehaltene Nase) den Druckausgleich im Ohr (genauer Mittelohr) durchführen. Führen Sie diesen Druckausgleich auf keinen Fall gewaltsam durch, d.h. durch übertrieben starkes Pressen. Unterstützen Sie ihn eher beispielsweise durch gleichzeitiges unterdrücktes Gähnen, oder bewegen Sie den Unterkiefer vor- und zurück, oder versuchen Sie ganz einfach zu schlucken, oder schütteln Sie den Kopf von links nach rechts.

Auch der Innenraum der Tauchmaske ist ein luftgefüllter Hohlraum, in dem beim Abtauchen der Druck ausgeglichen werden muss. Dies ist sehr leicht, man braucht dazu nur Luft durch die Nase aus, und damit in die Maske hinein zu atmen. Wird dies vergessen, da man sich beispielsweise

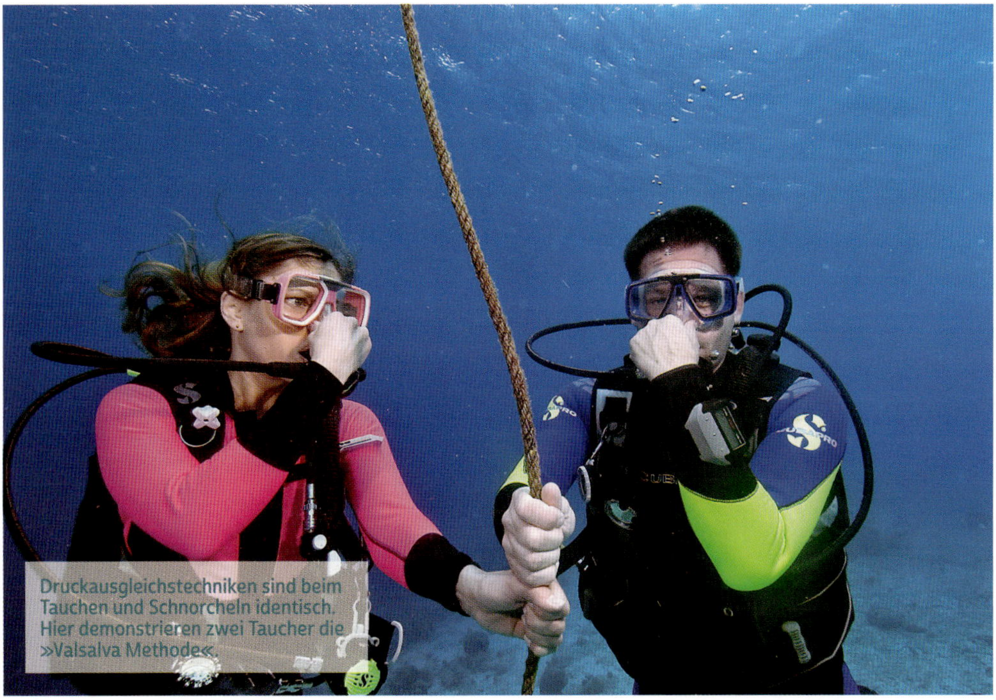

Druckausgleichstechniken sind beim Tauchen und Schnorcheln identisch. Hier demonstrieren zwei Taucher die »Valsalva Methode«.

zu sehr auf das Luftanhalten konzentriert, entsteht in der Maske ein Unterdruck mit starker Sog-Wirkung auf das Gesicht. Die Folge kann ein Augen-Barotrauma sein. Symptome können u.a. deutliche Verfärbungen bzw. Blutergüsse in den Augenlidern sein, es kann aber auch die gesamte Haut, die von der Maske bedeckt wurde, in Mitleidenschaft gezogen werden. Teilweise kann das Weiße des Auges auch größere Flecken bekommen, und das Verdrehen der Augen kann ebenfalls schmerzhaft sein.

Masken mit großem Volumen sollten daher grundsätzlich von vorneherein gemieden werden, da sie für den Druckausgleich größere Luftmengen benötigen und diesen dadurch erschweren. Verwenden Sie daher Tauchmasken mit möglichst kleinem Volumen. In Schwimmbrillen, die nur die Augen umschließen, kann kein Druckausgleich hergestellt werden. Diese Art von Sehhilfen unter Wasser sollte man daher nicht verwenden, aber wenn doch, dann mit Ihnen auf gar keinen Fall abtauchen.

Kindern und Heranwachsenden fehlt häufig das Gefühl und die Erfahrung für einen erfolgreichen Druckausgleich im Mittelohr. Hier ist deshalb Vorsicht geboten. Aber auch meist in früher Kindheit durchgemachte Infektionen (das Mittelohr betreffend) und dadurch eventuell entstandene Trommelfellschädigungen (Vernarbung des Trommelfells), können einen ordnungsgemäßen Druckausgleich verhindern.

Während des gesamten Abstiegs müssen Sie laufend Druckausgleich herstellen, so dass es zu keinem Zeitpunkt zu irgendwelchem Schmerzempfinden kommt. Tauchen Sie daher langsam und kontrolliert ab und gleichen Sie immer kontinuierlich den Druck aus. Der Druckausgleich

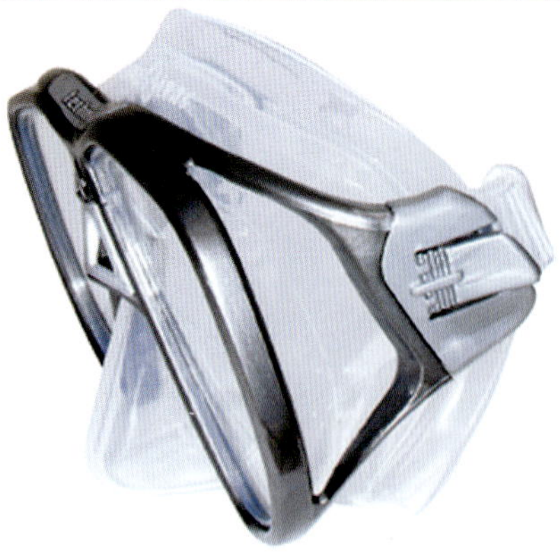

Tauchmasken umschließen auch die Nase und ermöglichen so einen Druckausgleich beim Abtauchen.

beim Abtauchen ist vergleichbar mit der Landung eines Flugzeugs. Hier verspüren Sie auch den Druck auf den Ohren und regulieren Ihn entweder mit Gähnen, Kaugummi kauen oder einfachem Schlucken. Die Druckverhältnisse nachher beim Auftauchen sind genau umgekehrt, jedoch regeln sich hier die Druckunterschiede normalerweise von selbst, Sie brauchen nichts zu tun.

3.5 Kohlendioxid-Vergiftung

Die Atemluft hat einen Sauerstoffanteil von 21 % Sauerstoff. Der menschliche Körper verbraucht von diesen eingeatmeten 21 % aber nur ganze 4 % bei jedem Atemvorgang, 17 % Sauerstoff werden komplett ungenutzt wieder ausgeatmet. Die Atemwege zu und von der Lunge (wie z.B. Mund, Nase, Rachenraum, Luftröhre etc.) dienen zwar dem Gastransport, spielen aber beim eigentlichen Gasaustausch keine direkte Rolle. Man bezeichnet sie daher als Toträume.

Der Schnorchel erhöht diese im Körper enthaltenen natürlichen Toträume noch zusätzlich, da die Luft auch im Rohr nur hin und her bewegt wird. Atmen Sie beim Schnorcheln nur flach ein und aus, steigt der Kohlendioxidgehalt in Ihrem Körper, da die Luft im Schnorchelrohr nicht vollständig ausgeatmet, und somit auch nicht ausgetauscht wird. Sie atmen also immer wieder alte und verbrauchte Luft ein (Pendelatmung). Die Pendelatmung kann mit der Zeit zur Bewusstlosigkeit (Kohlendioxid-Übersättigung) und damit zum Ertrinken führen. Anzeichen sind u.a. Atemnot, Kopfschmerzen, Schweißausbruch, Ohrensausen, Übelkeit, manchmal auch Erbrechen und Bewusstseinsstörungen. Aus diesem Grund gibt es selbst für ein vergleichsweise einfachen Ausrüstungsteil, wie den Schnorchel, wichtige Normgrößen (z.B. maximale Schnorchel-Länge für Erwachsene 35 cm, für Kinder 30 cm). Atmen Sie daher immer möglichst langsam und tief, um die Lungen auch mit ausreichend frischer Luft zu versorgen, und um die verbrauchte Luft heraus zu atmen.

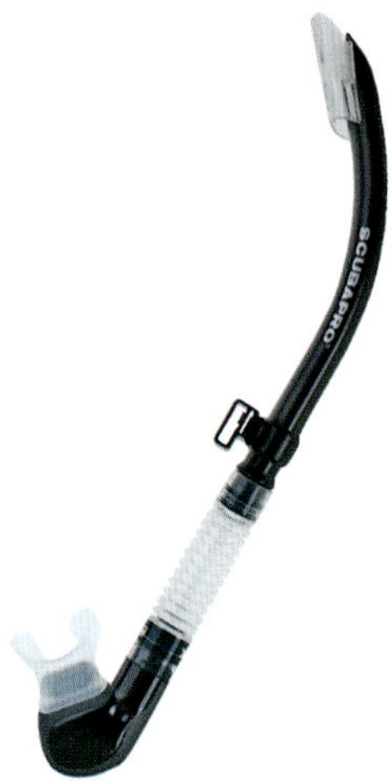

Länge und Durchmesser eines Schnorchels sind genormt, damit der Totraum nicht zu groß wird.

3.6 Der Wasser-Nase-Reflex

Der menschliche Körper ist für das Leben an Land geschaffen. Sobald wir mit dem Kopf in Wasser eintauchen, bedeutet das für unseren Körper eine feindliche Umgebung und er aktiviert seine Überlebensmechanismen. Eine dieser physiologischen Reaktionen ist der Wasser-Nase-Reflex, oder auch Tauchreflex genannt.

Bereits bei Babys wird durch sensible Reizübertragungsstellen, hauptsächlich um die Mundregion, im Nackenbereich, und über Signalgeber der Nasenschleimhaut, eine Verengung der Blutgefäße und ein Absinken der Herzfrequenz bewirkt, der Blutdruck bleibt hierbei jedoch konstant. Der Körper versucht mit dieser Reaktion Ressourcen zu sparen und mit dem im Körper befindlichen Sauerstoff möglichst sorgsam umzugehen (Bradykardie). Es tritt eine Art Einatem-Blockade ein. Man hat das Gefühl, keine Luft mehr zu bekommen, da unser Atemzentrum nicht zwischen dem bewussten »Jetzt nicht einatmen!« und dem eher panikartigen »Ich bekomme keine Luft mehr!« unterscheiden kann. Die Folge ist oft ein unkontrollierter und hektischer Aufstieg zur Wasseroberfläche. Um mit dieser Einatem-Blockierung zurecht zu kommen, sollten möglichst diverse Übungsformen trainiert werden (wie beispielsweise Atmen durch den Schnorchel ohne Maske mit und ohne zugehaltener Nase, bis hin zum Aufsetzen und Ausblasen der Maske unter Wasser etc.).

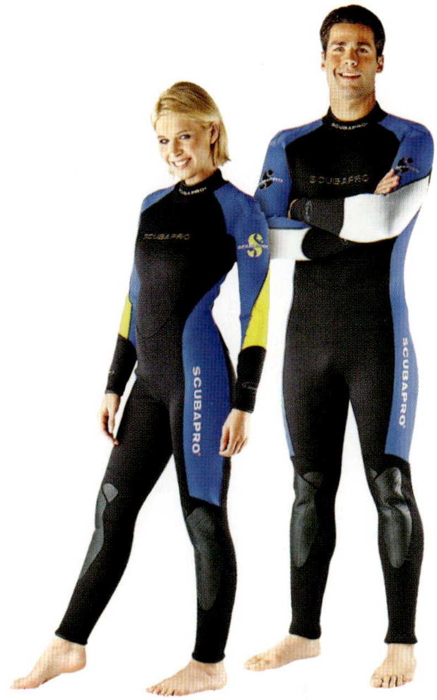

In kühleren Gewässern verhindern Anzüge aus Neopren das Auskühlen.

3.7 Unterkühlung

Im Wasser kühlt man sehr schnell aus, da Wasser die Körperwärme rund 20 mal schneller ableitet als Luft. Ein Schnorchler, ohne angemessenen Kälteschutz, verliert seine Wärmeenergie bereits bei einer Wassertemperatur von 21 °C so schnell, dass sein Körper nicht mehr in der Lage ist, diese wieder zu ersetzen. Wer daher bereits vor dem Schnorchel-Ausflug friert, sollte nicht mehr ins Wasser gehen. In Folge der Unterkühlung sinkt die Angstschwelle, aber auch die Reaktionszeit, wodurch die Unfallhäufigkeit steigt. Neben einer erhöhten Atem- und Herzfrequenz schwellen die Schleimhäute an und erschweren den Druckausgleich beim Abtauchen. Zudem schränken klamme Finger die Bedienung der Ausrüstung ein und erschweren die Kommunikation durch Handzeichen.

Der Körper versucht der Auskühlung u.a. durch ein Kältezittern entgegen zu arbeiten. Durch dieses Kältezittern wird der Stoffwechsel aktiviert, was eine Erhöhung der Wärmeproduktion zur Folge hat.

Bei Kindern und Jugendlichen ist besondere Aufmerksamkeit geboten. Sie kühlen im Wasser sehr

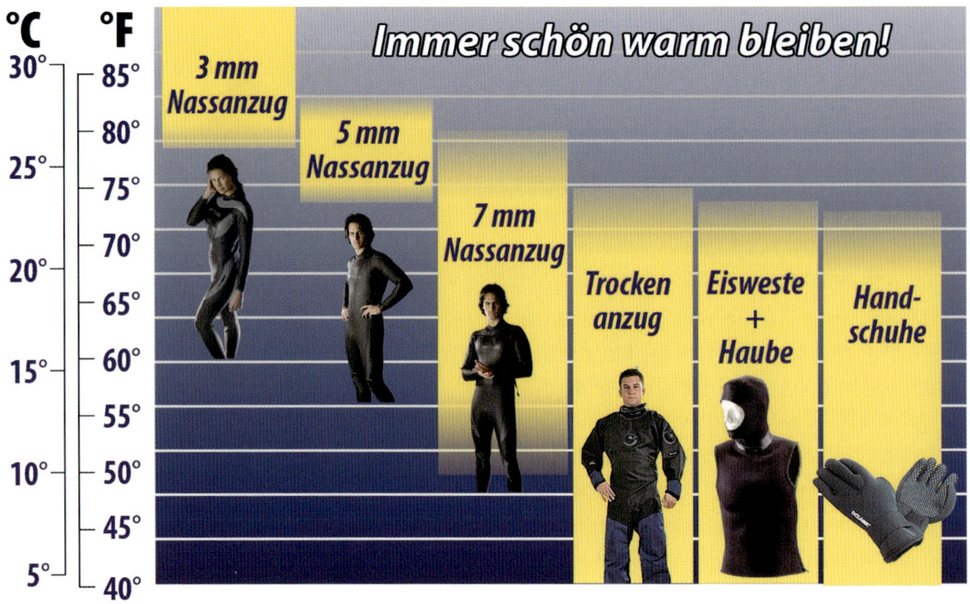

Wahl des richtigen Anzuges. Ab einer Wassertemperatur von 21°C ist unser Körper nicht mehr in der Lage, den Verlust der Wärme zu ersetzen. (Quelle: SDI Open Water Diver Manual)

viel schneller aus als Erwachsene. Dies liegt u.a. daran, da sie im Verhältnis zur Körpermasse eine viel größere Körperoberfläche, und somit auch eine größere Wärmeaustauschfläche haben. Außerdem besitzen sie ein geringes, und damit weniger gut isolierendes Unterhautfettgewebe, sowie einen höheren, periphereren Blutfluss als Erwachsene.

Um all dem vorzubeugen, hilft u.a. ein Tauchanzug. Aber nur wenn der Anzug auch wirklich perfekt sitzt, wird eine zu große Wasserzirkulation verhindert, die hauptsächlich für den Wärmeverlust verantwortlich ist. Unterkühlung ist ein oft unterschätztes Unfallrisiko.

3.8 Ohren

Unsere Ohren können beim Schnorcheln recht stark belastet werden. Es dringt nicht nur Wasser ein, sondern das Trommelfell und der innere Gehörgang unterliegen beim Druckausgleich ebenfalls großen Belastungen. Um Problemen mit den Ohren vorzubeugen, sollte man daher vor allem nach jedem Schnorchel-Ausflug seine Ohren gründlich mit Süßwasser ausspülen.

Für den äußeren Gehörgang ist normalerweise das naturgegebene Ohrenwachs (-schmalz) der beste Schutz, das mögliche Infektionen vermeiden hilft. Daher sollten Wattestäbchen für den Schnorchler tabu sein. Nun hat jeder Mensch eine unterschiedliche Wachsproduktion und eventuell möchte jemand auch vorbeugend (präventiv) etwas gegen Ohrentzündungen tun. Es gibt mehrere unterschiedliche Möglichkeiten die Ohren zu schützen. Man kann sich beispielsweise vor dem ins Wassergehen Baby-Öl in den äußeren Gehörgang träufeln (das Öl bildet für eine kurze Zeit eine Schutzschicht, ähnlich wie das Ohrenwachs). Auch Mandel-Öl hat dem ein oder anderen bereits geholfen. Wer möchte, kann sich auch Desinfektionslösungen in der Apotheke mixen lassen. Da wäre die so genannte Ehm'sche Lösung zu nennen (Rezept: 5 % Eisessig bzw. Essigsäure, 85 % Isopropanol, 10 % destilliertes Wasser), und als Alternative auch das Rezept: 3 % Borsäure, 93 % von 70 %igem Alkohol, 4 % destilliertes Wasser. Nach jedem Schnorcheln einige Tropfen der Lösung ins Ohr geben - es brennt etwas. Menschen sind unterschiedlich, und was für den einen hilfreich sein kann, ist leider nicht gut für den anderen. Die voran genannten Mixturen können beispielsweise den äußeren Gehörgang austrocknen, was dann wiederum zu Problemen führen kann, sobald man sich nach dem Schnorcheln in klimatisierten Räumen aufhält.

Manchmal kommen Schnorchler zurück an die Wasseroberfläche und klagen über Schmerzen im Ohr. Echte Ohrenschmerzen sind ein Hinweis auf eine ernsthaftere Verletzung, die nicht mit gewöhnlichen Ohrentropfen behandelt werden kann. Alle Ohrentropfen, die man sich ohne Rezept kaufen oder zu Hause mischen kann, sollen »Schwimmerohren« (Entzündungen des Gehörgangs oder des Außenohrs) vorbeugen. Die Betonung liegt hier auf Vorbeugen. Wenn es einmal zu einer Verletzung gekommen ist, dann haben diese Tropfen keinen therapeutischen Wert. Jeder Schnorchler, der nach dem Schnorcheln auf größerer Tiefe (Druckausgleich) Schmerzen verspürt, sollte von einem Arzt untersucht werden. Eine Untersuchung ist umso wichtiger, wenn der Schnorchler gar über Hörverlust bzw. Ohrensausen (Tinnitus) klagt.

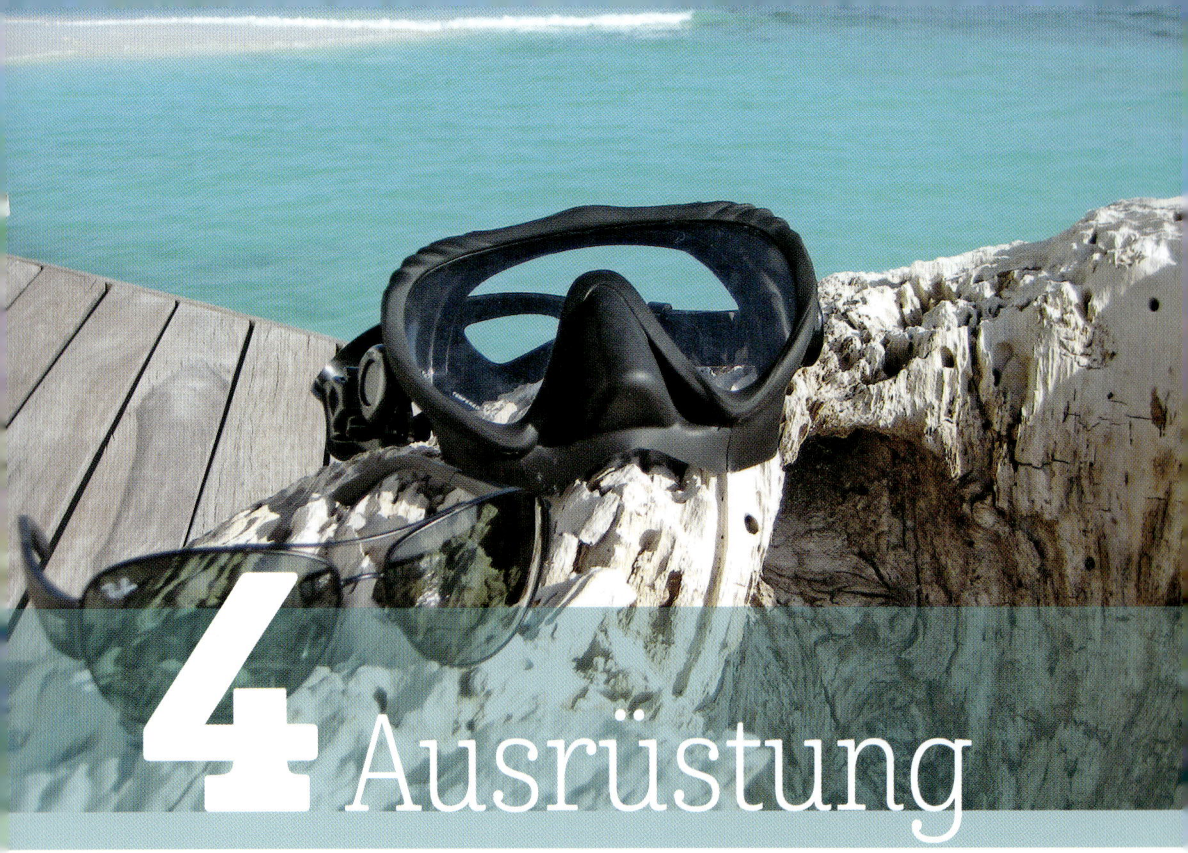

4 Ausrüstung

4.1 Einführung

Um die faszinierenden Unterwasserwelt zu erkunden, benötigt man spezielle Ausrüstung. Sie dient dazu, dass man sich im Wasser sicher und bequem aufhalten kann. Heutzutage erfüllt eine supermoderne Ausrüstung alle Wünsche, um den Aufenthalt in diesem, uns doch recht fremden Element, zu einem unvergesslichen Erlebnis werden zu lassen.

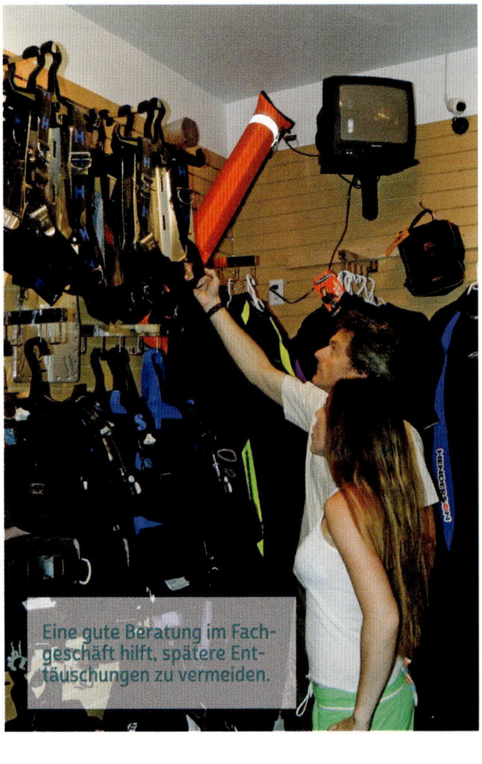

Eine gute Beratung im Fachgeschäft hilft, spätere Enttäuschungen zu vermeiden.

Die farbliche Vielfalt in den Regalen der Fachgeschäfte stiftet aber leider eher Verwirrung und lässt einen schnell den Überblick verlieren. Die Wahl der falschen Ausrüstung kann nicht nur unangenehme, sondern sogar fatale Folgen haben, und schnell zum Alptraum werden: Beispielsweise nur mit einem Shorty (kurzer Tauchanzug) bekleidet, einen Schnorchel-Ausflug in einem glasklaren, kalten Bergsee zu machen kann einfach nicht gut gehen.

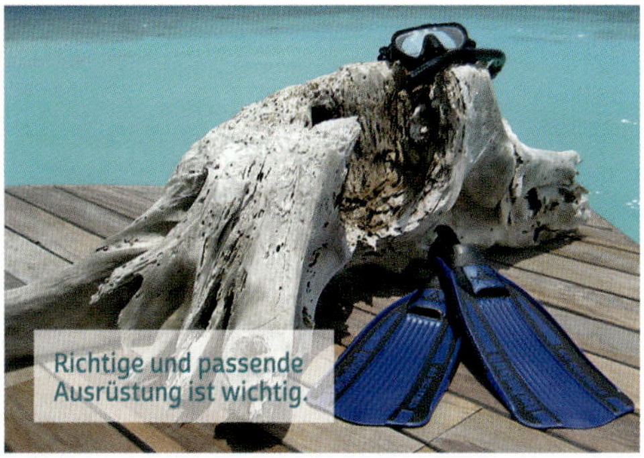

Richtige und passende Ausrüstung ist wichtig.

Damit man keine Enttäuschungen erlebt, sollte man bei der Wahl seiner Ausrüstung auf die Erfahrung erfahrener Schnorchler oder eine Beratung im Fachgeschäft zurückgreifen.

Die Schnorchel-Ausrüstung muss zu einem passen. Was damit gemeint ist, wird vielleicht an einem Beispiel klarer: Selbst wenn Sie ein erfahrener PKW Fahrer sein sollten, so ist es doch ein Unterschied, ob Sie mit einem 45 PS Fahrzeug oder mit einem 360 PS Ferrari fahren.

Die Anschaffung einer eigenen Ausrüstung ist sinnvoll, denn dadurch spart man sich u.a. den Zeitaufwand, sich jedes Mal vor dem Schnorchelausflug die Ausrüstung zu besorgen, und man ist weitaus flexibler in seiner Terminplanung. Das Ziel sollte daher für jeden Schnorchler sein, in absehbarer Zeit einmal eine eigene Schnorchel-Ausrüstung zu besitzen. Der vertraute Umgang mit dem eigenen Equipment leistet zudem einen wichtigen Beitrag zur Sicherheit beim Schnorcheln, denn man erkennt auftretende Probleme bereits viel früher. Außerdem kann man das Schnorcheln mehr genießen, denn in einer gewohnten und bequemen Ausrüstung kann man sich mehr auf die Welt unter Wasser konzentrieren. Versierte Schnorchler nehmen daher immer ihre eigene Ausrüstung mit.

Planen Sie für Ihren ersten Ausrüstungskauf immer genügend Zeit ein. Ohne Termindruck können Sie sich auf das Beratungsgespräch einlassen, und so aus dem reichhaltigen Angebot die auf Ihre persönlichen Bedürfnisse optimal zuge-

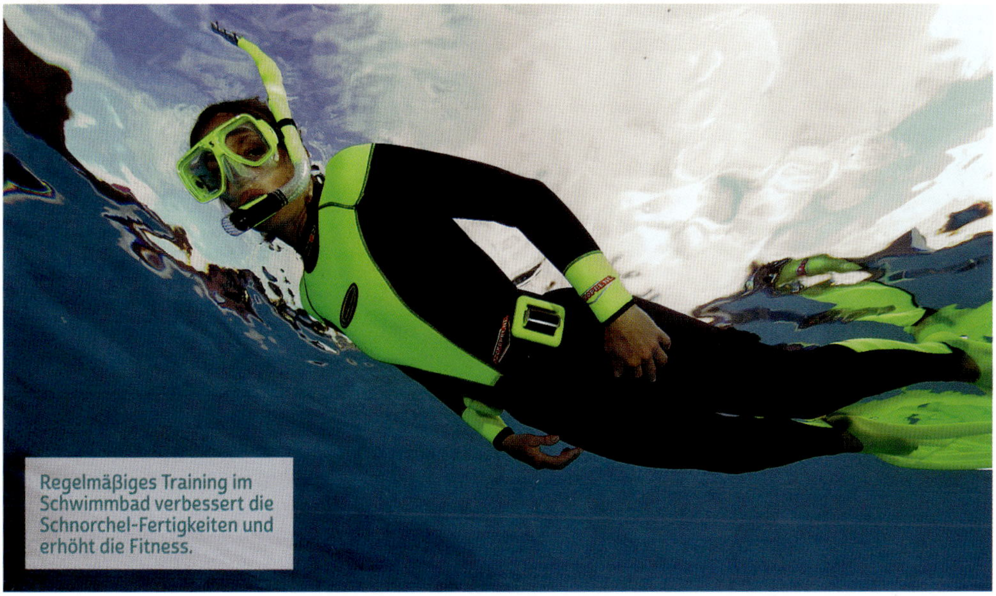

Regelmäßiges Training im Schwimmbad verbessert die Schnorchel-Fertigkeiten und erhöht die Fitness.

schnittene Ausrüstung finden. Flossen beispielsweise drücken in der Regel erst nach einigen Minuten unangenehm. Können Sie sich vorstellen, wie sich Ihre Füße in solch engen Flossen nach einem einstündigen Schnorchel-Ausflug anfühlen? Vermeiden Sie Fehler möglichst von Beginn an. Informieren Sie sich über passende Ausrüstung in (Tauch-, Fach-) Zeitschriften, nutzen Sie die qualifizierte Beratung in einem (Tauchsport-) Fachgeschäft, fragen Sie nach bei (Tauchsport-) Vereinen, holen Sie sich Tipps bei Freunden und Bekannten die auch schnorcheln oder tauchen, oder surfen Sie im Internet. So finden Sie mit Sicherheit genau die Ausrüstung, die Ihren Ansprüchen gerecht wird und Schnorcheln zu einem unvergesslichen Erlebnis werden lässt.

4.2 Das kleine ABC

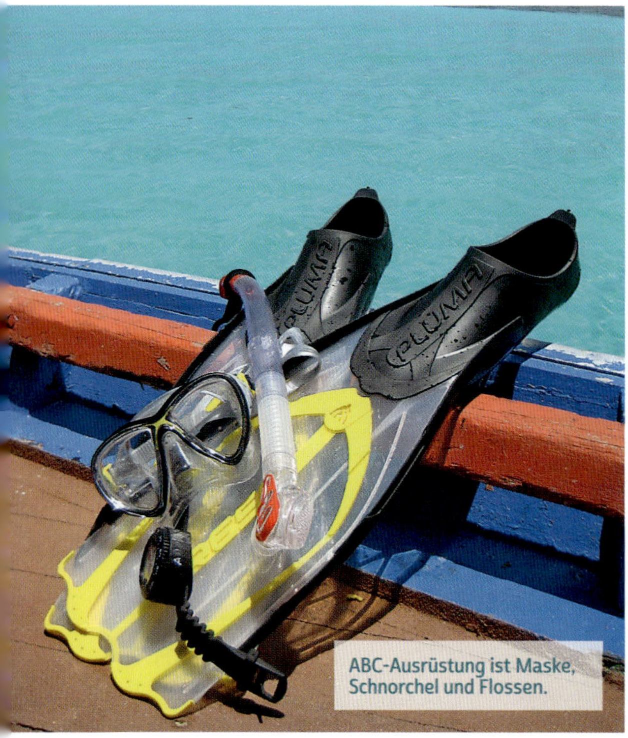

ABC-Ausrüstung ist Maske, Schnorchel und Flossen.

Immer wieder liest man von der so genannten ABC-Ausrüstung - doch was ist damit gemeint? Nun, ABC steht für die Grundausrüstung beim Schnorcheln: Maske, Schnorchel und Flossen.

Man sieht sich schnell einer schier unüberschaubaren Formen- und Farbenvielfalt gegenüber. Generell gilt: das Design allein ist niemals entscheidend. Am wichtigsten ist immer die Passform! Helle, auffällige Farben können ein zusätzlicher Sicherheitsfaktor sein, damit man beispielsweise von Surfern, Seglern und von Motorbooten aus besser gesehen wird. Signalfarben können aber auch hilfreich sein, wenn etwas in der Brandung verloren geht, oder damit man im trüben Wasser nicht den Kontakt zu seinem Schnorchel-Partner verliert. Die Farbe Schwarz ist hier sicherlich nicht sehr hilfreich.

Neben der Passform spielt auch die Qualität sowie die Verarbeitung eine sehr wichtige Rolle. Deshalb lieber etwas mehr für die Ausrüstung ausgeben, anstatt jedem Schnäppchen hinterherlaufen. Billiges Silikon bei Masken kann beispielsweise zu unschönen allergischen Reaktionen führen, von der oft miserablen Dichtigkeit einmal ganz zu schweigen.

Wichtig für das Schnorcheln ist auch der richtige Umgang mit der ABC-Ausrüstung. Daher sollte man sich regelmäßig Zeit nehmen, um zu trainieren. Schwimm- und Hallenbäder bieten sich dafür an. Damit bleibt man in Übung, erweitert möglicherweise seine Fähigkeiten im Umgang mit dem Wasser und tut etwas für seine Fitness.

Mit der ABC-Ausrüstung beginnt für jeden Schnorchler der Einstieg in die faszinierende Unterwasserwelt. Hierbei ist eine Profi-Ausrüstung für den Anfang nicht immer sinnvoll. Dadurch kann einem leicht der Spaß und die Lust am Schnorcheln verdorben werden. Damit dies nicht passiert, achten Sie bitte bei Ihrer Ausrüstung auf folgende wichtige Details.

4.3 Maske

Funktion

Die Maske (auch Tauchermaske genannt, um sie von den Schwimmbrillen zu unterscheiden) ist Teil der Grundausrüstung (ABC-Ausrüstung) für Schnorchler. Das menschliche Auge kann nur in der Luft, aber nicht unter Wasser scharf sehen (fokussieren). Daher wird mit Hilfe einer Sichtscheibe und einer aus Silikon bestehenden Randfassung ein Luftraum vor den Augen geschaffen. Die Maske trennt die Augen vom Wasser, verhindert dessen Eindringen, und sorgt damit für einen klareren Blick unter Wasser. Im Gegensatz zu den so genannten Schwimmbrillen umschließt eine Maske immer auch die Nase. Dieser Bereich wird Nasenerker genannt. Er dient beim Abtauchen nicht nur dem Beseitigen eines Unterdrucks in der Maske, sondern wird auch für den so genannten Druckausgleich in den Ohren benötigt. Der Nasenerker muss leicht mit den Fingern (auch mit Handschuhen) erreichbar sein.

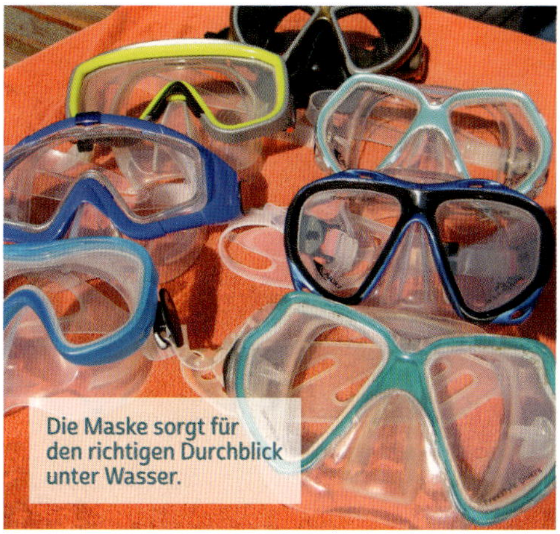

Die Maske sorgt für den richtigen Durchblick unter Wasser.

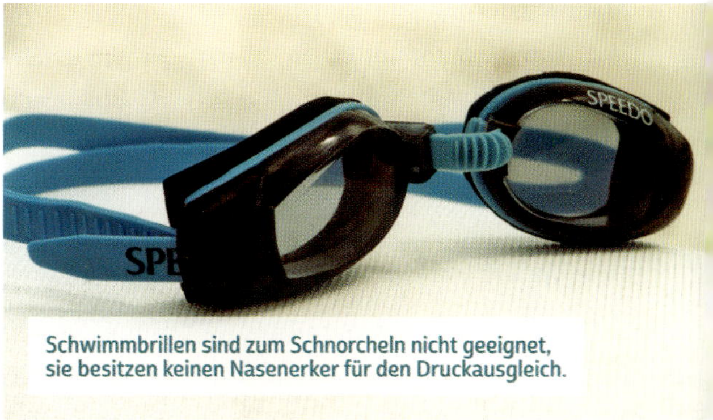

Schwimmbrillen sind zum Schnorcheln nicht geeignet, sie besitzen keinen Nasenerker für den Druckausgleich.

Material

Der Maskenkörper besteht aus mehreren Materialien. Der Rahmen einer Maske ist aus Kunststoff gefertigt. Er ist in ein flexibles Material eingepasst, dass bei guten Masken überwiegend aus Silikon besteht. Silikon hat den Vorteil gegenüber Gummi, dass es elastischer ist, sich dadurch der Gesichtsform besser anpasst, und somit das Eindringen von Wasser verhindert. Es gibt klare (transparente) und schwarze Silikonmischungen. Die Sichtscheiben bestehen entweder aus Glas oder Plastik. Gläser sollten thermisch entspannt sein (Sicherheitsglas – durch den Aufdruck »Tempered« zu erkennen). Bei einem etwaigen Bruch zerbricht das Glas nicht gleich in kleine Stücke, sodass keine Verletzungen entstehen können. Das Maskenband ist meist aus Silikon oder Gummi.

Auswahl

Eine Maske besteht aus dem Maskenglas, einem komfortablen Maskenkörper und dem Maskenband. Masken gibt es in den unterschiedlichsten Farben und Designs. Eine Maske sollte bequem sitzen, nicht drücken, und der Maskenkörper sollte einen doppelten Dichtrand (Dichtlippen) aufweisen. Masken mit großem Innenvolumen haben meistens ein Ausblasventil, um eingedrungenes Wasser besser herauszubekommen.

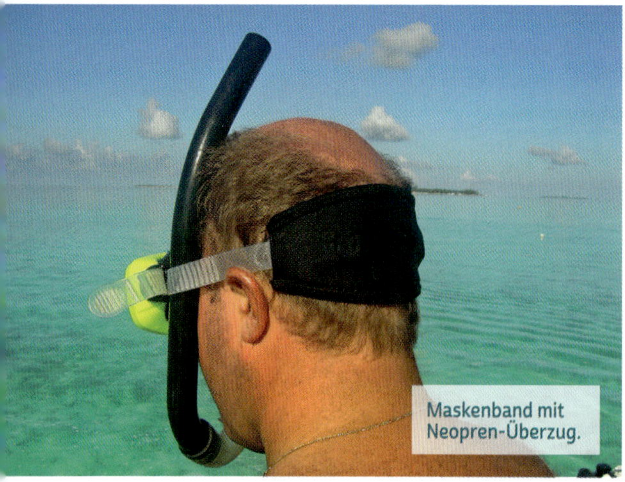

Maskenband mit Neopren-Überzug.

Ein gutes Maskenband sollte auswechselbar und leicht verstellbar sein. Außerdem sollte es möglichst breit, besser noch geteilt sein, damit es am Hinterkopf gut anliegt, und dadurch für den optimalen Sitz der Maske sorgen kann. Für Maskenbänder aus Silikon gibt es auch Überzüge aus Neopren. Bei langen Haaren ist ein Maskenband aus Neopren besonders praktisch.

Die Sichtscheiben sollten dicht am Maskenkörper befestigt sein und dürfen die Sicht nicht verzerren. Eine Vielzahl an unterschiedlichsten Maskenmodellen macht die Auswahl nicht gerade einfach. Lassen Sie sich aber nicht von Farben oder Formen ablenken, das entscheidende Kriterium bei einer Maske ist ihre Passform. Zum Schnorcheln sind Masken mit kleinem Maskenvolumen und einem geringen Abstand zwischen Augen und Sichtscheiben am günstigsten, da diese ein weites Sichtfeld bieten, und man beim Abtauchen nicht so viel Luft für den Druckausgleich in der Maske benötigt. Man unterscheidet zwischen:

Einglasmaske - ein großes Frontglas, Vorteil: großes Blickfeld, ohne störenden Steg, Nachteil: geringer Blickwinkel zur Seite.

Zweiglasmaske - zwei getrennte Frontgläser, Vorteil: oft kleines Innenvolumen, bei Fehlsichtigkeit können bei machen Masken optische Gläser eingesetzt werden, Nachteil: störenden Steg.

Dreiglasmaske - ein großes Frontglas und zwei Seitengläser, Vorteil: hoher Lichteinfall in der Maske, großer Blickwinkel zur Seite, Nachteil: optische Verzerrungen und Reflexionen.

Vierglasmaske - zwei getrennte Frontgläser und zwei Seitengläser, Vorteil: hoher Lichteinfall in der Maske, großer Blickwinkel zur Seite, Nachteil: optische Verzerrungen und Reflexionen.

Sechsglasmaske - zwei getrennte Frontgläser, zwei Seitengläser und zwei Gläser nach unten, Vorteil: hoher Lichteinfall in der Maske, großer Blickwinkel zur Seite und nach unten, Nachteil: optische Verzerrungen und Reflexionen.

Rund-Maske - eine ovale Frontscheibe, Vorteil: großes Blickfeld, ohne störenden Steg, ideal für Unterwasseraufnahmen, da man das Gesicht des Models erkennen kann, Nachteil: oft großes Innenvolumen, geringer Blickwinkel zur Seite.

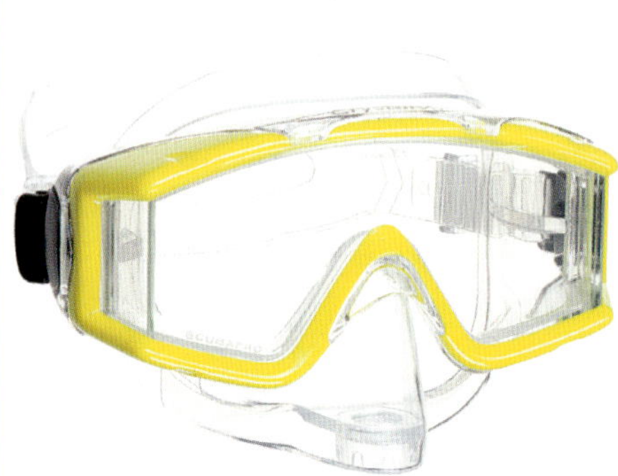

Eine moderne Dreiglasmaske sorgt für Rundumblick.

Hilfe für Brillenträger

Bei Fehlsichtigkeit können optische Gläser helfen. Man unterscheidet zwischen:

Fertiggläser

Der Fachhandel bietet vorgefertigte optische Gläser in verschiedenen Dioptrien-Stärken an.
Vorteil: kostengünstig.
Nachteil: individuelle Merkmale, wie beispielsweise der exakte Augenabstand, können nicht berücksichtigt werden.
Auswahl: Nicht alle Dioptrien-Stärken sind von jedem Hersteller erhältlich, oft nur in 0,5 Dioptrien-Stärke Schritten (beispielsweise 1,0 oder 1,5 oder 2,0 etc.).

Geschliffene Gläser

Beim Optiker erhältlich.
Vorteil: werden individuell angepasst.
Nachteil: kostenintensiv.
Auswahl: Eingeschliffene Gläser (für bessere Fernsicht), Zweigeschliffene Gläser (für bessere Nah- und Fernsicht), Dreistärkengläser (fast wie Gleitsichtgläser, für bessere Nah-, Mittel- und Fernsicht).

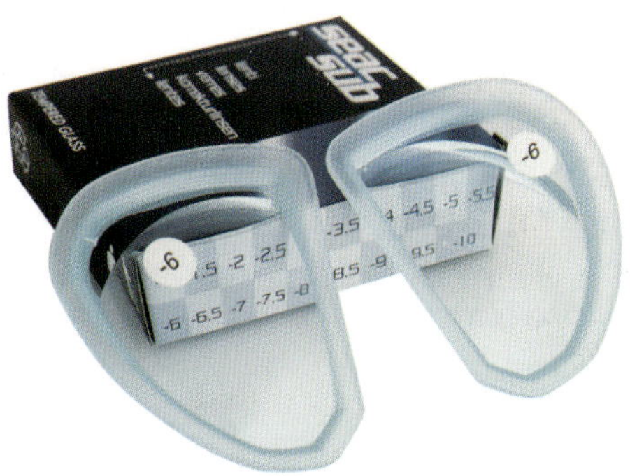

Hilfreich für Schnorchler mit Sehschwäche - korrigierte Maskengläser.

Weiterhin besteht auch die Möglichkeit, Brillengläser in die Maske zu kleben. Wer eine Altersweitsichtigkeit hat, kann sich ein eingeschmolzenes Leseteil einbauen lassen. Kleine Linsen können als Nahteil in ein normales Glas eingeschmolzen werden. Kontaktlinsen zu tragen ist auch eine Alternative.

Jeder Mensch ist einzigartig und hat seine individuelle Fehlsichtigkeit. Die falsche Wahl der Sehhilfe kann beim Schnorcheln zu Übelkeit, Schwindelanfällen, bis hin zum Schielen führen (wenn sich beispielsweise der ideale Schärfepunkt verschiebt). Daher informieren Sie sich, welche Lösung für Sie am besten ist.

Probleme

Wasser in der Maske kann verschiedene Gründe haben. Eine gute Passform vorausgesetzt, könnte die Dichtlippe beim Aufsetzen umgeknickt sein, oder gar einen Riss haben, es könnten sich auch Haare unter der Dichtlippe befinden. Die Sichtscheiben könnten nicht mehr dicht am Maskenkörper anliegen, der Maskenrahmen angebrochen sein, oder bei Masken mit Ausblasventil die Membran defekt sein. Da heißt es immer genau hinschauen. Bartträger haben das Problem, dass zwischen den Barthaaren Wasser in die Maske laufen kann. Teilweise hilft leichtes Ausrasieren unterhalb der Nase im Bereich der Dichtlippe (bei Oberlippenbart) oder etwas Creme bzw. Vaseline vor dem Schnorchel-Ausflug auf die betreffende Bartstelle aufzutragen.

Gutes Silikon ist nahezu allergiefrei, billiges hingegen kann zu unschönen allergischen Reaktionen führen. Klare Silikonmischungen können sich mit der Zeit gelblich verfärben.

Masken mit schwarzem Silikon haben dieses Problem nicht. Sie haben zusätzlich den Vorteil, dass sich keine störenden Reflexionen auf der

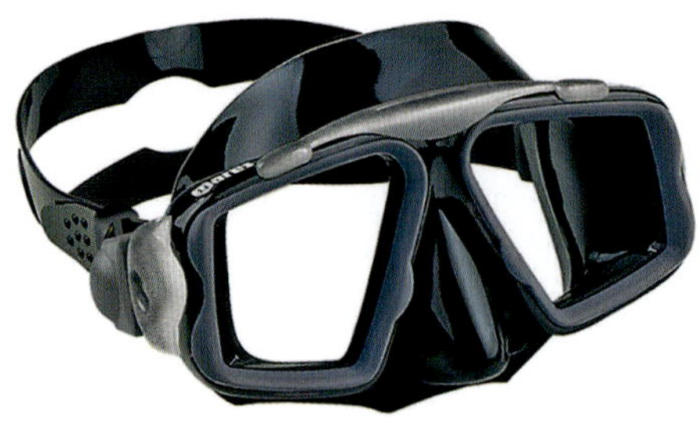

Masken mit schwarzem Silikon haben den Vorteil, dass es keine störenden Reflektionen gibt.

Innenseite der Maskenscheiben spiegeln, das ist gerade beim Schnorcheln im flachen Wasser von Vorteil.

Panorama-Masken haben das Problem, dass durch die Seitenfenster mehr Licht kommt, und dadurch am Übergang vom Front- zum Seitenglas optische Verzerrungen entstehen.

Der Verschluss zur Befestigung des Maskenbands am Maskenkörper ist auch oft ein heikler Punkt. Hier lohnt es sich zu prüfen, ob er robust genug ist.

Masken haben leider die Angewohnheit zu beschlagen. Das kommt daher, weil die Luft zwischen dem Gesicht und der Sichtscheibe der Maske im Vergleich zum umgebenden Wasser relativ feucht und warm ist. Das Wasser kühlt nun die Scheibe, die Scheibe wiederum die Luft dahinter ab. Durch den Temperaturverlust kann die Luft in der Maske aber nicht mehr so viel Feuchtigkeit halten wie vorher, so dass der in ihr enthaltene Wasserdampf kondensiert, und sich als feinste Wassertröpfchen auf der Sichtscheibe niederschlägt – die Maske beschlägt. Zum Schutz vor Beschlagen kann etwas Speichel auf die Innenseiten der trockenen (!) Sichtscheiben verrieben werden, der dann mit Wasser wieder abgewaschen wird. Die Zuckermoleküle und Fettsäuren im Speichel verhindern eine Kondensation auf den Sichtscheiben. Der Fachhandel bietet auch chemische Antibeschlagmittel an, die man vor dem Schnorchel-Ausflug auf die Sichtscheiben aufbringt. Bei qualitativ hochwertigen Masken wurde bereits ein chemischer Film aufgebracht, der das Beschlagen verhindert.

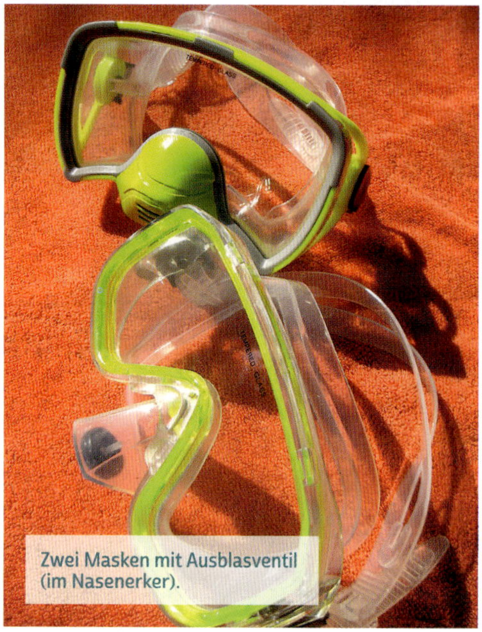

Zwei Masken mit Ausblasventil (im Nasenerker).

Neue Masken beschlagen häufig. Das ist produktionstechnisch bedingt, da sie auf den Innenseiten der Sichtscheiben mit einem dünnen öligen Film behaftet sind, der als Schutzschicht gegen Silikonniederschlag dient (Herstellungsprozess). Dieser Film muss entfernt werden, ansonsten wird die Maske beschlagen. Wie so oft gibt es vielerlei Möglichkeiten dies zu tun. Man kann die Sichtscheiben mit gelfreier Zahnpasta einreiben, antrocknen lassen, und mit warmem Wasser wieder abspülen. Dies muss man öfter wiederholen, da die kleinen Kügelchen in der Zahnpasta, die auch unsere Zähne reinigen, nur Schrittweise den öligen Film entfernen. Eine andere Möglichkeit ist, in die Tauchmaske Coca Cola einzufüllen und über Nacht stehen zu lassen. Am Morgen natürlich wieder mit frischem Wasser auswaschen. Bei Sichtscheiben aus Glas besteht auch die Möglichkeit des Abflammens. Dazu hält man die Flamme eines Feuerzeugs dicht (aber nicht zu dicht!) an die Innenseite der Gläser. Eine schwarze Schicht Ruß entsteht. Dabei muss man aufpassen, dass nicht das Silikon oder gar die Dichtlippe versengt wird. Auch hier hinterher wieder mit frischem Wasser auswaschen.

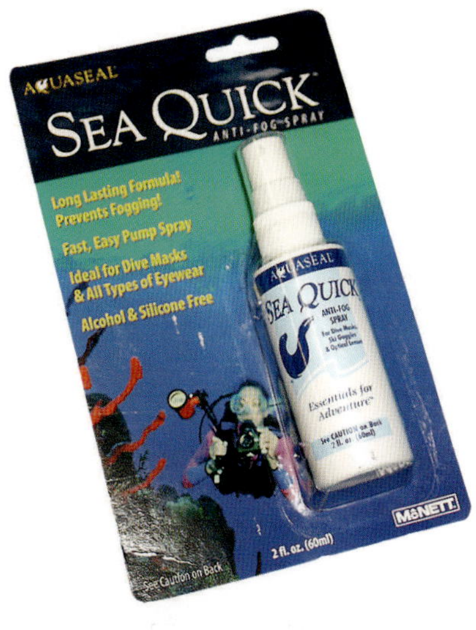

Sorgt für klare Sicht – Antibeschlagmittel.

Pflege

Die Maske nach jedem Gebrauch gründlich mit sauberem Wasser spülen und trocknen lassen. Moderne Silikonmasken müssen nicht mit speziellen Pflegemitteln (Silikon-Öl oder Fett etc.) behandelt werden. Ein kleiner Tropfen Spülmittel zur besseren Reinigung ist empfehlenswert.

Zum Trocknen oder zur Lagerung die Maske nicht drücken, der Maskenrand könnte sich verformen. Hitze und starke Sonneneinstrahlung tut Masken nicht gut. Silikon wird mit der Zeit leider brüchig und verliert damit seine abdichtende Wirkung am Gesicht. Klares Silikon kann sich mit der Zeit gelblich verfärben. Masken gehören daher in den Schatten.

Silikonmasken auch nicht direkt neben Gummi (z.B. Flossen) verstauen, da es ansonsten zu unschönen Verfärbungen kommt.

Bei längerer Lagerung die Maske nur trocken in die dazugehörige Box verstauen, damit sich kein Schimmel bildet. Masken gehören generell in stabile Boxen, da sonst die Gefahr besteht, dass sie durch Unachtsamkeit zerkratzt oder beschädigt werden. Auch beim Fliegen die Maskenbox wenn möglich im Handgepäck verstauen, denn selbst stabile Boxen sind schon im aufgegebenen Gepäck zerbrochen.

Nicht alle Masken können bei Verschmutzungen auseinandergenommen werden. Wenn sich Schmutz beispielsweise zwischen Silikon und Glas festsetzt, sollte nur der Fachhandel die Maske auseinander bauen, säubern und wieder montieren. Diesen Service gibt es in vielen Fachgeschäften kostenlos.

Tipps

Gerade bei Masken sollte man auf gute Qualität, sprich Material und Verarbeitung, aber auch einfache Handhabung achten. Doch eines haben alle gemeinsam: eine Maske, in die Wasser eindringt, ist äußerst unangenehm und verdirbt jeden Schnorchel-Ausflug.

Um eine Wasserschlacht in der Maske zu vermeiden, ist daher die richtige Passform das wichtigste Kriterium. Man prüft die richtige Passform indem man die Maske, ohne das Maskenband über den Kopf zu ziehen, auf das Gesicht legt, und dann durch die Nase leicht einatmet. Hierbei darauf achten, dass sich keine Kopfhaare unter dem Maskenrand befinden. Durch das entstandene Vakuum, sollte die Maske auch ohne die Hilfe von Maskenband oder Händen am Gesicht haften. Der Nasensteg darf den Nasenrücken nicht berühren, und die Dichtlippe muss außerhalb des Augenwinkels liegen. Man kann zusätzlich den Kopf bewegen, oder leicht auf einen abgewinkelten Zeigefinger beißen. Dadurch entstehen Falten im Mundbereich, so als wenn man einen Schnorchel im Mund hat. Sitzt die Maske immer noch gut, dann sollte sie später im Wasser mit leicht angezogenem Maskenband auch dicht sein.

Eine auffällige Farbe hilft dabei, seine Maske wieder zu finden, falls man sie einmal - beispielsweise in der Brandung - verlieren sollte.

Bei der Halterung des Maskenbands am Maskenkörper sollte man darauf achten, dass die Kleinteile austauschbar sind. Bei einem Defekt können diese kostengünstig ausgewechselt werden. Bei fest verarbeiteten Halterungssystemen ist die komplette Maske unbrauchbar. Da ein Maskenband die Angewohnheit hat immer im unpassendsten Moment zu reißen, sollte man immer gleich ein Maskenband auf Reserve mit kaufen.

Masken mit Ausblasventil haben den Vorteil, dass man das eingedrungene Wasser besser herausbekommt. Ein kräftiges Ausatmen durch die Nase reicht, und das Wasser ist verschwunden.

Nur bei einzelnen Sichtfenstern ist eine optische Korrektur des Maskenglases problemlos möglich. Daher sollten Brillenträger darauf achten, dass für ihre Maske auch optische Gläser vom Hersteller angeboten werden. Sonst hilft nur der Gang zum Optiker, und das kann teuer werden.

Masken mit einem durchgehenden Sichtfenster können zwar nicht für Brillenträger korrigiert werden, bieten dafür aber eine echte Panorama-Perspektive und lassen besonders viel Licht in die Maske.

Um die wirklich passende Maske zu finden, sollte man dies möglichst im Wasser mit kompletter Ausrüstung testen. Diesen Service gibt es in guten Fachgeschäften kostenlos. Fragen lohnt sich.

4.4 Schnorchel

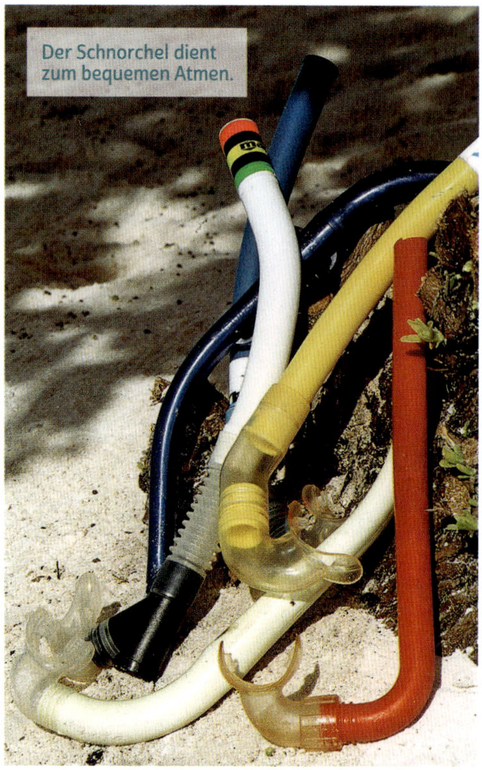

Der Schnorchel dient zum bequemen Atmen.

Funktion

Der Schnorchel ist Teil der Grundausrüstung (ABC-Ausrüstung) für Schnorchler. Er ermöglicht das Schwimmen und die Atmung an der Wasseroberfläche, ohne dabei den Kopf aus dem Wasser heben zu müssen. Mit seiner Hilfe kann man die Unterwasserwelt in aller Ruhe betrachten. Er sollte mittels eines Befestigungssystems links am Maskenband mit der Maske verbunden werden können. Damit kein Wasser eindringen kann, wird das Mundstück an so genannten Beißwarzen leicht zwischen den Zähnen gehalten und von den Lippen umschlossen.

Ein Schnorchel dient nicht nur dem bequemen Atmen, sondern bringt auch Sicherheit. Jeder Schnorchel sollte deshalb einen Sicherheitsfarbstreifen am oberen Rand haben. Auch eine helle, auffällige Farbe ist in jedem Fall ein zusätzlicher Sicherheitsfaktor, da man während des Schnorchelns besser von Surfern, Seglern, von Motorbooten aus etc. gesehen wird. Eine auffällige Farbe hilft auch dabei, seinen Schnorchel wieder zu finden, falls man ihn einmal - beispielsweise in der Brandung - verlieren sollte. Gerade in trübem Gewässer zeigen farblich auffällige Schnorchel ihre wahre Stärke. Man wird von seinem Schnorchel-Partner leichter gesehen und verliert umgekehrt auch nicht so leicht den Kontakt zu ihm.

Material

Der Schnorchel besteht aus verschiedenen Materialien. Das Rohr ist in der Regel aus strapazierfähigem Kunststoff (PVC) gefertigt. Das Mundstück besteht aus Silikon. Silikon hat den Vorteil, dass es elastisch ist, angenehm im Mund sitzt, leicht mit den Lippen abgedichtet werden kann, und somit das Eindringen von Wasser gut verhindert. Es gibt klare (transparente) und bunte Silikonmischungen.

Auswahl

Schnorchel gibt es in den unterschiedlichsten Farben und Designs. Ein Schnorchel sollte vor allem bequem sitzen und das Mundstück sollte weich und gut geformt sein. Damit er angenehm im Mund sitzt, werden auch drehbare Mundstücke angeboten. Das Mundstück sollte zum auswechseln sein. Sind beispielsweise die Beißwarzen kaputt oder abgebissen, müsste nur das Mundstück ausgewechselt werden, und es wäre nicht gleich der ganze Schnorchel nutzlos.
Immer auch auf ein einfach zu bedienendes und robustes Befestigungssystem zwischen Maskenband und Schnorchel achten.

Ein guter Schnorchel zeichnet sich dadurch aus, dass man ihn kaum spürt, und ohne Anstrengungen durch ihn ein- und ausatmen kann. Er sollte leicht auszublasen sein (das lässt sich allerdings nur im Wasser prüfen). Ausblasventile helfen

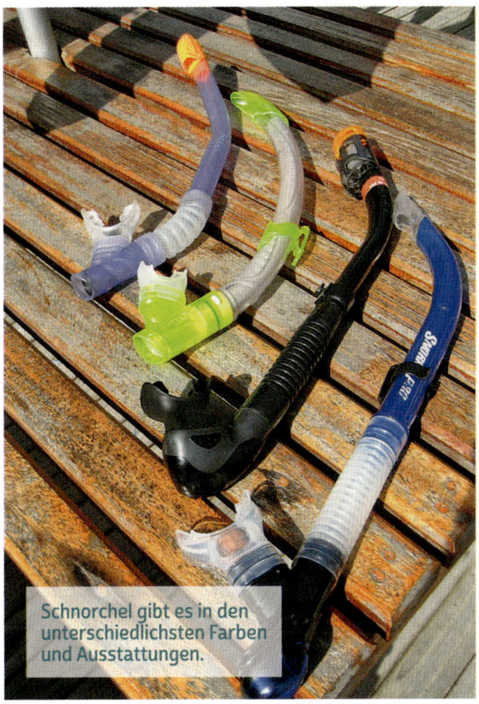

Schnorchel gibt es in den unterschiedlichsten Farben und Ausstattungen.

den Schnorchel einfach auszublasen. Sind die (Silikon-) Ventile allerdings dünn, von minderer Qualität, nicht auswechselbar oder schlecht geschützt, sind sie eher unbrauchbar und können eher schaden anstatt nützen.

Bei der so genannten Pendelatmung wird die ausgeatmete und verbrauchte Luft wieder eingeatmet (sie pendelt also hin und her), was zur Bewusstlosigkeit (Kohlendioxid-Übersättigung) und damit zum Ertrinken führen kann. Aus diesem Grund gibt es auch für einen vergleichsweise einfachen Ausrüstungsgegenstand, wie den Schnorchel, wichtige Normen. Die DIN-Norm 7878 schreibt für Erwachsene vor: maximale Länge 35 cm (zwischen Mundstück und Lufteintritt), Innendurchmesser von 18 bis 25 mm. Kinder: maximale Länge 30 cm (zwischen Mundstück und Lufteintritt), Innendurchmesser von 15 bis 18 mm. Schnorchel länger als 40 cm dürfen nicht verwendet werden.

Die Konstruktion des Schnorchels sollte einen geringen Atemwiderstand haben. Daher sind glatte Atemrohre alten Balgen- oder Faltenschläuchen vorzuziehen. Schnorchel mit einem Ball oder Ventil am oberen Ende sind ebenfalls veraltet.

Manche Schnorchel besitzen ein Ausblasventil, wodurch eingedrungenes Wasser leichter zu entfernen ist. Der überwiegende Teil des Wassers wird mit Hilfe der Schwerkraft beim Ausatmen aus dem Ausblasventil nach unten herausgeblasen.

Ein Schnorchel sollte anatomisch richtig geformt sein. Bei einem geraden Atemrohr kann das Wasser über den kompletten Innendurchmesser des Rohrendes eindringen. Führt das Atemrohr jedoch leicht gebogen über den Kopf, bietet es dem Wasser nur einen Teil des Innendurchmessers dar, wodurch auch weniger eindringen

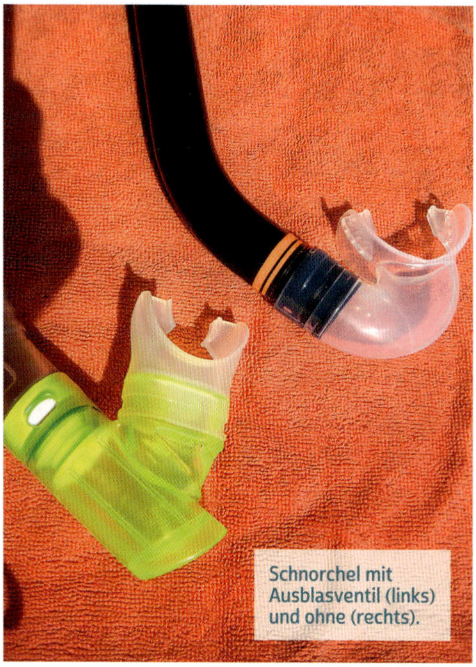

Schnorchel mit Ausblasventil (links) und ohne (rechts).

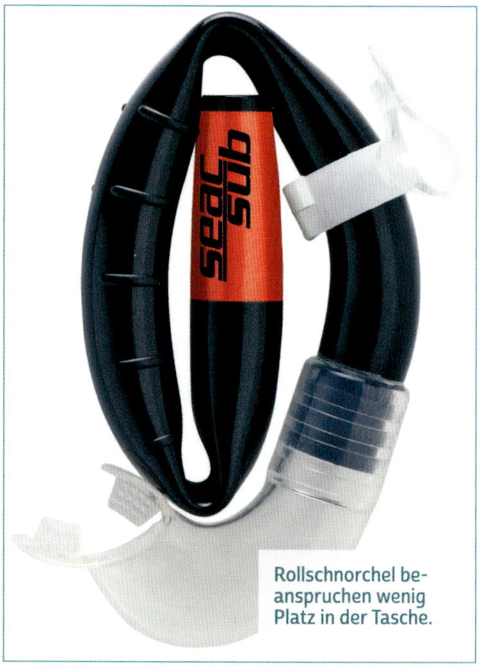

Rollschnorchel beanspruchen wenig Platz in der Tasche.

kann. Daher sind leicht gebogene Schnorchel empfehlenswert.

Am oberen Ende des Schnorchels ist ein Spritzschutz angebracht, der so konstruiert sein muss, dass Spritzwasser abgehalten wird, die Atemarbeit (Atemwiderstand) aber nicht erschwert. Dadurch bleibt auch bei höherem Wellengang der Schnorchel weitestgehend trocken.

Eine Vielzahl an unterschiedlichsten Schnorchel-Modellen macht die Auswahl nicht gerade einfach. Es gibt Jugend- und Erwachsenenschnorchel, Wettkampf und UW-Rugby-Schnorchel, Schnorchel für das Gerätetauchen etc. Falt-, Roll- oder Knickschnorchel lassen sich auf ein praktisches Mini-Maß zusammenfalten und bieten so Komfort auf kleinstem Raum. Es gibt auch Schnorchel mit Musik. Im Mundstück steckt ein Radio, und die Kieferknochen des Schnorchlers werden zum Resonanzkörper. Ein Schnorchel ist ein vergleichsweise einfacher Ausrüstungsgegenstand, doch bei der Vielzahl an unterschiedlichen Modellen sollten auch Sie den für sich passenden finden. Bedenken Sie, nur mit einem guten Schnorchel macht das Schnorcheln so richtig Spaß.

Probleme

Wasser im Schnorchel kann verschiedene Gründe haben. Eine gute Passform vorausgesetzt, könnte das Mundstück eingerissen sein, oder die Verbindung zwischen Mundstück und Atemrohr nicht dicht abschließen. Bei Schnorcheln mit Ausblasventil könnte die Membran defekt sein. Eventuell hat man aber auch beim Schnorcheln den Kopf zu tief unter Wasser gehalten, so dass durch das obere offene Ende des Atemrohrs Wasser eingedrungen ist. Manchmal wird der Schnorchel auch nur provisorisch unter das Maskenband geklemmt, wodurch die Maske dermaßen angehoben werden kann, dass die Dichtlippen nicht mehr richtig am Gesicht anliegen und so Wasser in die Maske eindringen kann.

Gutes Silikon ist nahezu allergiefrei, billiges hingegen kann zu unschönen allergischen Reaktionen führen. Klare (transparente) Silikonmischungen können sich mit der Zeit gelblich verfärben.

Das Befestigungssystem zwischen Maskenband und Schnorchel ist oft ein heikler Punkt. Hier lohnt es sich zu prüfen, ob es nicht defekt ist.

Sollte der Schnorchel einmal nicht mehr richtig im Mund sitzen, überprüfen Sie die Beißwarzen am Mundstück, diese könnten eingerissen oder abgebissen sein.

Pflege

Den Schnorchel nach jedem Gebrauch gründlich mit sauberem Wasser spülen und trocknen lassen. Ein kleiner Tropfen Spülmittel zur besseren Reinigung ist empfehlenswert. Zum Trocknen oder zur Lagerung den Schnorchel nicht drücken. Hitze und starke Sonneneinstrahlung tun dem Schnorchel nicht gut. Das Silikon würde mit der Zeit brüchig und der Kunststoff seine Farbe verlieren. Der Schnorchel gehört daher in den Schatten. Bei längerer Lagerung den Schnorchel nur trocken verstauen, damit sich kein Schimmel bildet.

Nicht alle Schnorchel können bei Verschmutzungen auseinander genommen werden. Wenn sich Schmutz beispielsweise zwischen Mundstück und Atemrohr befindet, können nur zerlegbare Schnorchel leicht auseinander gebaut, gesäubert und wieder montiert werden.

Um den wirklich passenden Schnorchel zu finden, sollte man dies möglichst im Wasser mit kompletter Ausrüstung testen. Diesen Service gibt es in guten Fachgeschäften kostenlos. Fragen lohnt sich.

Tipps
Ein Schnorchel, der nicht bequem im Mund sitzt, ist äußerst unangenehm und verdirbt jeden Schnorchel-Ausflug. Man sollte daher den Schnorchel am Maskenband seiner eigenen Maske befestigen. Dann verschiebt man den Schnorchel am Maskenband so lange vor und zurück nach oben und unten, bis man am Mundstück keinen Zug mehr spürt. Sitzt er angenehm, sollte man prüfen, ob man ihn auch leicht ausblasen kann (dies lässt sich allerdings nur im Wasser prüfen).

Nicht alle Schnorchel sind zerlegbar. Wenn sich jedoch Schmutz angesammelt hat, ist es vorteilhaft, wenn man ihn selber auseinander bauen, säubern und wieder montieren kann.

4.5 Flossen

Funktion
Die Flossen sind Teil der Grundausrüstung (ABC-Ausrüstung) für Schnorchler. Sie dienen der Fortbewegung und werden auch Flipper oder Paddel genannt. Durch Auf- und Abwärtsbewegung der Beine geben sie dem Schnorchler den notwendigen Vortrieb.

Flossen dienen aber nicht nur der Fortbewegung, sondern können auch in Notsituationen als (optisches) Rettungsmittel eingesetzt werden. Man kann sie ausziehen, in die Hand nehmen und so Hilfe herbeiwinken. Eine helle, auffällige Farbe ist in diesem Fall ein zusätzlicher Sicherheitsfaktor. Während des Schnorchelns wird man auch von Surfern, Seglern, von Motorbooten aus etc. besser gesehen. Gerade in trübem Gewässer zeigen farblich auffällige Flossen ihre wahre Stärke. Man wird von seinem Schnorchel-Partner leichter gesehen und verliert umgekehrt auch nicht so leicht den Kontakt zu ihm.

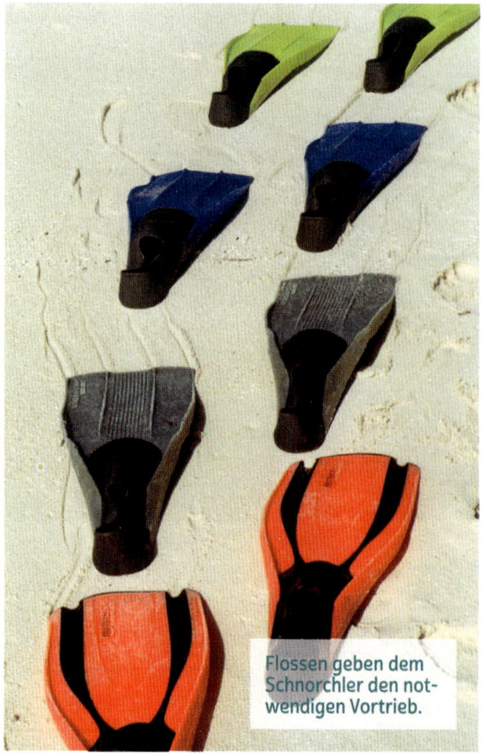

Flossen geben dem Schnorchler den notwendigen Vortrieb.

Material
Flossen gibt es aus verschiedenen Materialien, z.B. Gummi, Kunststoff (Polyester, Polythylen, Polyamid, Thermoplast etc.) oder Verbundwerkstoff. Flossen aus Vollgummi (ihre Farbe ist meist Schwarz) sind zwar sehr widerstandsfähig, dafür aber auch sehr schwer, und heute eher selten. Moderne Flossen bestehen in der Regel aus einem Mix verschiedenster Materialien.

Carbon-Flossen werden von Apnoeisten bevorzugt (überlanges Flossenblatt).

Auswahl
Es gibt keine Universalflosse für jeden Schnorchler. Die eigene Statur, Größe, Fitness, Wadenmuskulatur, Kondition, Kraft und Übung sollte

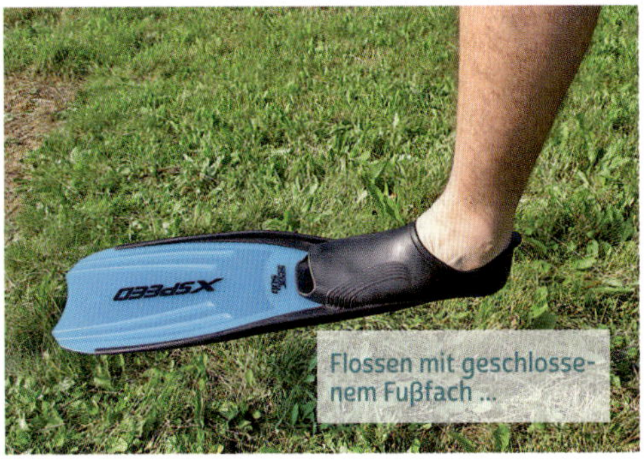

Flossen mit geschlossenem Fußfach ...

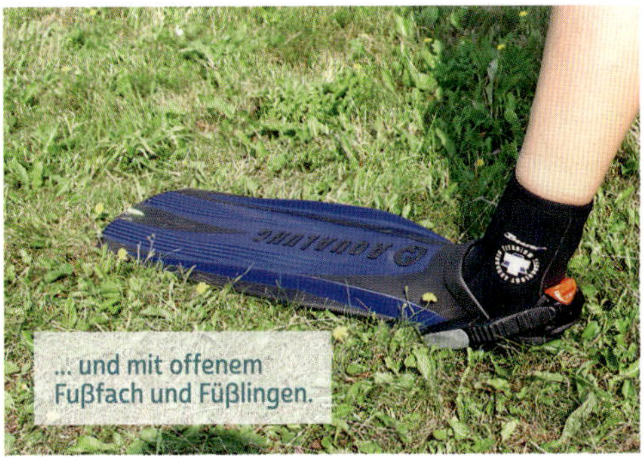

... und mit offenem Fußfach und Füßlingen.

sich in der entsprechenden Härte, Größe und Form des Flossenblattes wiederspiegeln.

Generell kann man zwei Flossentypen unterscheiden: die mit geschlossenem Fußfach und die mit offenem Fußfach.

Geschlossenes Fußfach - Diese Flossen werden auch »Schwimmbad- oder Schnorchel-Flossen« genannt. Man zieht sie barfuß an. Sie sind für warmes Wasser gut geeignet.

Offenes Fußfach - Diese Flossen werden mit einem Fersenband am Fuß gehalten. Man bezeichnet sie auch als »Fersen- oder Geräteflossen« (werden von Gerätetauchern bevorzugt). Sie werden zusammen mit Füßlingen getragen und eignen sich vor allem für kältere Gewässer. Gerätetauchflossen sind ca. 40 bis 70 cm lang, und im Vergleich zu Schnorchel-Flossen oft breiter und härter.

Durch die Materialstärke und einen bewussten Materialmix wird u.a. eine unterschiedliche Blatthärte (Steifigkeit) des Flossenblattes erreicht. Aber auch durch die Form, Konstruktion und zusätzliche Verstärkungen wird auf die Blatthärte und optimale Richtungsstabilität eingewirkt. Jeder Hersteller verfolgt da sein eigenes Konzept. Einige Beispiele: Strömungsfenster sind Durchlässe im Flossenblatt, durch die das beim Abwärtsschlag entstehende Stauchwasser zügig nach hinten abgeleitet werden soll.

Der Kraftaufwand beim Abwärtsschlag soll dadurch verringert, die Effektivität erhöht werden. Wasserkanäle sind im Flossenblatt eingearbeitet, durch die das Wasser nicht mehr seitlich

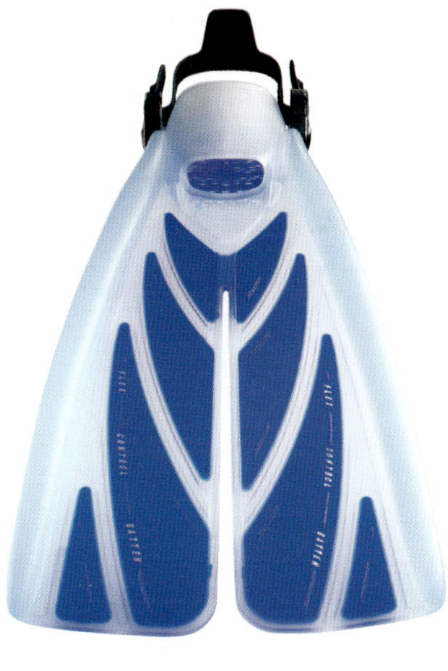

Eine »Split Fin« - ein eher modernes Flossendesign.

ausweichen kann und so optimal nach hinten abgeleitet werden soll. Die Schubkraft soll dadurch erhöht werden.

Ein geteiltes Flossenblatt (Split Fin) soll weniger Kraft auf das Fußgelenk übertragen, und trotzdem eine erhöhte Schubkraft bewirken. Eine neuartige Wasserführung macht dies möglich.
Generell ist zu diesem Thema zu sagen: probieren geht über studieren. Testen Sie die Flossen im Wasser, ein gutes Fachgeschäft bietet diesen Service kostenlos an. Bedenken Sie bei der Auswahl der richtigen Flosse bitte auch, dass die Bedingungen im Hallenbad bzw. See sich komplett von denen in einem Fluss oder bei Strömung im offenen Meer unterscheiden. Eine Flosse, die für stehendes Gewässer optimal ist, kann bei Strömung versagen.

Flossen gibt es in den Größen XS bis XXL, oft aber auch in amerikanischen Größen (entsprechende europäische Größe in Klammern): 3-4 (34-35), 4-5 (36-37), 6-7 (38-39), 7-8 (40-41), 9-10 (42-43), 10-11 (44-45), 11-12 (45-46), 12-13 (46-47).

Bei einer Flosse sollte der Rand des Flossenblattes versteift sein, um eine bessere Richtungsstabilität zu geben. Das Flossenblatt sollte außerdem leicht nach unten abgewinkelt sein.

Bei Flossen mit offenem Fußteil sollte das Fersenband auswechselbar und leicht zu verstellen sein, auch wenn man Handschuhe trägt.

Freitaucher (Apnoeisten) bevorzugen überlange Flossen. Diese lassen sich teilweise auseinander bauen und passen so in nahezu jede Reisetasche. Doch Achtung: Apnoeflossen sind nicht für jedermann geeignet.

Wegen der besseren Passform und dem Komfort, sollte das Fußfach einer Flosse aus einem möglichst weichen Material bestehen.

Eine Flosse sollte vom Gewicht her austariert sein (also keinen Auf- oder Abtrieb haben), damit man sie - sollte man sie beispielsweise einmal verlieren - leichter wieder auffinden kann.

Wer gern von Land bzw. vom Strand aus schnorchelt, wird wahrscheinlich Füßlinge (Flossen mit offenem Fußfach) bevorzugen - anstatt aufgerissene Füße.

Bei der Vielzahl an unterschiedlichen Modellen ist es nicht gerade einfach, die für sich passenden Flossen zu finden. Bedenken Sie, nur mit einem guten Antrieb macht das Schnorcheln so richtig Spaß. Daher informieren Sie sich, welche Lösung für Sie am besten ist.

Probleme

Mit langen und steifen Flossen kommt man schneller voran, allerdings braucht man dazu auch mehr Kraft, Wadenkrämpfe können die Folge sein.

Mit kurzen und weicheren Flossen ist man langsamer, dafür sind sie aber auch nicht so kraftaufwendig.

Bei Flossen mit geschlossenem Fußfach sollte das Fußfach aus möglichst weichem Material bestehen. Dies kann einreißen, wodurch der Fuß den Halt in der Flosse verliert. Bei zu hartem Material, kann man sich im vorderen Bereich die Zehenspitzen aufreiben.

Bei Flossen mit offenem Fußfach ist auf das Fersenband zu achten. Es wird mit der Zeit brüchig und kann reißen. Der Verschluss sollte auch robust genug sein.

Pflege

Die Flossen nach jedem Gebrauch gründlich mit sauberem Wasser spülen und trocknen lassen.

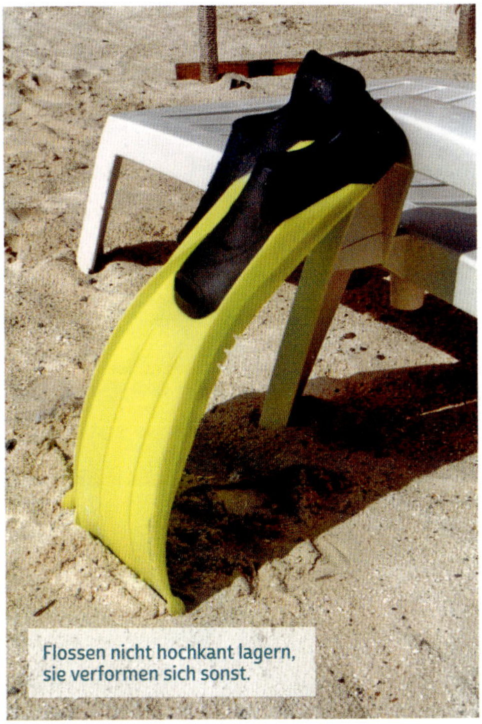

Flossen nicht hochkant lagern, sie verformen sich sonst.

Ein kleiner Tropfen Spülmittel zur besseren Reinigung ist empfehlenswert.

Zum Trocknen oder zur Lagerung die Flossen nicht falten, drücken oder gar hochkant an eine Wand stellen - unschöne Verformungen wären die Folge. Flossen auch immer vor Hitze und starker Sonneneinstrahlung schützen, da Kunststoffe sich bei Wärme verformen und beim Erkalten die Form behalten. Die Sonne tut dem Material nicht gut, es wird mit der Zeit brüchig und die Farben verschwinden.

Bei längerer Lagerung die Flossen nur trocken verstauen, damit sich kein Schimmel bildet. Flossenspanner (vergleichbar mit Schuhspannern) werden oft mitgeliefert und verhindern bei Lagerung oder Transport, dass sich das Fußfach der Flosse verformt.

Tipps

Flossen, die nicht richtig passen, sind äußerst unangenehm und verderben jeden Schnorchel-Ausflug. Man sollte daher darauf achten, dass man leicht in die Flossen reinschlüpfen kann. Flossen dürfen nirgends drücken oder gar so eng sitzen, dass sie die Blutzufuhr in den Füßen verhindern. Wenn man den Fuß schüttelt, darf die Flosse nicht wackeln, sondern sollte gut haften. Beim Anprobieren einer Flosse möglichst immer zwei verschiedene testen, denn nur so kann man wirklich einen Unterschied zwischen den Flossen spüren.

Eine auffällige Farbe hilft dabei, seine Flossen wiederzufinden, falls man sie einmal - beispielsweise in der Brandung - verlieren sollte.

Einsteiger sollten eine mittelharte Flosse benutzen, da ein zu hartes Flossenblatt zu Krämpfen in den Waden oder Füßen führen kann. Vom Trainingszustand des Schnorchlers einmal abgesehen, kann man generell sagen, dass große und kräftige Schnorchler lange, steife und breite Flossen bevorzugen. Kleinere Schnorchler können mit solchen Flossen rasch einen Krampf in den Beinen bekommen, daher bevorzugen diese eine kürzere, schmälere und weichere Flosse. Entsprechend unterschiedlich ist der Bewegungsablauf: mit großen Flossen schlägt man eher weit und langsam, mit kleineren eher schnell und kurz aus.

Flossen mit einem harten Flossenblatt haben einen wesentlich größeren Vortrieb als weichere, sind aber auch mit einem größeren Kraftaufwand verbunden.

Bei Flossen mit geschlossenem Fußfach ist ein kurzes und weiches Flossenblatt empfehlenswert, dadurch ermüdet die Beinmuskulatur nicht so schnell.

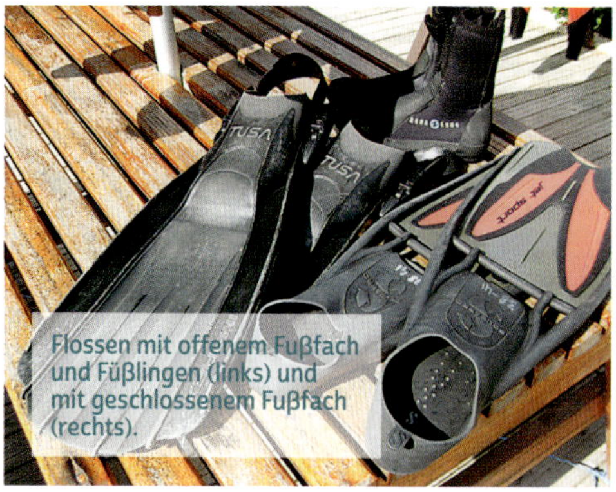

Flossen mit offenem Fußfach und Füßlingen (links) und mit geschlossenem Fußfach (rechts).

Flossen mit offenem Fußfach immer mit den eigenen Füßlingen anprobieren. Nur so kann die optimale Passform festgestellt werden. Wer gern von Land bzw. vom Strand aus schnorchelt, wird wahrscheinlich Füßlinge bevorzugen, da sie gut gegen heißen Sand, spitze und scharfkantige Steine, Felsen oder Muscheln schützen. Da Füßlinge einen positiven Auftrieb haben (schwimmen), sollten die Flossen eher einen negativen Auftrieb (sinken) haben, ansonsten würde man einen zu großen Kraftaufwand benötigen um vorwärts zu kommen.

Bei Flossenbändern und Schnallen sollte man darauf achten, dass sie robust sind, sich einfach einstellen lassen (auch wenn man Handschuhe trägt), und dass die Kleinteile austauschbar sind. Bei einem Defekt können diese kostengünstig ausgewechselt werden. Da ein Flossenband oder eine Schnalle die Angewohnheit hat, immer im unpassendsten Moment zu reißen, sollte man immer gleich ein Reserveband bzw. eine -schnalle mit kaufen. Mit dem richtigen Verschlusssystem ist das In-Flossen-Schlüpfen ein Vergnügen.

Um die wirklich passenden Flossen zu finden, sollte man dies möglichst im Wasser mit kompletter Ausrüstung testen. Diesen Service gibt es in guten Fachgeschäften kostenlos.

4.6 Füßlinge

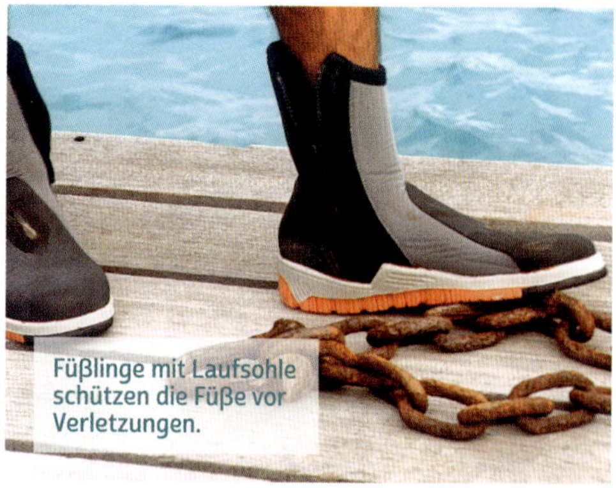
Füßlinge mit Laufsohle schützen die Füße vor Verletzungen.

Funktion
Füßlinge gehören zu Flossen mit offenem Fußfach und können daher Teil der Grundausrüstung (ABC-Ausrüstung) für Schnorchler sein. Sie geben den Füßen in den Flossen Halt und verhindern Blasen und andere Verletzungen der Haut durch Scheuern (Hautabschürfungen). Füßlinge schützen die Füße vor Kälte und gewährleisten Rutschfestigkeit, sowie einen sicheren Tritt auf glattem Untergrund (z.B. Bootsdeck, Hallenbad etc.). Wer gern von Land bzw. vom Strand aus schnorchelt, wird gern auf Füßlinge zurückgreifen, da sie beim Laufen gut gegen heißen Sand, spitze und scharfkantige Steine, Felsen oder Muscheln schützen.

Material
Füßlinge bestehen aus Neopren, wobei die Laufsohle aus festerem Kunststoff gefertigt wird. Das Neopren gibt den Füßlingen einen positiven Auftrieb (sie schwimmen). Die Flossen sollten daher einen eher negativen Auftrieb (sinken) haben, da man sonst Flossen und Füßlinge zusammen nur schwer mit der Beinmuskulatur unter Wasser drücken kann. Man würde, um vorwärts zu kommen, einen zu großen Kraftaufwand benötigen.

Auswahl

Füßlinge sind praktisch die Socken für die Taucherschuhe (Flossen), und es gibt sie in den unterschiedlichsten Farben und Designs. Ein Füßling sollte eng aber bequem sitzen und nicht drücken; vor allem dann nicht, wenn man ihn zusammen mit der Geräteflosse trägt.

Füßlinge immer zusammen mit den eigenen Geräteflossen anprobieren. Sie müssen im Wasser als eine Einheit zusammenarbeiten und müssen daher auch zusammen getestet werden. Manche Füßlinge haben an der Seite einen Reißverschluss, der das An- und Ausziehen erleichtert. Der Reißverschluss sollte mit dünnem Neopren hinterlegt sein, damit durch ihn kein (kaltes) Wasser eindringen kann.

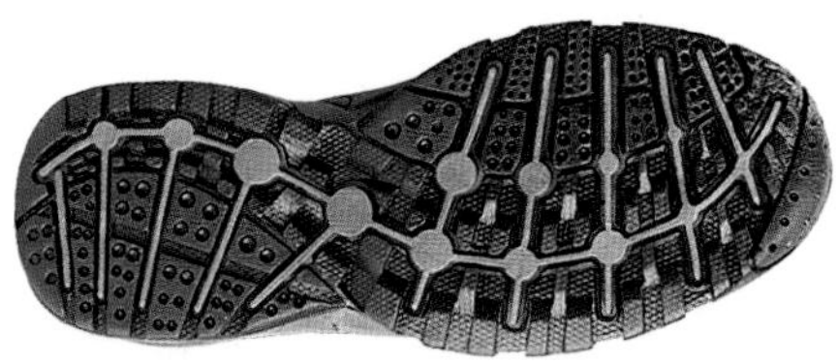

Eine stabile Laufsohle gibt nicht nur Halt, sondern verhindert auch das Ausrutschen.

Eine Verstärkung des Fersenbereichs (hier liegt das Flossenband hinten am Fuß auf) und eine Flossenbandfixierung sind vorteilhaft.
Eine feste, stabile Laufsohle gibt dem Fuß nicht nur beim Laufen Halt. Sie sollte vor allem auch rutschfest sein.

Füßlinge sollten eine gute Seiten- und Frontverstärkung haben, damit sie den Fuß besser schützen. Bei der Vielzahl an unterschiedlichen Modellen werden auch Sie sicher fündig. Bedenken Sie, nur wenn Füße, Füßlinge und Geräteflossen optimal zusammenarbeiten, macht das Schnorcheln richtig Spaß.

Probleme

Füßlinge gehören zu den so genannten Verschleißteilen der Ausrüstung. Sie fangen die Kräfte, die zwischen Fuß und Geräteflosse auftreten, auf, und gleichen diese aus. Besonders das Flossenband, das an der Ferse naturgemäß sehr eng anliegt, verursacht mit der Zeit Schäden am Füßling. Bei unsachgemäßer Behandlung (meist zu starkem Reißen), kann der Reißverschluss beschädigt werden.

Pflege

Die Füßlinge nach jedem Gebrauch gründlich mit sauberem Wasser spülen und trocknen lassen. Ein kleiner Tropfen Spülmittel zur besseren Reinigung ist empfehlenswert.

Füßlinge möglichst vor Hitze und starker Sonneneinstrahlung schützen, da Kunststoffe sich bei Wärme verformen und beim Erkalten die Form behalten. Auch die Wirkung der verwendeten Klebstoffe lässt unter zu starker Sonneneinstrahlung bzw. Hitze nach. Die Sonne tut dem Material nicht gut, es wird mit der Zeit brüchig.

Bei längerer Lagerung die Füßlinge nur trocken verstauen, damit sich kein Schimmel bildet.

Tipps

Füßlinge sollten passen wie ein Schuh. Sind sie zu groß, geben sie dem Fuß und damit auch der Geräteflosse keinen Halt, Blasen und Hautabschürfungen sind die Folge. Sind sie zu eng und drücken, hindern sie die Blutzufuhr an den Füßen.

Füßlinge immer zusammen mit den eigenen Flossen mit offenem Fußfach anprobieren, nur so kann die optimale Passform festgestellt werden. Ohne Flossen drücken sie beispielsweise nicht, doch vielleicht im Fußfach. Man sollte auch darauf achten, dass man mit ihnen leicht in die Flossen reinschlüpfen kann.

Wenn man den Fuß zusammen mit Füßling und Flosse schüttelt, darf die Flosse nicht wackeln, sondern sollte gut haften.

Füßlinge mit Reißverschluss sind komfortabel, da das An- und Ausziehen erleichtert wird. Bei Füßlingen ohne Reißverschluss muss beim Ausziehen mehr Kraft aufgewendet werden, da sich der Füßling an den Fuß regelrecht ansaugt.

Um die wirklich passenden Füßlinge zu finden, sollte man diese zusammen mit den eigenen Geräteflossen, und möglichst im Wasser mit kompletter Ausrüstung testen. Diesen Service gibt es in guten Fachgeschäften kostenlos. Fragen lohnt sich.

4.7 Tauchanzug

Funktion

Der Tauchanzug dient dem Schnorchler in erster Linie als Kälteschutz, denn selbst in tropischen Gewässern unterkühlt der Körper bei einem längeren Aufenthalt im Wasser. Außerdem ist selbst ein vorsichtiger Schnorchler – gerade bei Strömungen – nicht vor unliebsamen Berührungen geschützt. Hier schützt ein Tauchanzug den Schnorchler vor Abschürfungen, umhertreibenden und nesselnden Meeresbewohnern und vor Verunreinigungen im Wasser. Er bietet aber auch einen ausgezeichneten Sonnenschutz, denn gerade am Wasser ist das wegen der Verstärkung der Strahlen durch Reflektion, und der Brennglaswirkung des Wasserfilms auf der Haut, besonders wichtig.

Ein Tauchanzug bringt aber auch mehr Sicherheit. Allgemein gilt, eine helle, auffällige Farbe ist

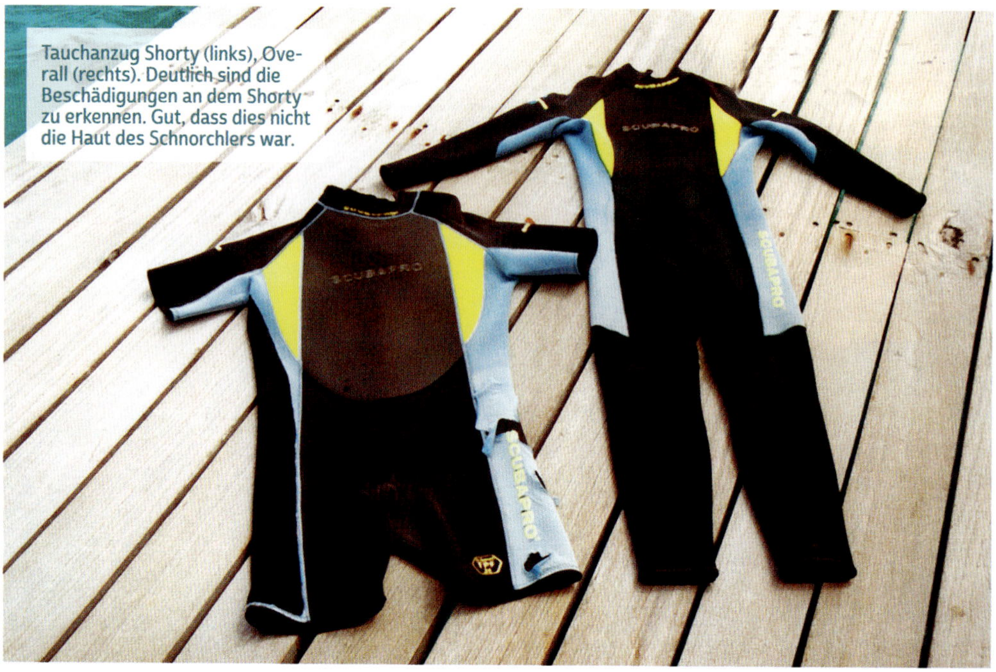

Tauchanzug Shorty (links), Overall (rechts). Deutlich sind die Beschädigungen an dem Shorty zu erkennen. Gut, dass dies nicht die Haut des Schnorchlers war.

in jedem Fall ein zusätzlicher Sicherheitsfaktor, da man während des Schnorchelns von Surfern, Seglern, von Motorbooten aus etc. besser gesehen wird. Gerade in trübem Gewässer zeigen farblich auffällige Tauchanzüge ihre wahre Stärke. Man wird von seinem Schnorchel-Partner leichter gesehen und verliert umgekehrt auch nicht so leicht den Kontakt zu ihm.

Material

Tauchanzüge bestehen in der Regel aus Neopren und es gibt sie in verschiedenen Materialstärken. Das Neopren gibt dem Tauchanzug einen positiven Auftrieb (er schwimmt). Um diesen Auftrieb auszugleichen, braucht man einen Bleigurt mit negativem Auftrieb (sinken), ansonsten würde man, um beispielsweise abtauchen zu können, einen zu großen Kraftaufwand benötigen.

In wärmeren Gewässern wird oft ein leichter, stoffähnlicher Tauchanzug aus Lycra-Gewebe verwendet. Die Bezeichnung ist auch Rash Guard oder UV-Overall. Vergleichbar mit einem

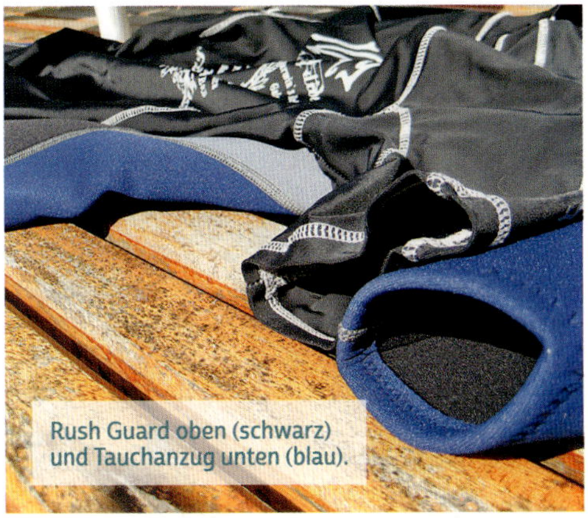

Rush Guard oben (schwarz) und Tauchanzug unten (blau).

Gymnastikanzug, bietet dieser zwar Schutz gegen Sonne und Vernesselungen, besitzt jedoch keinen so guten Kälteschutz.

Auswahl

So unterschiedlich die Gebiete zum Schnorcheln sind – von den warmen tropischen Meeren bis

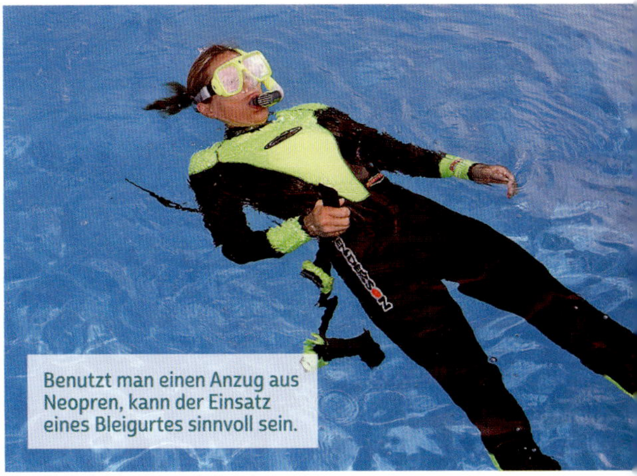

Benutzt man einen Anzug aus Neopren, kann der Einsatz eines Bleigurtes sinnvoll sein.

hin zu den kalten Bergseen –, so unterschiedlich sind auch die Tauchanzugsmodelle. Wichtigstes Kriterium eines Tauchanzuges ist die Passform.

Grundsätzlich unterscheidet man zwei Arten von Tauchanzügen: Nasstauchanzüge und Trockentauchanzüge. Trockentauchanzüge werden von Sport- und Berufstauchern benutzt, für Schnorchler sind Nasstauchanzüge am besten geeignet.

Nasstauchanzüge gibt es in Materialstärken von 2–8 mm. Je dicker ein Anzug ist, desto größer ist sein Kälteschutz, und desto ungelenker ist man aber auch in seinen Bewegungen. Nur wenn der Nasstauchanzug auch wirklich perfekt sitzt, wird eine zu große Wasserzirkulation verhindert, die hauptsächlich für den Wärmeverlust verantwortlich ist.

Es gibt einteilige, oder mehrteilige Tauchanzüge, mit und ohne Kopfhaube, wie beispielsweise den Overall (einteilig, lange Arme und Beine), Shorty

(einteilig, kurze Arme und Beine) und Long John (zweiteilig, lange Hose mit angeschnittenem Leibchen und einer separaten Weste/Jacke).
Bei der Verarbeitung sollte man darauf achten, dass die Nähte mit Doppelblindstich (Lock Stich) gefertigt worden sind. Selbst wenn ein Faden hier reißen sollte, kann die Naht nicht aufgetrennt werden, sie hält bombenfest, das Wasser dringt nicht durch die Nähte, da nicht durchgenäht wurde. Glatthaut-Rollbündchen am Halsausschnitt stellen einen engen Kontakt zur Haut her, und verhindern so wirkungsvoll Wassereintritt (Auskühlung). Doppelte Dichtmanschetten mit Reißverschluss außen, liegen an Arm- und Beinabschluss mit einer dünnen inneren Manschette eng an der Haut an, wobei in die äußere Manschette Handschuhe und Füßlinge integriert werden können. Damit wird eine Wasserzirkulation (Auskühlung) optimal verhindert. Eine Titanbeschichtung innen strahlt einen Teil der Körperwärme zum Schnorchler zurück und hält so länger warm. Das An- und Ausziehen wird durch eine Plüschbeschichtung innen erleichtert. Flexibles Material bzw. ein Materialstärkenmix an Stellen, die besonders bewegt werden (z.B. Kniekehlen, Ellenbogeninnenbeuge, Halsabschluss), erhöhen die Bewegungsfreiheit und damit den Tragekomfort.

In tropischen Gewässern genügt beispielsweise ein Lycra- oder ein 3 mm dicker Neoprentauchanzug - auch Tropentauchanzug genannt. Man kann auch einen so genannten Shorty (einteilig, kurze Arme und Beine) verwenden. Tropentauchanzüge sind einteilig und dünn, haben ein geringes Packmaß und sind sehr bequem. Sie sind nur im Warmwasser einsetzbar und haben einen hohen Wasserdurchsatz.

In kälteren Gewässern sollte der Tauchanzug schon mindestens aus 5 mm dickem Neopren gefertigt sein. Man kann hier beispielsweise auch einen Lycra-Anzug unter den Neopren Tauchanzug unterziehen, um so den Wasserdurchsatz zu minimieren, und damit einen erhöhten Wärmeschutz erzielen.

Reißverschlüsse an Arm- und Beinabschluss erleichtern das An- und Ausziehen erheblich.

Bei der Vielzahl an unterschiedlichen Modellen ist es nicht gerade einfach, den für sich passenden Tauchanzug zu finden. Ausschlaggebend sind das Gewässer, in dem geschnorchelt werden soll, die Passform und erst zuletzt der modische Aspekt. Bedenken Sie, nur mit einem guten Tauchanzug macht das Schnorcheln so richtig Spaß. Daher informieren Sie sich, welche Lösung für Sie am besten ist.

Probleme
Die Oberfläche von Neopren-Tauchanzügen kann einreißen. Kleinere Risse können selbst behoben werden. Der Fachhandel hält hierfür speziellen Neoprenkleber vor.

Bei unsachgemäßer Behandlung (meist zu starkem Reißen) kann der Reißverschluss beschädigt werden. Oft reißt er an der Basis aus. Um dies zu vermeiden, sollte man beim Zuziehen mit einer Hand möglichst immer auch an der Basis festhalten, und so eine Gegenkraft zur eigentlichen Zugrichtung aufbauen. Dann halten Reißverschlüsse auch länger.

Pflege
Den Tauchanzug nach jedem Gebrauch gründlich mit sauberem Wasser spülen und trocknen lassen. Ein kleiner Tropfen Spülmittel zur besseren Reinigung ist empfehlenswert.

Zum Trocknen oder zur Lagerung den Tauchanzug nicht drücken, das Neopren würde an den

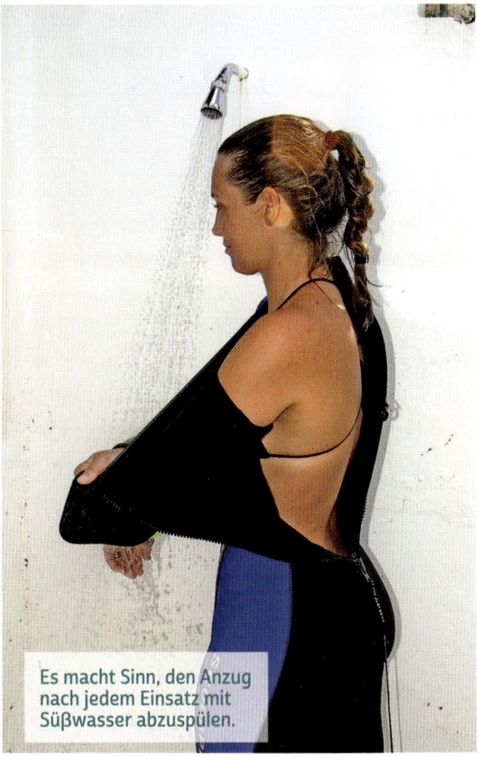

Es macht Sinn, den Anzug nach jedem Einsatz mit Süßwasser abzuspülen.

Knickstellen beschädigt werden. Zum Aufhängen breite, gepolsterte Kleiderbügel verwenden.

Hitze und starke Sonneneinstrahlung tut Tauchanzügen nicht gut. Das Neopren wird mit der Zeit brüchig und der Anzug verliert seine Farbe. Tauchanzüge gehören daher in den Schatten.

Ist der Tauchanzug einmal stark verschmutzt, kann er auch in die Waschmaschine gesteckt werden (Feinwaschmittel benutzen und nicht schleudern).

Auf keinen Fall die Reißverschlüsse fetten oder gar ölen; Sand, Staub und anderer Schmutz bleibt dann vermehrt an ihnen hängen und sie gehen dadurch früher kaputt.

Tipps

Tauchanzüge sollten passen wie eine zweite Haut. Sind sie zu groß, schützen sie nicht vor dem Auskühlen. Sind sie zu eng, schränken sie die Bewegungsfreiheit ein und hindern das Blut im Körper optimal zu zirkulieren.

Tauchanzüge mit Reißverschlüssen an Arm- und Beinabschlüssen sind komfortabel, da das An- und Ausziehen erleichtert wird.

Beim An- und Ausziehen nicht zu stark am Anzug selbst und den Manschetten reißen, das Obermaterial könnte Schaden nehmen.

Kontakt mit chemischen Stoffen, UV-Strahlen und Ozon (Heizungsraum) vermeiden, da dadurch das Neopren in Mitleidenschaft gezogen wird.

Den Tauchanzug beim Trocknen möglichst auf links drehen, dadurch verhindert man das schnelle Verblassen der Farben auf der Außenseite.

Bei der Wahl des richtigen Tauchanzuges sollte man auch beachten, wie intensiv man gerne schnorcheln möchte. Bei sehr langen, oder mehreren Schnorchel-Ausflügen pro Tag, kann beispielsweise der Tauchanzug zu Beginn noch warm halten, doch zum Ende hin kühlt man schneller aus.

Um den wirklich passenden Tauchanzug zu finden, sollte man diesen möglichst im Wasser mit kompletter Ausrüstung testen. Diesen Service gibt es in guten Fachgeschäften kostenlos.

4.8 Schnorchel-Weste

Funktion

Eine Schnorchel-Weste ist ein nützliches Auftriebsmittel. Sie gibt dem Schnorchler eine sichere Schwimmlage, und hält ihn an der Wasseroberfläche, wenn er beispielsweise einmal erschöpft sein sollte. Sie hilft aber auch, wenn man beim Schwimmen beeinträchtigt wird, oder eine andere Person über Wasser halten muss.

Eine Schnorchel-Weste bringt aber auch mehr Sicherheit. Allgemein gilt, eine helle, auffällige Farbe ist in jedem Fall ein zusätzlicher Sicherheitsfaktor, da man während des Schnorchelns von Surfern, Seglern, von Motorbooten aus etc. besser gesehen wird. Gerade in trübem Gewässer zeigen farblich auffällige Schnorchel-Westen ihre wahre Stärke. Man wird von seinem Schnorchel-Partner leichter gesehen und verliert umgekehrt auch nicht so leicht den Kontakt zu ihm.

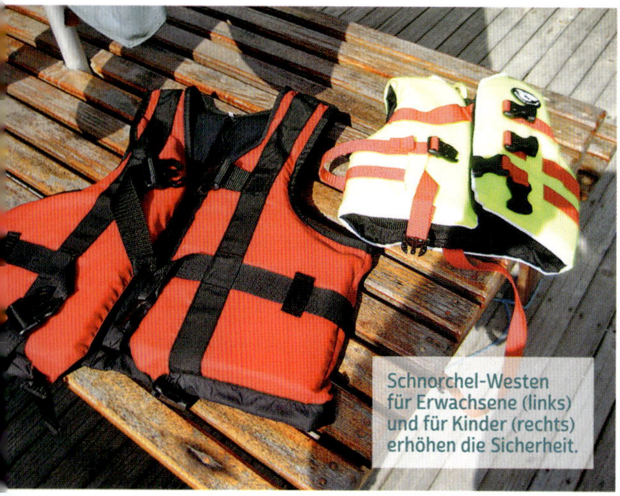

Schnorchel-Westen für Erwachsene (links) und für Kinder (rechts) erhöhen die Sicherheit.

Material

Die Außenhaut einer Schnorchel-Weste besteht in der Regel aus Nylon mit einer Beschichtung (z.B. Polyurethan). Gefüllt wird diese Hülle entweder mit Luft, Schaumstoff (weich) oder Styropor (fest). Bänderung und Gurte bestehen aus verschiedenen Materialien.

Auswahl

Wichtigstes Kriterium einer Schnorchel-Weste ist die Passform. Sie sollte eng anliegen ohne zu drücken. Grundsätzlich unterscheidet man zwei Arten von Schnorchel-Westen: Westen mit festem Auftriebskörper und Westen mit variablem Auftriebskörper. Schnorchel-Westen mit festem Auftriebskörper haben in der Regel ein Jacket-Format. Schnorchel-Westen mit variablem Auftriebskörper verwenden hierzu größtenteils Luft. Sie sind mit einem Schlauch ausgestattet, über den sie mit dem Mund aufgeblasen werden können. Zusätzlich sollten sie über eine Vorrichtung für eine kleine, auswechselbare CO_2-Patrone verfügen, mit deren Hilfe ein automatisches Aufblasen möglich ist. Da Schnorchel-Westen mit variablem Auftriebskörper ein Kragen-Format haben, sollten Blase und Bänderung so konzipiert sein, dass der Druck im aufgeblasenen Zustand nicht auf den Brustkorb ausgeübt wird. Die Schnorchel-Weste sollte sich über ein leicht erreichbares Ventil entleeren lassen (Schnellablassmöglichkeit). Bänder und Schnallen sollten gut sitzen, anatomisch richtig positioniert und leicht verstellbar sein.

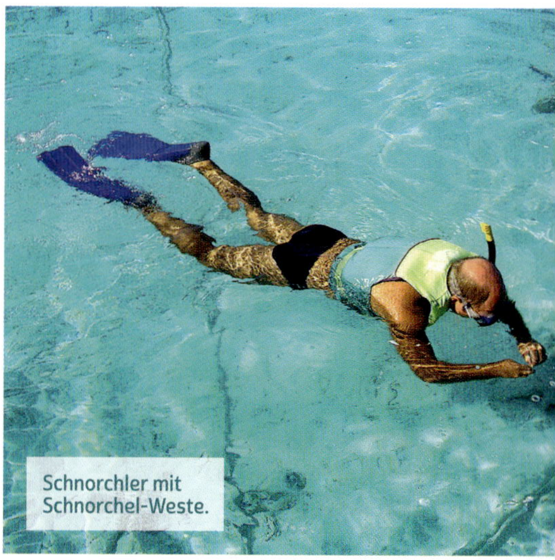

Schnorchler mit Schnorchel-Weste.

Bei der Vielzahl an unterschiedlichen Modellen werden auch Sie sicher auch die für sich passende Schnorchel-Weste zu finden. Ausschlaggebend sind die Passform und der Tragekomfort, und erst zuletzt der modische Aspekt. Bedenken Sie, nur eine gute Schnorchel-Weste macht das Schnorcheln richtig sicher.

Probleme
Oft sitzt die Bänderung im Wasser nicht mehr richtig. Das kommt daher, dass Nylon sich im Wasser dehnt. Darum die Bänder vor dem Anlegen der Schnorchel-Weste nass machen und im Wasser den Sitz ab und zu korrigieren.

Pflege
Die Schnorchel-Weste nach jedem Gebrauch gründlich mit sauberem Wasser spülen und trocknen lassen. Es ist wichtig, dass die Schnorchel-Weste auch innen gespült wird, damit beispielsweise Chlor, Salz oder Schmutzwasser keine Schäden verursachen können. Füllen Sie etwas sauberes Wasser beispielsweise über den Schlauch zum Aufblasen in die Weste, schwenken Sie das Wasser in der Weste hin und her, und lassen Sie es über das Auslassventil wieder ablaufen. Ein kleiner Tropfen Spülmittel zur besseren Reinigung ist empfehlenswert.

Um Pilz- und Schimmelbildung möglichst zu vermeiden, mindestens 1 mal im Jahr die Innenblase mit Desinfektionsmittel spülen. Außerdem die Schnorchel-Weste immer nur gut getrocknet (auch innen!) und etwas aufgeblasen lagern. Hitze und starke Sonneneinstrahlung tut Schnorchel-Westen nicht gut. Das Nylon wird mit der Zeit brüchig und die Weste verliert ihre Farbe. Schnorchel-Westen gehören daher in den Schatten.

Tipps
Bei Schnorchel-Westen mit variablem Auftriebskörper diese ruhig einmal komplett aufblasen, um zu testen, wie groß die Arm- und Bewegungsfreiheit ist.

Schnorchel-Westen mit variablem Auftriebskörper können Luft verlieren und sollten daher getestet werden. Dazu die Weste aufblasen und längere Zeit stehen lassen. Ist deutlich Luft verloren gegangen sollte die Schnorchel-Weste auf Undichtigkeit geprüft werden (z.B. in der Badewanne), so wie ein Fahrradschlauch. Geprüft werden sollte, ob die Außenhaut verletzt, oder das Auslassventil defekt, oder ob der Schlauch zum Aufblasen porös bzw. brüchig ist.

Um die wirklich passende Schnorchel-Weste zu finden, sollte man diese möglichst im Wasser mit kompletter Ausrüstung testen. Diesen Service gibt es in guten Fachgeschäften kostenlos. Fragen lohnt sich.

4.9 Handschuhe

Funktion
Handschuhe dienen dem Schnorchler in erster Linie als Kälteschutz, denn selbst in tropischen

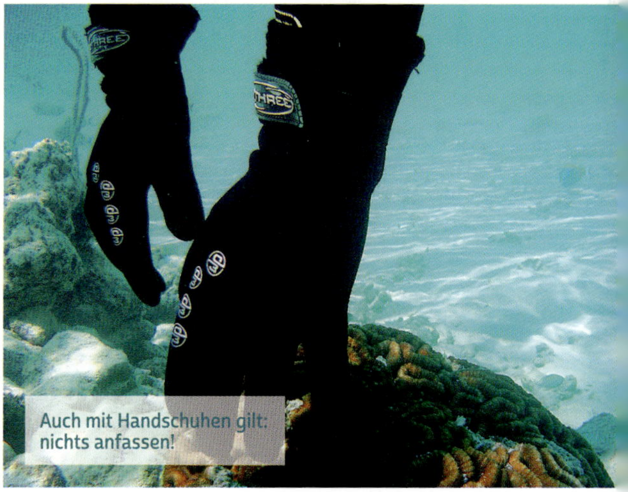

Auch mit Handschuhen gilt: nichts anfassen!

Gewässern unterkühlt der Körper bei einem längeren Aufenthalt im Wasser. Sie schützen den Schnorchler aber auch vor Abschürfungen, Kratzern, Schnittverletzungen, umhertreibenden und nesselnden Meeresbewohnern, Sonnenbrand, und vor Verunreinigungen im Wasser.

Material
Handschuhe bestehen in der Regel aus Neopren, und es gibt sie in verschiedenen Materialstärken. Sie können aber auch aus Kunststoff und Kunstleder gefertigt sein.

Auswahl
So unterschiedlich die Gebiete zum Schnorcheln sind, so unterschiedlich sind auch die Handschuhmodelle. Wichtigstes Kriterium eines Handschuhs ist die Passform.

Grundsätzlich unterscheidet man zwei Arten von Handschuhen: den 3-Finger-Handschuh und den 5-Finger-Handschuh.

Für kältere Gewässer sind 3-Finger-Handschuhe empfehlenswert. Vergleichbar mit Fäustlingen, schützen sie am besten vor Kälte. Aber auch dicke 5-Finger-Handschuhe (5–7 mm) können ausreichen. Oft sind sie mit einer zusätzlichen Dichtmanschette ausgestattet, die eine zu große Wasserzirkulation verhindert (Wärmeverlust).

Für wärmere Gewässer sind so genannte Tropenhandschuhe empfehlenswert. Dies sind dünne 5-Finger-Handschuhe (2–3 mm). Aber auch einfache Baumwollhandschuhe sind ausreichend.

Handschuhe gibt es in verschiedenen Materialstärken. Je dicker ein Handschuh ist, desto größer ist zwar sein Kälteschutz, doch um so schlechter kann man mit ihm greifen. Sind sie aus dünnem, nicht isolierendem Material gefertigt, haben sie keinen Kälteschutz.

Ein guter Handschuh sollte anatomisch geformt sein und eine Anti-Rutsch Innenseite haben (Griffsicherheit).

Bei der Vielzahl an unterschiedlichen Modellen werden auch Sie den für sich passenden Handschuh zu finden. Ausschlaggebend sind das Gewässer in dem geschnorchelt werden soll und die Passform, damit man vor allem auch alle Ausrüstungsteile richtig bedienen kann. Bedenken Sie, nur mit einem guten Handschuh macht das Schnorcheln so richtig Spaß. Daher informieren Sie sich, welche Lösung für Sie am besten ist.

Probleme
Handschuhe gehören zu den so genannten Verschleißteilen der Ausrüstung. Oft werden selbst scharfkantige Dinge mit ihnen angefasst, was man sich ohne sie normalerweise nie erlauben würde.

Beim unsachgemäßen An- und Ausziehen (meist zu starkes Reißen) kann der Handschuh beschädigt werden.

Pflege
Die Handschuhe nach jedem Gebrauch gründlich mit sauberem Wasser spülen und trocknen lassen. Ein kleiner Tropfen Spülmittel zur besseren Reinigung ist empfehlenswert.

Handschuhe möglichst vor Hitze und starker Sonneneinstrahlung schützen, da Kunststoffe sich bei Wärme verformen und beim Erkalten die Form behalten. Die Sonne tut dem Material nicht gut, es wird mit der Zeit brüchig.

Bei längerer Lagerung die Handschuhe nur trocken verstauen, damit sich kein Schimmel bildet.

Tipps
Nur wenn der Handschuh auch wirklich perfekt

sitzt, wird eine zu große Wasserzirkulation verhindert, die hauptsächlich für den Wärmeverlust verantwortlich ist. Sind sie zu groß, kommt zu viel Wasser an die Finger (Wärmeverlust), und außerdem ist die Sicherheit beim Greifen nicht mehr gegeben. Sind sie zu eng und drücken, hindern sie die Blutzufuhr an den Händen.

Am Anfang ist es vielleicht etwas schwer mit 3-Finger Handschuhen zu greifen. Doch mit der Zeit gewöhnt man sich daran, denn alles ist eine Übungssache.

Handschuhe tragen heißt nicht, dass man alles unter Wasser gleich anfassen darf. Viele Tiere und Pflanzen können allein durch die Berührung verletzt oder sogar getötet werden.

Um die wirklich passenden Handschuhe zu finden, sollte man dies möglichst im Wasser mit kompletter Ausrüstung testen. Diesen Service gibt es in guten Fachgeschäften kostenlos. Fragen lohnt sich.

4.10 Bleigurt

Funktion

Der Bleigurt gleicht den positiven Auftrieb des Körpers, Lungenvolumens, Tauchanzugs, der Füßlinge und anderer Ausrüstungsteile aus. Dabei ist die Anzahl der mitzuführenden Bleigewichte individuell verschieden. Nur durch Ausprobieren kann man feststellen, wie viel Gewicht benötigt wird, damit man unter Wasser einen annähernd gewichtslosen Schwebezustand (neutrale Tarierung) erreichen kann. Ein Bleigurt erleichtert vor allem das Abtauchen, muss aber nicht unbedingt immer mitgeführt werden.

Material

Der Bleigurt ist ca. 5 cm breit, besteht in der Regel aus Nylon und hat eine Metall- oder Kunststoffschließe. Auf ihn werden die Gewichte aufgefädelt. Die Gewichte bestehen aus Blei, in verschiedenen Größen von 0,5-6,0 Kg. Es gibt sie mit Kunststoff beschichtet und unbeschichtet. Bleischrot (für Bleigurte mit Taschen) gibt

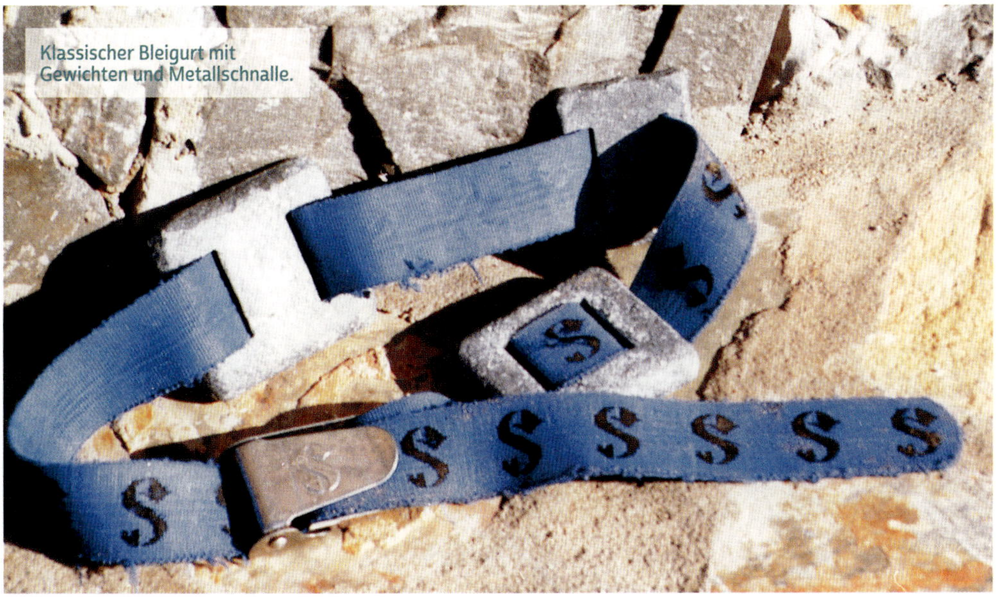

Klassischer Bleigurt mit Gewichten und Metallschnalle.

es in kleinen Beuteln und verschiedenen Größen von 0,5-4,0 Kg.

Auswahl

Es gibt verschiedene Gewichtssysteme. Beim klassischen Bleigurt werden die einzelnen Bleistücke direkt auf den Gurt aufgefädelt. Eine andere Form des Bleigurts besteht aus einer Reihe von Taschen, die mit Bleistücken oder Bleischrot gefüllt werden können.

Beim klassischen Bleigurt liegen die Bleistücke direkt auf dem Tauchanzug auf. Kleine Kanten oder hervorstehende Ecken, die beim Guss entstehen, können die Oberfläche des Tauchanzugs beschädigen. Bei mit Kunststoff beschichteten Bleistücken passiert dies nicht.

Bleigurte mit Taschen lassen sich schnell und leicht bestücken. Die Taschen schützen die Oberfläche des Tauchanzugs. Bleischrott ist Bleistücken vorzuziehen, da es sich dem Körper besser anpasst und so weniger drückt.

Der Bleigurt wird über dem Tauchanzug und allen anderen Gurten getragen, ähnlich wie ein Gürtel. Er muss mit einer so genannten Schnellabwurfschnalle versehen sein, die leicht erreichbar mit einer Hand geöffnet werden kann. Der Öffnungsmechanismus sollte leicht zu handhaben sein, damit der Bleigurt im Notfall sofort abgeworfen werden kann. Dies muss selbstverständlich auch mit behandschuhten Händen möglich sein.

Bei der Vielzahl an unterschiedlichen Modellen werden auch sicher Sie den für sich passenden Bleigurt zu finden. Ausschlaggebend sind das Gewässer in dem geschnorchelt werden soll und die Ihre Ausrüstung. Informieren Sie sich, welche Lösung für Sie am besten ist.

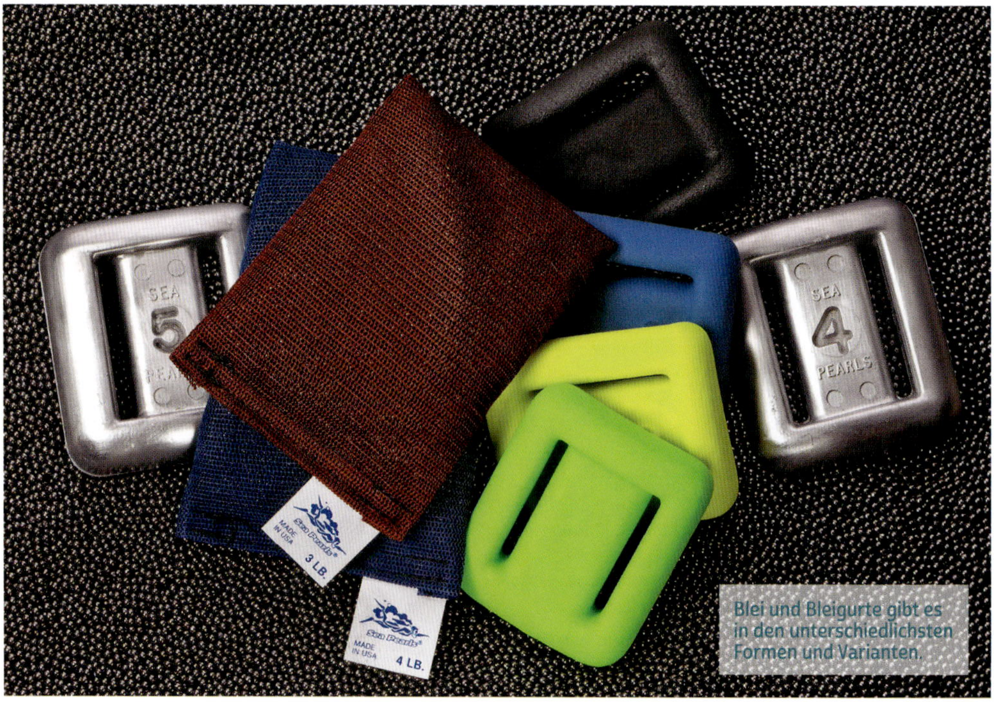

Blei und Bleigurte gibt es in den unterschiedlichsten Formen und Varianten.

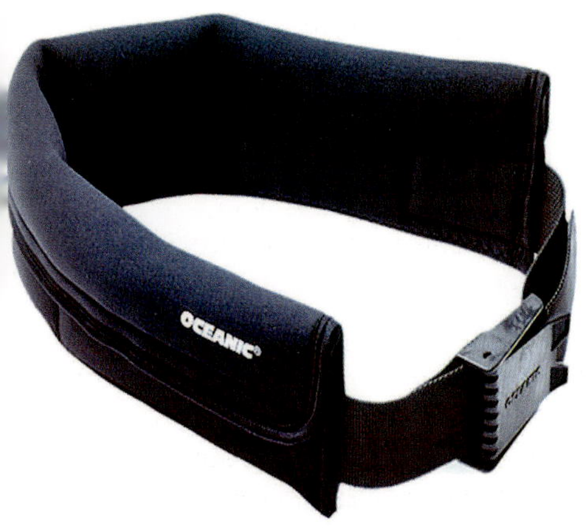

Ein moderner Taschenbleigurt. Die Taschen werden mit kleinen Säcken Schrotblei bestückt. Dadurch ist ein solcher Gurt angenehm zu tragen.

Probleme
Die Bleigewichte auf dem Gurt immer möglichst gleich verteilen, damit man gut ausbalanciert ist und eine gute Schwimmlage hat.

Der Bleigurt kann verrutschen. Damit dies nicht passiert, und die Schnalle beispielsweise nicht hinten auf den Rücken rutscht, wo sie im Notfall nicht erreicht werden kann, den Sitz von Zeit zu Zeit während des Schnorchelns überprüfen.

Beim Abtauchen wird der Tauchanzug dünner, wodurch der Bleigurt verrutschen kann. Daher den Sitz von Zeit zu Zeit überprüfen und gegebenenfalls nachziehen.

Nur durch Ausprobieren kann man feststellen, wie viel Gewicht benötigt wird, damit man unter Wasser einen annähernd gewichtslosen Schwebezustand (neutrale Tarierung) erreichen kann. Bedenken Sie, dass der Tauchanzug unter Wasser dünner wird und dadurch seinen positiven Auftrieb, im Vergleich zur Oberfläche, verliert. Daher nicht zu viel Blei mitnehmen, nicht überbleien!

Pflege
Den Bleigurt nach jedem Gebrauch gründlich mit sauberem Wasser spülen und trocknen lassen.

Bei Bleigurten mit Taschen ist ein kleiner Tropfen Spülmittel zur besseren Reinigung empfehlenswert.

Bei längerer Lagerung den Bleigurt nur trocken verstauen, damit sich kein Schimmel bildet.

Tipps
Die Schnellabwurfschnalle darf sich nicht aus Versehen beim Schnorcheln öffnen. Schnallen aus Metall sind empfehlenswerter, da sie robuster sind und im geschlossenen Zustand besser halten.

Um die Bleistücke am Gurt zu fixieren kann man Bleistopper verwenden. Einen Bleistopper sollte man auf alle Fälle zwischen dem letzten Bleistück und dem offenen Gurtende setzen. Dies verhindert, dass bei offenem Gurt (z.B. beim Ab- und Anlegen) Bleistücke unkontrolliert vom Gurt fallen können.

Verwendet man die gleiche Ausrüstung, benötigt man im Salzwasser (Meerwasser) ein höheres Bleigewicht als im Süßwasser.

Um den wirklich passenden Bleigurt zu finden, sollte man dies möglichst im Wasser mit kompletter Ausrüstung testen.

4.11 Nützliche Zusatzausrüstung

Kopfhaube
Eine Kopfhaube dient dem Schnorchler in erster Linie als Kälteschutz, denn selbst in tropischen

Gewässern unterkühlt der Körper bei einem längeren Aufenthalt im Wasser. Sie schützt den Schnorchler aber auch vor Abschürfungen, Kratzern, Schnittverletzungen, umhertreibenden und nesselnden Meeresbewohnern, Sonnenbrand, und vor Verunreinigungen im Wasser. Eine Kopfhaube erfüllt eine vergleichbare Funktion wie eine Mütze. Man unterscheidet zwei Arten von Kopfhauben: die mit dem Tauchanzug verbundene und die separate Kopfhaube.

Taucheruhr

Beim Schnorcheln verliert man schnell das Gefühl für die Zeit. Daher sollte man eine Taucheruhr mitnehmen. Eine Taucheruhr sollte ein robustes, flexibles und möglichst langes Armband haben, damit sie auch über den Tauchanzug getragen werden kann.

Tiefenmesser

Der Tiefenmesser gibt dem Schnorchler seine aktuelle Tiefe unter der Wasseroberfläche an. Man trägt ihn wie eine Uhr am Handgelenk. Beim Abtauchen ist der Weg nach unten oft nicht das Problem, sondern der Weg zurück zur Oberfläche wird unterschätzt. Hier ist der Tiefenmesser eine hilfreiche Referenz.

Tauchermesser

Im Meer schwimmen nicht nur Fische, sondern es treiben auch leider vielerlei Gegenstände herum, die dort nicht hingehören. Ein Schnorchler kann sich in Fäden, abgerissenen Schnüren oder Leinen, aber auch in Teilen von Netzen verheddern und verfangen. Diese bestehen meist aus transparentem Kunststoff, und sind daher im Wasser nur schwer zu sehen. Mit einem Tauchermesser kann man sich aus solch einer kritischen Situation leicht befreien. Das Tauchermesser ist keine Waffe, sondern als ein Werkzeug zu betrachten.

Tauchlampe

Eine Tauchlampe ist nicht nur beim Nacht-Schnorcheln hilfreich. Auch tagsüber kann sie gute Dienste leisten, z.B. um besser in dunkle Spalten und Risse zu schauen.

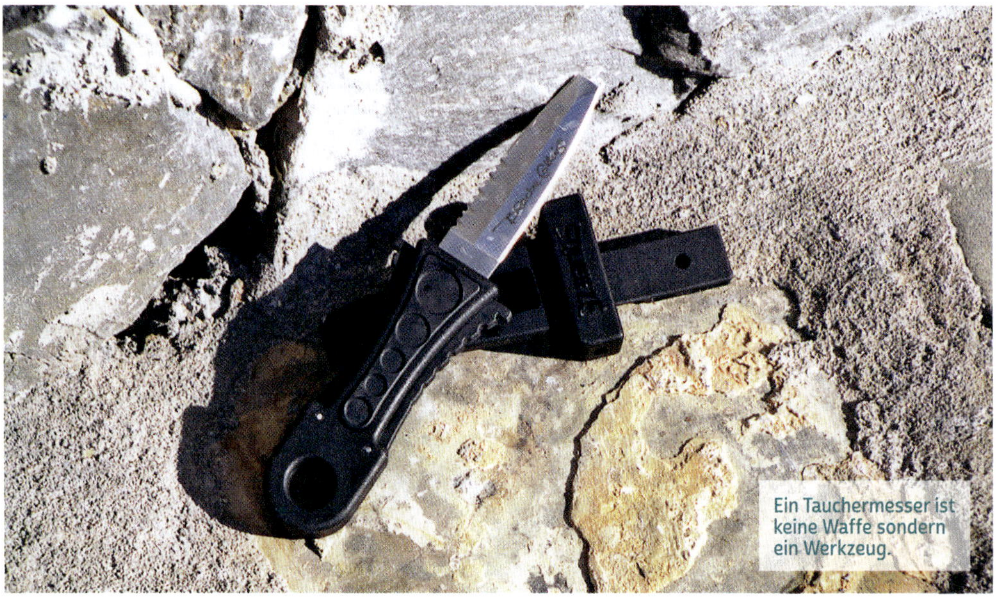

Ein Tauchermesser ist keine Waffe sondern ein Werkzeug.

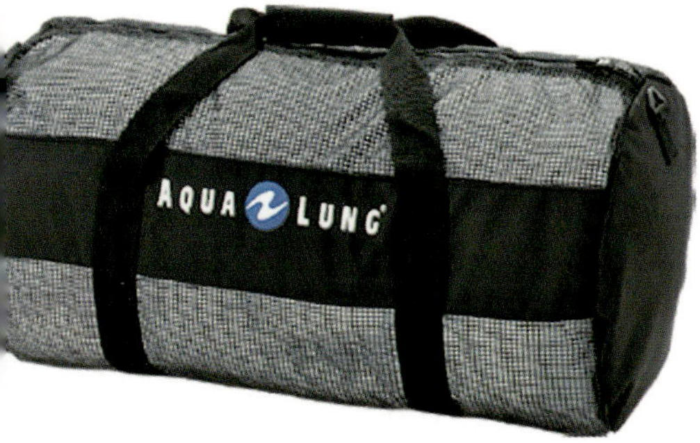

Mesh Bag-Taschen eignen sich ideal für den Transport und die Lagerung der Schnorchel-Ausrüstung und sind im Fachhandel erhältlich.

Schnorchel-Tasche

Eine Schnorchel-Tasche (Mesh Bag) dient dem bequemen Transport und der vorübergehenden Aufbewahrung der Schnorchel-Ausrüstung. Sie bietet der Schnorchel-Ausrüstung auch guten Schutz gegen Sonne.

Unterwasserschreibtafel

Eine Unterwasserschreibtafel dient nicht nur der besseren Verständigung während des Schnorchel-Ausflugs, sondern mit ihr können auch wichtige Informationen und interessante Beobachtungen festgehalten werden.

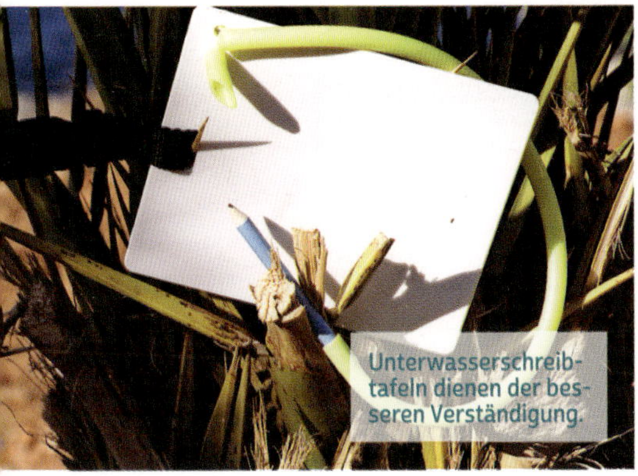

Unterwasserschreibtafeln dienen der besseren Verständigung.

Auftriebsmittel

Ein Auftriebsmittel ist jeder beliebige Schwimmkörper, der vom Schnorchler zum Zweck des Ausruhens, zur Markierung eines Platzes, zur Ablage, oder um einem anderen Schnorchler Hilfe zu bieten, verwendet wird. Ein Auftriebsmittel dient aber auch der Sicherheit, da Boote, Surfer etc. einen Schnorchler besser erkennen können.

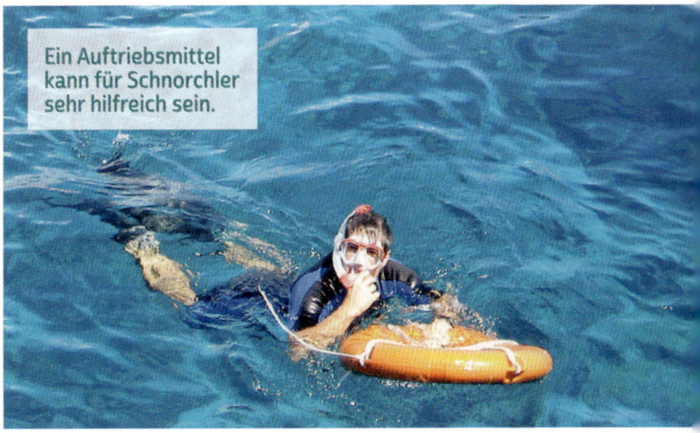

Ein Auftriebsmittel kann für Schnorchler sehr hilfreich sein.

Kompass

Ein Kompass hilft dabei sich zu orientieren und zu wissen, wo man sich befindet und wohin man sich bewegt. Er liefert Informationen, mit denen ein Schnorchler seine Richtung relativ zum

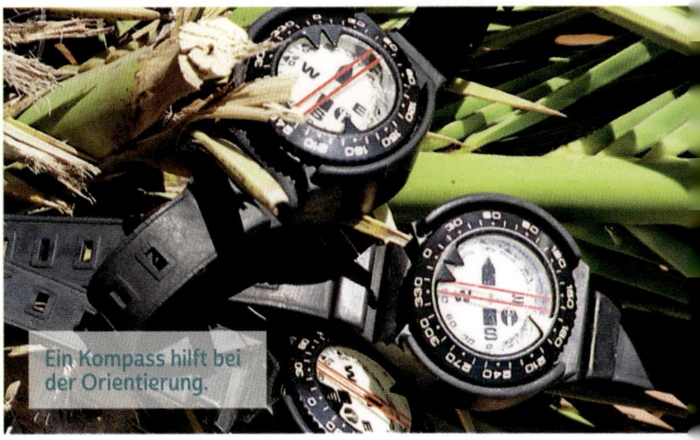

Ein Kompass hilft bei der Orientierung.

Start- oder Endpunkt des Schnorchel-Ausflugs bestimmen kann.

Ersatzteil-Box

Eine Ersatzteil-Box wird individuell zusammengestellt, und der eigenen Schnorchel-Ausrüstung angepasst. Enthalten sollte sie Dinge, die entweder leicht abgenutzt werden, oder im schlimmsten Fall beschädigt werden können, Werkzeug, etwas Kleingeld oder eine Telefonkarte zum Telefonieren (falls sich ein Notfall ereignen sollte) etc.

Chemische Leuchtstäbe

Chemische Leuchtstäbe werden zur Markierung von Booten, Bojen, Ein- und Ausstiegen verwendet. Aber auch beim Nacht-Schnorcheln dienen sie oft zur besseren Erkennung des Schnorchlers.

Shaker

Shaker dienen der Kommunikation unter Wasser. Durch Schütteln wird ein rasselndes Geräusch erzeugt.

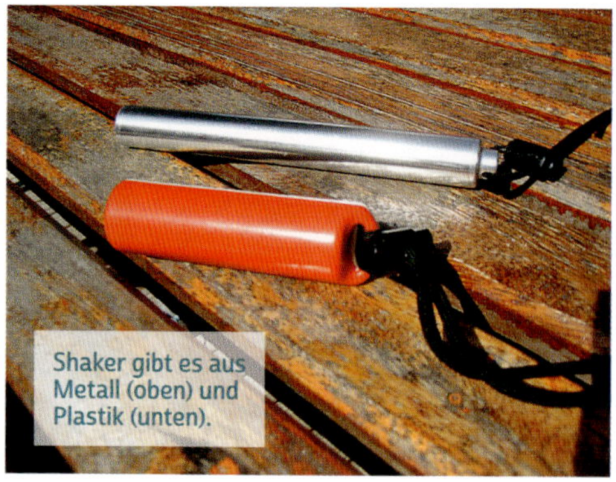

Shaker gibt es aus Metall (oben) und Plastik (unten).

4.12 Intensive Pflege der Schnorchel-Ausrüstung

Auch wenn Sie die Schnorchel-Ausrüstung pflegen und sie nach jedem Gebrauch säubern, können sich auf Mundstücken, in Masken, Schnorcheln, Tauchanzügen, Füßlingen, Handschuhen etc. Bakterien und Pilze niederlassen. Die einfache Reinigung der Ausrüstung durch spülen mit

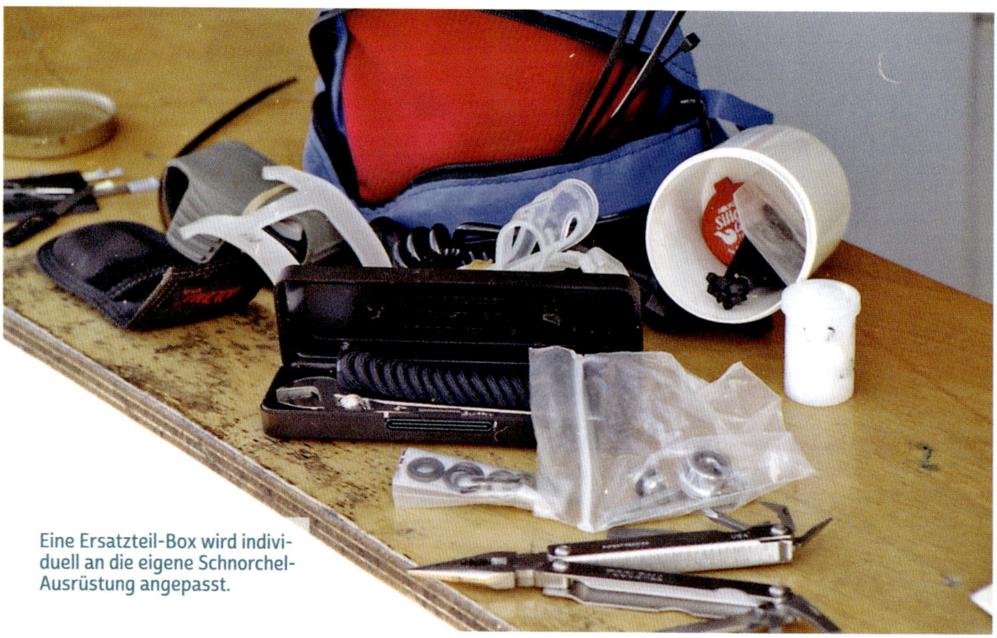

Eine Ersatzteil-Box wird individuell an die eigene Schnorchel-Ausrüstung angepasst.

Wasser, um Salz, Sand und andere oberflächliche Verunreinigungen zu entfernen, ist gegen diese ungebetenen Gäste wirkungslos. Ihnen sollte bewusst sein, dass Leihausrüstung und zum Teil auch eigene Ausrüstung leider nicht immer so hygienisch sind, wie wir das gerne hätten. An ihr befinden sich Mikroorganismen, die potentiell gesundheitsschädlich sind und Erkrankungen des Magen- und Darmtraktes oder Infektionen der Atemwege auslösen können. Beispielsweise sieht das Innere einer Schnorchel-Weste oder eines Auftriebsmittels oft verheerend aus. Wo es dunkel und feucht ist, fühlen sich bekanntlich Bakterien und Pilze besonders wohl. Daher sollten Schnorchel-Westen und Auftriebsmittel so gelagert werden, dass sie möglichst gut durchlüftet und von Innen getrocknet werden, oder zumindest so, dass das Restwasser gut abfließen kann. Aber auch in Maske und Schnorchel lagert sich in den kleinsten Ritzen immer etwas ab, das dort eigentlich nicht hingehört. Doch wie werden wir die ungebetenen Gäste wieder los? Wasser allein genügt da nicht. Wer seine Schnorchel-Ausrüstung wirklich sauber haben will, geht am besten in zwei Phasen vor.

Phase Eins

Die erste Phase ist die oberflächliche Reinigung. Hier werden Verunreinigungen wie z.B. Sand, Staub, Fett, Schleim etc. entfernt. Dies geschieht am besten auf mechanischem Weg mit Lappen, Bürste, Schwamm etc. und meist unter zusätzlicher Anwendung von sauberem Wasser und einem einfachen Reinigungsmittel.

Phase Zwei

Die zweite Phase ist die Desinfektion. Bewährt haben sich hier Mittel mit Ammonium-Verbindungen, die u.a. auch in Krankenhäusern Verwendung finden. Erhältlich in Drogerien und Apotheken sind Mittel wie beispielweise »Sagrotan med. Konzentration« (bitte nicht mit anderen Sagrotan Produkten verwechseln) oder »Dettol«. Es ist immer auf die Verträglichkeit für Mensch und Material zu achten und eine Überdosierung zu vermeiden. Halten Sie sich an die Anweisungen des Herstellers. Die so behandelten Ausrüstungsgegenstände müssen normalerweise auch anschließend gut mit sauberem Wasser gespült werden. Verwenden Sie immer medizinisch getestete Desinfektionsmittel und lassen Sie sich beraten.

Tipps

Tauchartikel-Hersteller bieten auch eigene Reinigungs- und Desinfektionsmittel an, die ebenfalls wirksam Bakterien und Pilze ausschalten sollen. So gibt es beispielsweise eine Lösung gegen geruchsbildende Mikroorganismen (Myrazyme) in Neoprenanzügen, Füßlingen und Handschuhen, oder gegen organische Rückstände in Schnorchel-Westen. Reinigen Sie Ihre Schnorchel-Ausrüstung von Zeit zu Zeit mit einem dieser speziellen Shampoos, das nicht nur normale Verschmutzungen entfernt, sondern auch Chlorrückstände (aus dem Hallenbad). Verhindern Sie unangenehme Gerüche organischer Rückstände durch spülen mit einem der speziellen hochwirksamen Reinigungsmittel auf Mikrobasis.

4.13 Kennzeichnung der eigenen Schnorchel-Ausrüstung

Da viele Ausrüstungsgegenstände beim Schnorcheln ähnlich oder gleich aussehen, ist es besser, wenn Sie Ihre gesamte Ausrüstung zur leichteren Identifikation kennzeichnen. Dies kann Ärger und Verwechslungen vermeiden helfen. Verwenden Sie Farbe, wasserfeste Stifte, Korrekturflüssigkeit (beispielsweise Tipp-Ex) oder farbiges Klebeband. Plakatieren Sie die Markierungen nicht überdimensional, sondern suchen Sie sich ruhig Stellen aus, die nicht so auffällig sind. Eine de-

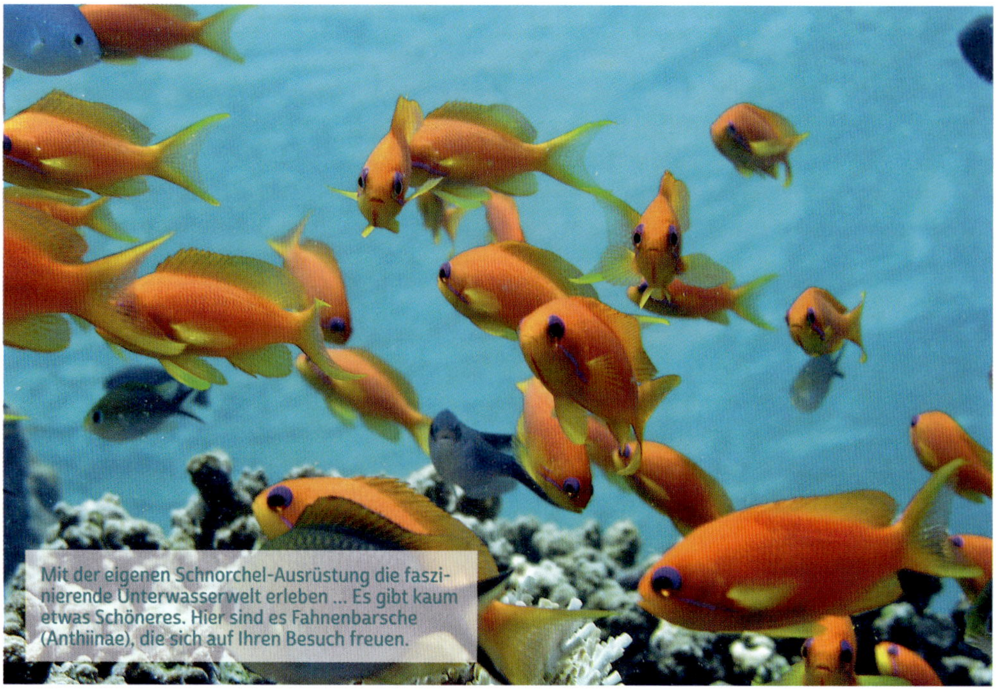

Mit der eigenen Schnorchel-Ausrüstung die faszinierende Unterwasserwelt erleben ... Es gibt kaum etwas Schöneres. Hier sind es Fahnenbarsche (Anthiinae), die sich auf Ihren Besuch freuen.

zente Markierung, die man erst auf dem zweiten Blick erkennt, reicht vollkommen aus. So erkennen Sie Ihre Ausrüstung stets wieder.

4.14 Schnorchel-Ausrüstung kaufen oder ausleihen?

Wie jeder Schnorchel-Begeisterte schnell feststellen wird, ergibt nur die passende Kombination der verschiedenen Ausrüstungsteile ein unbeschwertes Schnorchel-Vergnügen. Die einzelnen Ausrüstungsteile müssen aufeinander abgestimmt sein und passen. Wenn irgendwo die Ausrüstung beziehungsweise Ausrüstungsteile ausgeliehen werden sollen, dann müssen vorab folgende Punkte bedacht werden: Was für Ausrüstung kann überhaupt ausgeliehen werden? Passt diese zu meinen eventuell bereits vorhandenen Ausrüstungsteilen? Gibt es die Ausrüstung auch in meiner Größe (beispielsweise Tauchanzug, Schnorchel-Weste, Flossen etc.)? Eine der wichtigsten Fragen überhaupt im Zusammenhang mit Leihausrüstung ist: Wie ist ihr Zustand? Gerade im Ausland gibt es diesbezüglich – wenn überhaupt – nur minimale gesetzliche Vorschriften oder Regelungen. Was einen da erwarten kann, kann sich jeder gerne selber ausmalen. Daher sollte man vielleicht besser bei seinem Fachhändler zu Hause seine Schnorchel-Ausrüstung ausleihen, denn da weiß man was man hat.

Wenn man die Schnorchel-Ausrüstung vor Ort ausleiht, entfällt sicherlich die für manchen eher lästige Schlepperei. Generell sprechen jedoch weitaus mehr Gründe für eine eigene Schnorchel-Ausrüstung, als für eine Leihausrüstung. Neben dem Versandhandel gibt es auch diverse Sport-Fachgeschäfte mit einer spezialisierten Schwimm- und Badeabteilung. Aber auch reine Tauchsportfachgeschäfte, die sich nur auf den Tauchsport spezialisiert haben, führen ABC-Ausrüstung im Programm, da diese ebenfalls zur Grundausstattung der Sporttaucher gehört. Nicht zu vergessen ist der Handel im Internet, der ebenfalls eine akzeptable Bezugsquelle ist. Am empfehlenswertesten ist der Fachhandel, Hierfür spricht beispielsweise, dass neben der qualifizierten Beratung viele Händler Ihnen auch anbieten, die Ausrüstung vor dem Kauf nicht nur anzuprobieren, sondern auch im Pool oder Hallenbad auszuprobieren. Ein Fachhändler kann bei Ihnen für einen individuell zugeschnittenen Neoprenanzug korrekt Maß nehmen. Ihr Fachhändler kann Ihnen auch in kürzester Zeit eine Vielzahl an Zubehör- und Ersatzteilen liefern, damit Ihrem nächsten Schnorchel-Abenteuer nichts mehr im Wege steht.

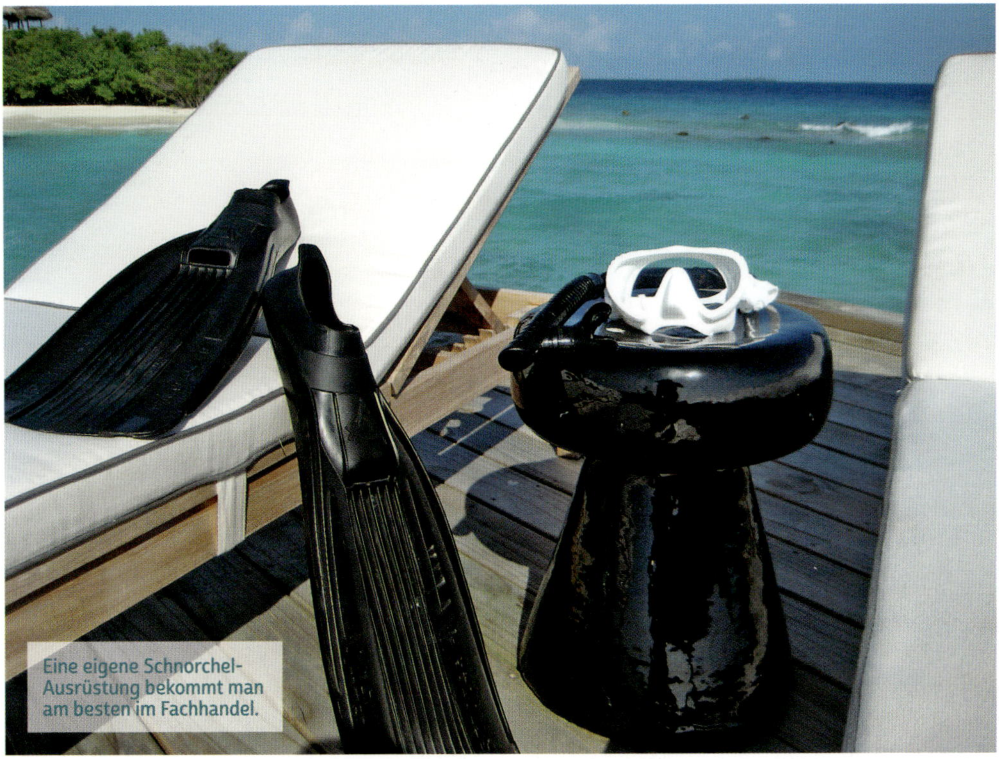

Eine eigene Schnorchel-Ausrüstung bekommt man am besten im Fachhandel.

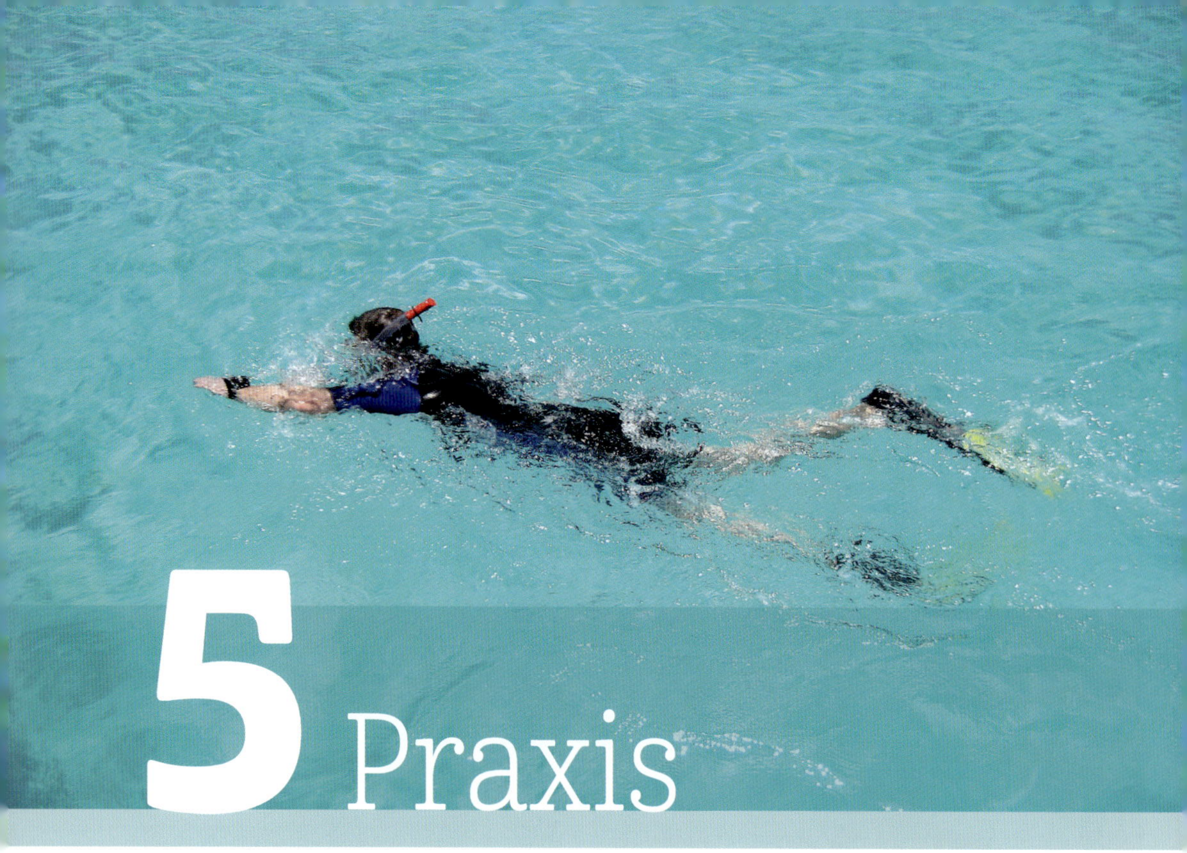

5 Praxis

5.1 Anlegen der Schnorchel-Ausrüstung

Legen Sie sich die Ausrüstung komplett bereit. Ziehen Sie zuerst den Nasstauchanzug an und darüber den Bleigurt (falls dieser notwendig sein sollte). Normalerweise zieht man am besten den Rest der Ausrüstung stehend im hüfttiefen Wasser an. Falls dies nicht möglich sein sollte, setzen Sie sich beim Anziehen hin, man kann leicht das Gleichgewicht verlieren (z.B. wenn Sie von einem Boot aus schnorcheln). Falls Sie stehen müssen, sollten Sie sich mit einer Hand an Ihrem Schnorchel-Partner oder an einem festen Gegenstand abstützen.

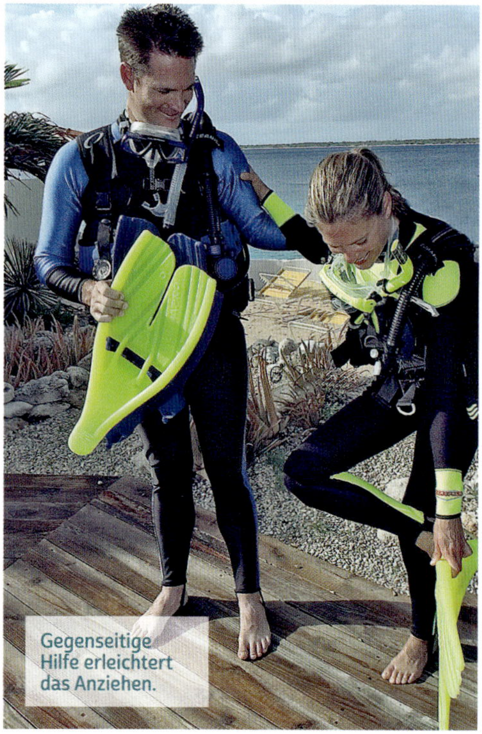

Gegenseitige Hilfe erleichtert das Anziehen.

Um die Flossen anzuziehen hilft es, die Füße und Flossen vorher nass zu machen, dann kann man besser »reinschlupfen«. Außerhalb des Wassers ist es am einfachsten, wenn Sie die Flossen auf den Boden legen, Ihren Schnorchel-Partner bitten, sich auf das Flossenblatt zu stellen, und Sie schieben dann den Fuß in das Fußteil. Machen Sie Ihr Gesicht nass, setzen Sie Ihre Maske auf und achten Sie darauf, dass sich keine Kopfhaare unter der Dichtlippe befinden. Vermeiden Sie es mit Flossen an den Füßen zu gehen, wenn überhaupt dann nur rückwärts, ansonsten kann man sehr leicht hängen bleiben. Generell besteht mit angezogenen Flossen eine erhöhte Sturzgehfahr.

5.2 Einstieg in das Wasser

Beim Einsteigen ins Wasser werden je nach örtlichen Gegebenheiten unterschiedliche Techniken und Methoden angewandt.

Zu waten empfiehlt sich in Gewässern, in denen die Wassertiefe langsam zunimmt. Sie sollten bis zur Hüfte ins Wasser gehen und dann Ihre Flossen anziehen. Bei Brandung hingegen kann es unter Umständen günstiger sein, die Flossen schon an Land anzuziehen. Gehen Sie dann rückwärts ins Wasser, bleiben Sie stehen, kurz bevor Sie eine Welle erreicht, halten Sie Ihre Maske fest und lehnen Sie sich rückwärts in die anlaufende Welle hinein. Warten Sie eine Phase geringer Wellenaktivität ab. Bei hohen Wellen ducken Sie sich unter die Brecher, und atmen Sie dabei aus dem Schnorchel. Wenn Sie eine Boje oder ein anderes Auftriebsmittel verwenden, dann müssen Sie es an einer Leine hinter sich herziehen. Beim gehenden Einstieg sollte man generell eher schlurfen, damit man beispielsweise am Boden lebende Tiere aufschreckt, anstatt auf sie zu treten. Legen Sie sich sobald wie möglich auf das Wasser und beginnen Sie zu schwimmen bzw. zu schnorcheln.

Ist ein nicht allzu großer Höhenunterschied zu überwinden, dann sollte man den sitzenden Einstieg in Betracht ziehen. Er ist einfach, sicher und gut kontrollierbar. Stützen Sie sich mit beiden Händen auf der Kante ab, drehen Sie sich halb, sodass Ihre Position nun mit dem Rücken zum Wasser ist, und lassen Sie sich ins Wasser gleiten. Der gesamte Bewegungsablauf sollte möglichst flüssig sein.

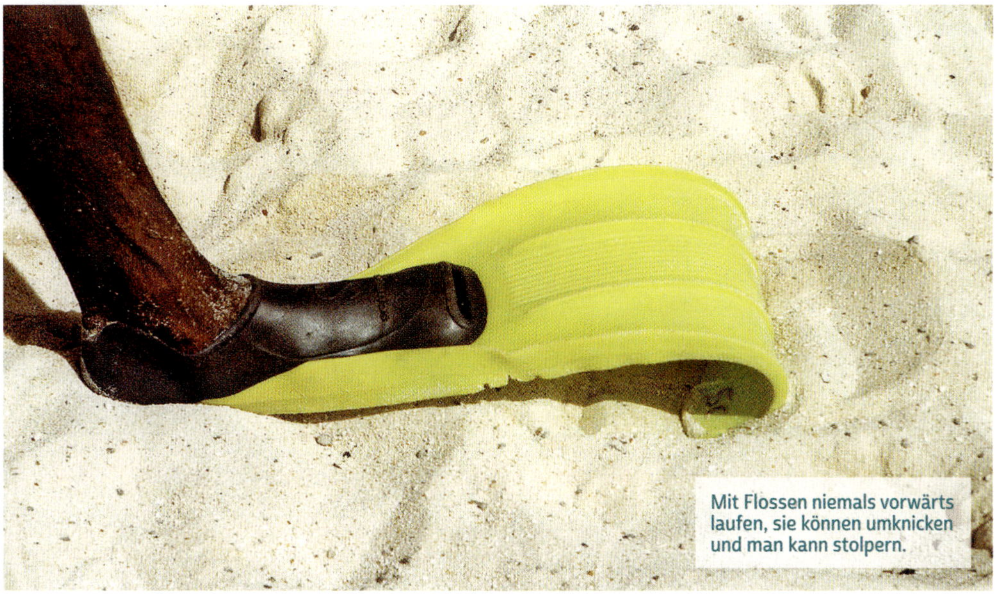

Mit Flossen niemals vorwärts laufen, sie können umknicken und man kann stolpern.

Eine weitere Möglichkeit ist die Rückwärtsrolle. Vergewissern Sie sich, dass die Einstiegsstelle frei ist, setzen Sie sich mit dem Rücken zum Wasser hin oder gehen Sie in die Hockstellung, stützen Sie beide Ellbogen oberhalb der Knie auf den Oberschenkeln ab, legen Sie das Kinn an die Brust, legen Sie beide Hände an die Maske und drücken Sie diese leicht an das Gesicht, lassen Sie sich ohne Schwung zu holen einfach nach hinten ins Wasser abrollen. Behalten Sie die Knie solange angezogen, bis Sie ins Wasser eingetaucht sind. Überprüfen Sie das Maskenband, das bei dieser Einstiegstechnik leicht vom Kopf rutschen kann. Empfindlichen Menschen kann es bei der Rückwärtsrolle schwindelig werden. Sie verlieren kurzzeitig die Orientierung, was sich aber innerhalb weniger Sekunden wieder gibt.

Ist ein größerer Höhenunterschied zu überwinden, sollte man den Spreizsprung praktizieren. Auch

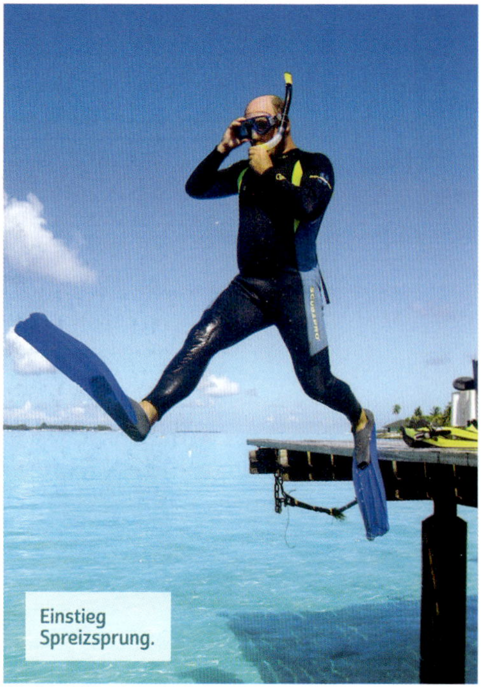

Einstieg Spreizsprung.

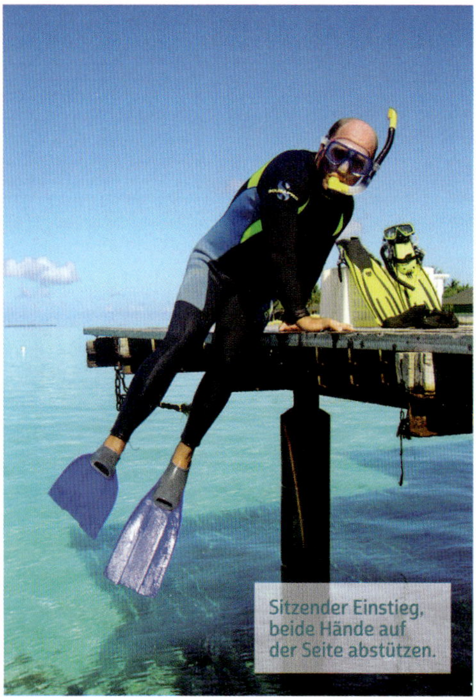

Sitzender Einstieg, beide Hände auf der Seite abstützen.

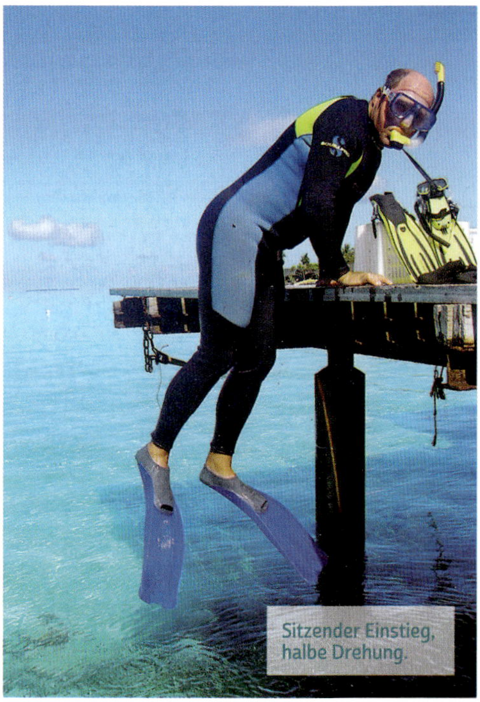

Sitzender Einstieg, halbe Drehung.

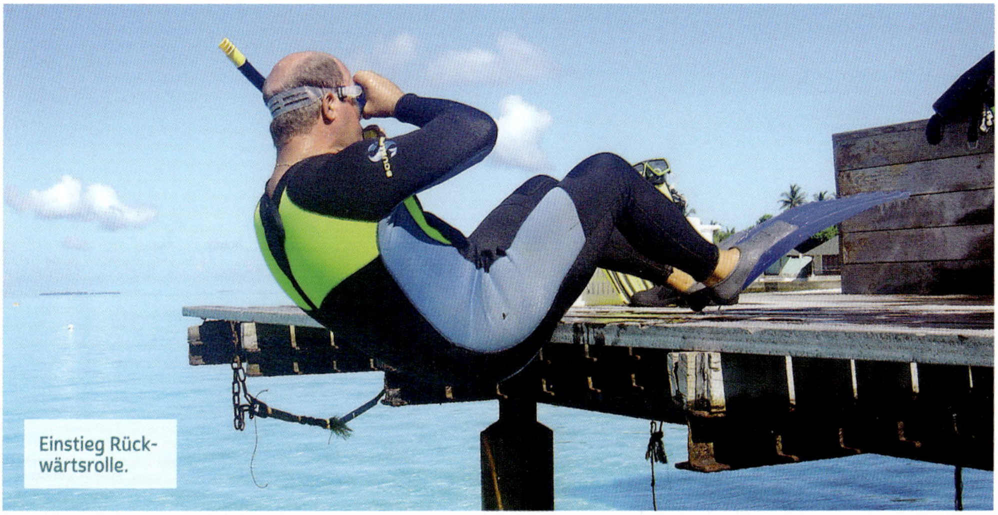

Einstieg Rückwärtsrolle.

hier vergewissern Sie sich zuerst, ob die Einstiegsstelle frei ist, und dass die Wassertiefe mindestens drei Meter beträgt, und es keine Hindernisse unter Wasser gibt, an denen man sich verletzen kann. Stellen Sie sich aufrecht hin, schauen Sie zum Horizont, halten Sie die Maske mit beiden Händen fest, damit sie beim Eintauchen nicht vom Gesicht gerissen werden kann, und machen Sie einfach einen großen Schritt vorwärts. Springen Sie nicht in die Höhe, schauen Sie nicht nach unten auf das Wasser und ziehen Sie nicht die Beine zusammen. Bleiben Sie im Spreizschritt, der dämpft die Geschwindigkeit beim Eintauchen.

5.3 Schnorchel leeren

Es gibt insgesamt drei Methoden, den Schnorchel an der Wasseroberfläche von eingedrungenem Wasser zu befreien.

1. Auslauf-Methode

Die wohl eher ungünstigste Methode ist, das Mundstück herauszunehmen und das Wasser einfach herauslaufen zu lassen. Hierzu müssen Sie den Kopf recht weit aus dem Wasser heben, um das eingedrungene Wasser auch wirklich ausschütten zu können. Dies geht auch eher nur unzureichend, da das Mundstück aufgrund seiner Form nur unvollständig geleert werden kann. Außerdem kostet diese Methode viel körperliche Energie und ermüdet.

2. Ausblas-Methode

Bei dieser Methode blasen Sie den Schnorchel einfach aus. Mit einem kurzen und kräftigen Atemstoß in den Schnorchel hinein, wird das eingedrungene Wasser über das obere Rohrende hinausgeschleudert. Atmen Sie anschließend vorsichtig ein für den Fall, dass noch etwas Wasser im Schnorchel verblieben ist. Als zusätzliche Hilfe können Sie die Zunge vorsichtshalber auch noch gegen den Gaumen drücken, diese dient dann als eine Art Spritzschutz - falls doch noch ein kleiner Rest Wasser im Schnorchel war, findet dieser nicht direkt den Weg in die Luftröhre. Mit etwas Vorsicht und Übung können Sie problemlos über das restliche Wasser quasi hinwegatmen und es mit einem zweiten oder dritten kräftigen Atemstoß endgültig entfernen.

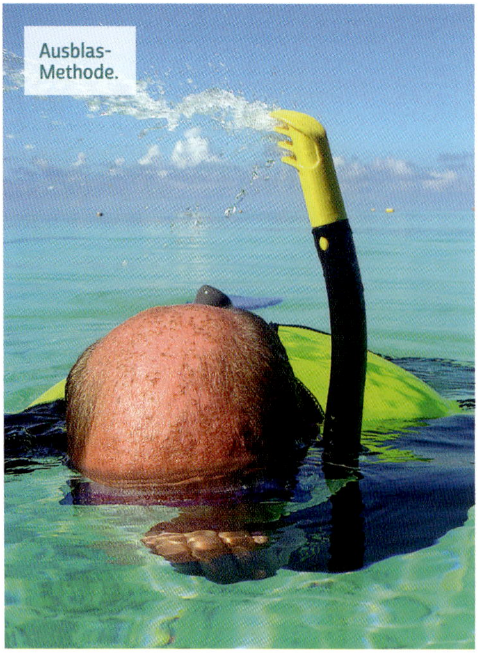

Ausblas-Methode.

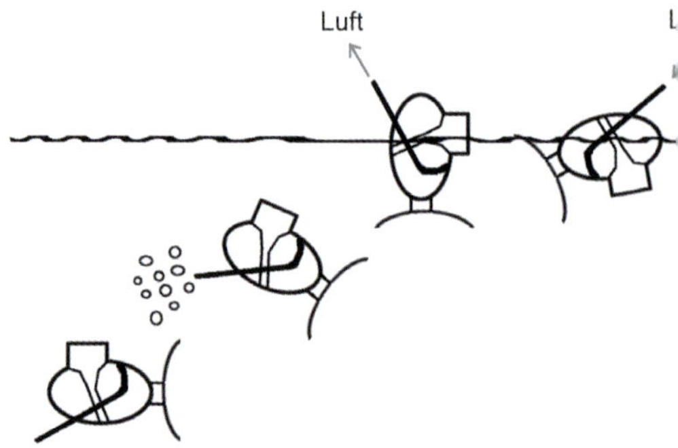

Die »Verdrängungs-Methode« ist effektiv und weniger anstrengend.

3. Verdrängungs-Methode

Diese Methode können Sie nur anwenden, wenn Sie mit dem Schnorchel abgetaucht sind. Sie ist einfach und kostet kaum Energie. Legen Sie während des Auftauchens den Kopf weit nach hinten in den Nacken, damit der Schnorchel verkehrt herum steht (obere offene Schnorchel-Öffnung ist unten, Mundstück ist oben). Halten Sie Ihren Kopf während des gesamten Auftauchvorganges nach hinten geneigt. Wenn Sie sich nun der Oberfläche nähern, atmen Sie etwas Luft in den Schnorchel aus, diese wird sich während des weiteren Aufstiegs im Schnorchel ausdehnen und dabei das Wasser im Schnorchel verdrängen. Wenn Sie die Oberfläche erreicht haben, beginnen Sie auszuatmen und fahren damit fort, während Sie Ihren Kopf nach vorn in die Schwimmposition drehen. Wenn Sie alles richtig gemacht haben, sollte Ihr Schnorchel nun frei von Wasser sein. Sie werden erstaunt sein, wie leicht es mit dieser Technik sein kann, den Schnorchel nach dem Abtauchen von eingedrungenem Wasser zu leeren. Denken Sie jedoch an Ihre Atemkontrolle, und atmen Sie beim ersten Mal vorsichtig ein, für den Fall, dass einige wenige Tropfen Wasser zurückgeblieben sein sollten.

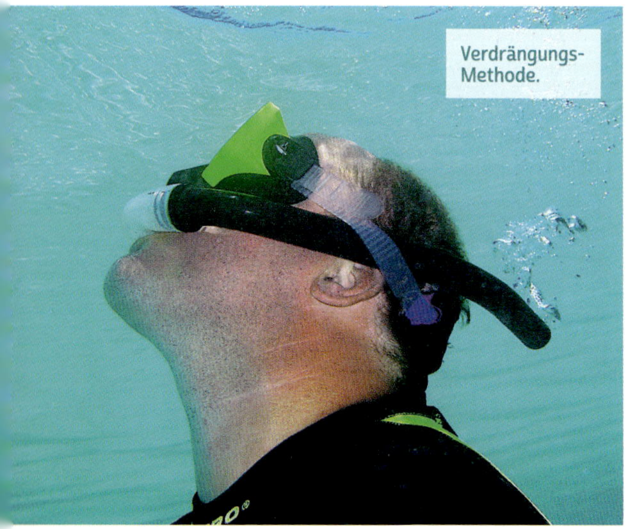

Verdrängungs-Methode.

5.4 Maske leeren

Eingedrungenes Wasser in der Maske ist unangenehm, lässt sich aber nicht immer vermeiden. Um es wieder zu entfernen, einfach die Maske kurz vom Gesicht abheben und das Wasser herauslaufen lassen. Hierzu müssen Sie den Kopf aus dem Wasser heben, um das eingedrungene Wasser auch wirklich komplett zu entfernen.

5.5 Schnorcheln

Beim Schnorcheln an der Wasseroberfläche sollten Sie darauf achten, dass der Schnorchel immer etwa 10 cm aus dem Wasser ragt.

Die Flossen geben dem Schnorchler durch Auf- und Abwärtsbewegung (Wechselschlag) der Beine den notwendigen Vortrieb. Hierbei kommt es auf den richtigen Bewegungsablauf, sprich Flossenschlag an. Einem geübten Schnorchler verleihen die Flossen Antrieb und Beweglichkeit. Damit der Flossenschlag effektiv ist, winkeln Sie die Beine nur leicht an, und entwickeln Sie die Kraft für den Vortrieb aus den Ober- und Unterschenkeln heraus. Bewegen Sie die Flossen langsam und kraftvoll durch das Wasser. Machen Sie nicht den Fehler und bewegen Sie die Beine wie wild auf und ab (ähnlich wie ein Radfahrer), Ihre ganze Energie verpufft und Sie bekommen keinen Vortrieb zustande. Ihr Schnorchel-Partner kann Ihnen da helfen, denn von der Seite betrachtet, kann dieser Fehler oft besser erkannt werden.

Bei den meisten Flossen entsteht aufgrund ihrer Konstruktion während der Abwärtsbewegung der größte Vortrieb. Besser als eine hohe Geschwindigkeit ist eine stetige und möglichst kraftsparende Vorwärtsbewegung. Aber auch bei einem langsamen und entspannten Wechselschlag kann die Beinmuskulatur ermüden. Sie sollten daher mehr als einen Flossenschlag beherrschen. Verwenden Sie zur Abwechslung den Delphinstil, bei dem Ihr gesamter Körper

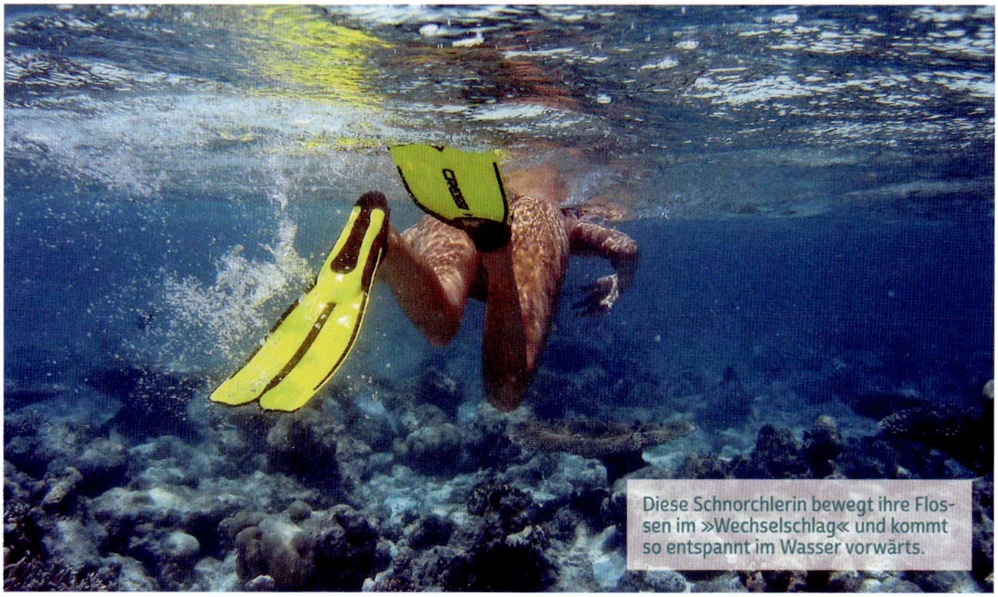

Diese Schnorchlerin bewegt ihre Flossen im »Wechselschlag« und kommt so entspannt im Wasser vorwärts.

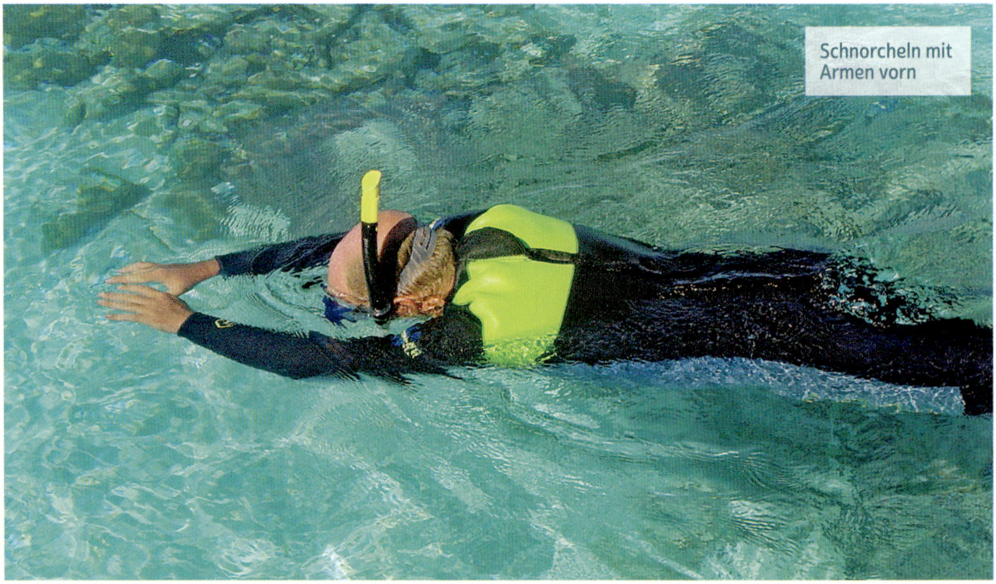

Schnorcheln mit Armen vorn

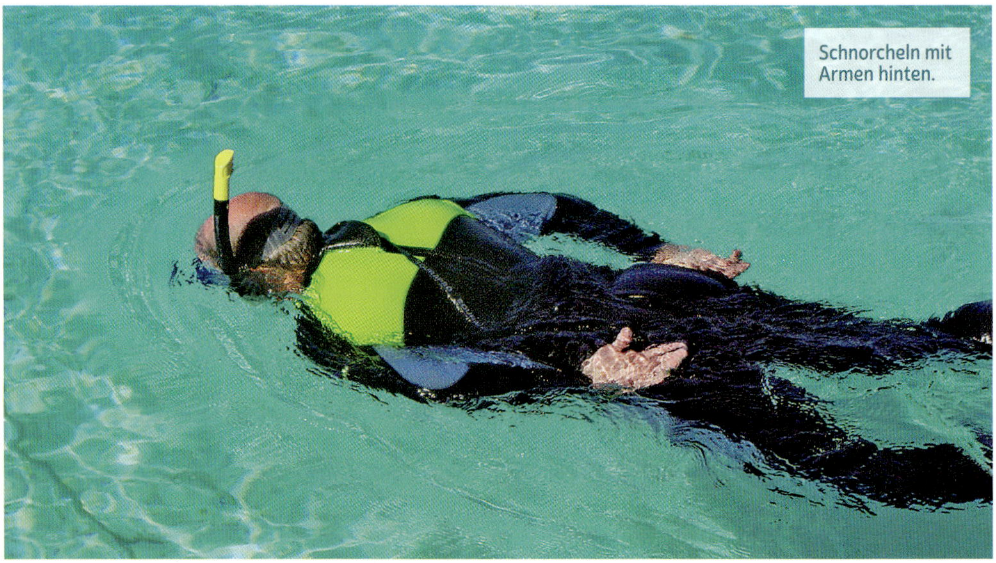

Schnorcheln mit Armen hinten.

eine wellenförmige Bewegung beschreibt, oder verwenden Sie den Scheren-Schlag, bei dem sich die Beine überkreuzen, oder belasten Sie nur eine Flosse, damit sich das andere Bein erholen kann.

Verwenden Sie ein zu großes und hartes Flossenblatt, können Sie rasch einen Krampf in den Beinen bekommen. Daher sollten Sie eher ein kürzeres, schmäleres und weicheres Flossenblatt bevorzugen. Entsprechend unterschiedlich ist der Bewegungsablauf: mit großen Flossen schlägt man eher weit und langsam, mit kleineren eher schnell und kurz aus. Den richtigen Beinschlag, um mit möglichst geringem Energieaufwand einen möglichst großen Vortrieb zu bekommen, lernt man am besten durch Üben.

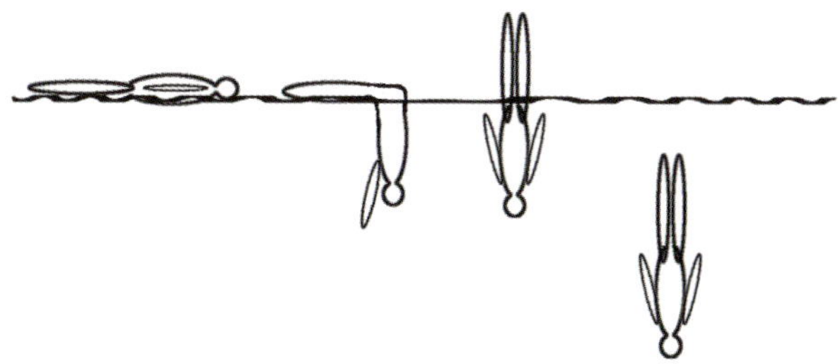

Abtauchen: Abknicken in der Hüfte, Beine senkrecht aus dem Wasser, Arme an den Körper anlegen.

5.6 Abtauchen

Da beim Abtauchen so viele Dinge gleichzeitig passieren, sollten Ihre ersten Abstiege kontrolliert erfolgen. Bevor Sie aus der normalen Schwimmlage heraus abtauchen, atmen Sie tief und langsam ein und aus, hyperventilieren Sie maximal 3-4 mal und halten Sie nach einem tiefen Atemzug die Luft an. Als nächstes knicken Sie an der Hüfte ein, bringen Kopf und Arme nach unten und gleichzeitig die Beine senkrecht aus dem Wasser. Bringen Sie die Beine so gerade und hoch wie möglich aus dem Wasser (ähnlich einem Handstand), damit ihr Gewicht Sie nach unten drücken kann. Erst wenn der ganze Körper und die Flossen komplett unter Wasser sind, beginnen Sie mit Flossenschlägen nach un-

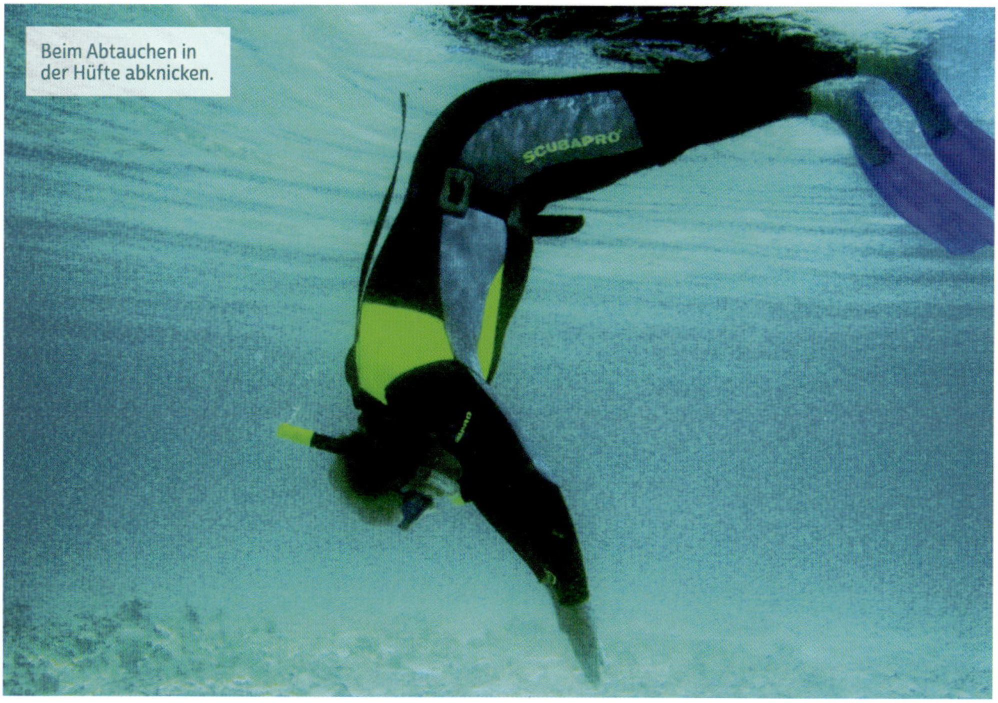

Beim Abtauchen in der Hüfte abknicken.

ten zu schwimmen. Tauchen Sie nicht zu schnell ab, denn Sie müssen gleichzeitig den Druckausgleich in den Ohren und in der Maske durchführen. Die bisher noch nach vorn gehaltenen Arme werden nun zurückgenommen und am Körper seitlich angelegt. Beim Schwimmen nach unten verwenden Sie die Flossen, nicht die Arme.

Während sich ein Schnorchler unter Wasser befindet, sollte der andere Schnorchel-Partner an der Oberfläche bleiben und den abgetauchten Schnorchler beobachten. Ständiger Kontakt zum Schnorchel-Partner ist wichtig. Allein schon aus Sicherheitsgründen praktizieren Sie bitte immer diese »einer oben / einer unten« Partner-Technik.

Beim Abtauchen mit Nasstauchanzug müssen noch weitere Punkte bedacht werden. Da der Anzug mit zunehmender Tiefe immer dünner wird, erfahren Sie immer mehr Abtrieb. Sie dürfen niemals unkontrolliert schnell absinken und müssen jeder Zeit in der Lage sein, Ihren Abstieg stoppen zu können. Außerdem dürfen Sie auch nicht zu viel Blei mitnehmen! Durch das »Dünnerwerden« (der Wasserdruck komprimiert das Neopren) des Anzugs kann sich der Bleigurt lockern und verdrehen. Dadurch verändert sich die Lage des Verschlusses, so dass er eventuell auf den Rücken rutscht, und nicht mehr schnell erreichbar ist. Überprüfen Sie den Gurt während des Abstiegs und nach Erreichen der größten Tauchtiefe, und bringen sie ihn in die gewünschte Position zurück bzw. stellen Sie ihn gegebenenfalls enger. Die Abstiegsgeschwindigkeit kontrollieren Sie durch den Auftrieb und vor allem durch den Flossenschlag.

Bewegen Sie sich unter Wasser langsam, denn dadurch »sparen« Sie Sauerstoff. Je mehr Sie sich entspannen, umso länger können Sie unter Wasser bleiben. Tauchen Sie zu Anfang nicht zu tief ab, sondern tasten Sie sich eher langsam, und nach und nach auf größere Tiefen vor. Kalkulieren Sie immer den Rückweg nach oben mit ein. Spätestens wenn Sie das Bedürfnis zu atmen verspüren, beginnen Sie mit dem Aufstieg.

Falls Sie einen Tiefenmesser verwenden, wird dieser Ihnen die größte erreichte Tiefe anzeigen.

5.7 Druckausgleich

Beim Abtauchen nimmt der Druck auf unseren Körper zu. In den luftgefüllten Hohlräumen müssen wir daher einen Druckausgleich durchführen. Während des gesamten Abstiegs müssen Sie laufend Druckausgleich in den Ohren (genauer Mittelohr) und der Maske herstellen, so dass es zu keinem Zeitpunkt zu irgendwelchem Schmerzempfinden kommt. Tauchen Sie daher langsam und kontrolliert ab und gleichen Sie kontinuierlich den Druck aus.

In den Ohren stellen Sie den Druckausgleich her, indem Sie die Nase mit Daumen und Zeigefinger im Nasenerker zusammendrücken, und versuchen gleichzeitig, mit Nachdruck, aber sanft, durch die Nase auszuatmen (ähnlich wie beim »Nase-Schnäuzen«). Diese Methode wird Valsalva-Manöver genannt. Auf keinen Fall darf der Druckausgleich gewaltsam, d.h. durch übertrieben starkes Pressen herbeigeführt werden. Unterstützt werden kann der Druckausgleich durch gleichzeitiges unterdrücktes Gähnen. Manchmal reicht es auch schon aus, nur den Unterkiefer vor- und zurückzubewegen oder zu schlucken. Es kann sein, dass nur ein Ohr öffnet, das andere aber nicht. Das ist ganz normal, denn jeder Mensch hat zwei unterschiedliche Gehörgänge. Sollten Sie in solch eine Situation kommen, dann wiederholen Sie das Valsalva-Manöver, doch neigen Sie währenddessen den Kopf auf die Seite, oder schütteln Sie ihn zusätzlich. Treten die Beschwerden noch immer auf, dürfen Sie keinesfalls weiter abtauchen, sondern gehen Sie langsam ein Stück höher (flacher) und probieren Sie erneut den Druckausgleich herzustellen. Wenn Sie eine Erkältung haben, tauchen Sie bitte nicht ab, denn die Wahrscheinlichkeit, dass Sie nur schwer den Druckausgleich in den Ohren herstellen können, ist sehr groß. Oft geht es überhaupt nicht, da bei einer Erkältung die Eustachische Röhre angeschwollen und blockiert ist. Den Druckausgleich in der Maske herzustellen, ist sehr leicht. Atmen Sie einfach während des Abstiegs durch die Nase in die Maske hinein aus.

Grafik oben: Äußerer Druck ist größer als der innere Druck.

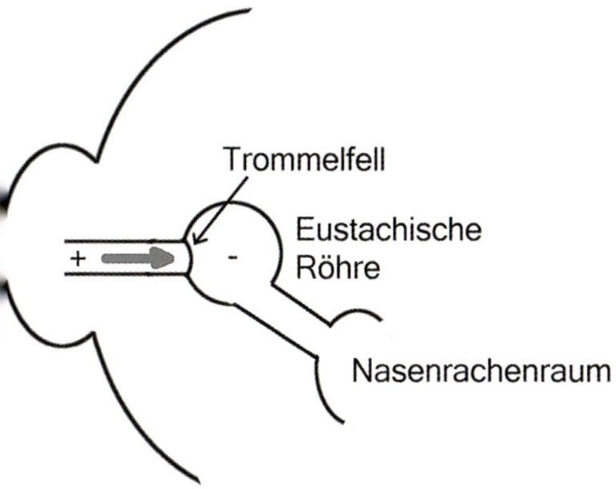

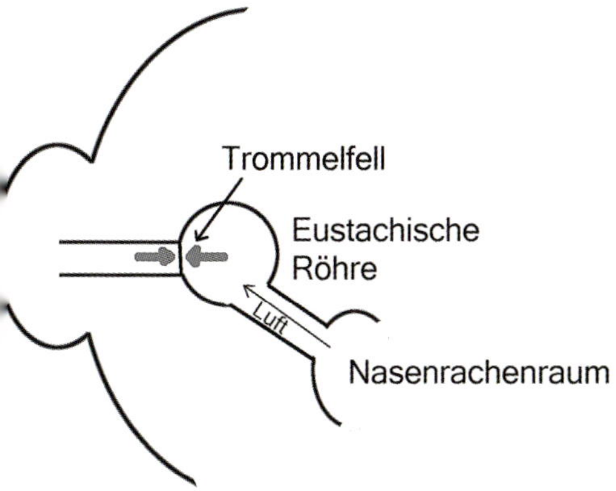

Grafik unten: Druckausgleich durch hinzufügen von Luft im Innenohr.

Die Lunge ist das größte mit Luft gefüllte Organ des Körpers und unterliegt daher besonders den Druckeinwirkungen. Durch den Schnorchel atmen wir Luft unter normalen atmosphärischen Bedingungen ein, es herrscht damit in der Lunge derselbe Druck wie an der Wasseroberfläche. Der umgebende Wasserdruck nimmt beim Abtauchen mit zunehmender Tiefe zu, und drückt die Lunge zusammen. Diese wird dadurch nicht geschädigt, und man verspürt auch keine Schmerzen, da sie flexibel ist, wie ein Luftballon.

Die Druckverhältnisse nachher beim Auftauchen sind genau umgekehrt, jedoch regeln sich hier die Druckunterschiede meist von selbst, von daher brauchen Sie nichts zu tun.

5.8 Auftauchen

Sie sollten die Verfahren für einen normalen Aufstieg ebenso kennen, wie für einen unterstützten Aufstieg und einen Notaufstieg. Grundsätzlich sollten Sie nie etwas anderes als einen normalen Aufstieg durchführen. Dennoch müssen Sie aus Sicherheitsgründen mit Verfahren für außergewöhnliche Situationen vertraut sein. Üben Sie diese solange, bis Sie sich sicher fühlen.

Normaler Aufstieg

Bei einem normalen Aufstieg tauchen Sie langsam und kontrolliert zur Oberfläche zurück. Halten Sie eine Hand über den Kopf, um nicht mit dem Kopf gegen ein Hindernis zu stoßen (besonders bei schlechter Sicht). Legen Sie den Kopf nach hinten in den Nacken, schauen Sie nach oben

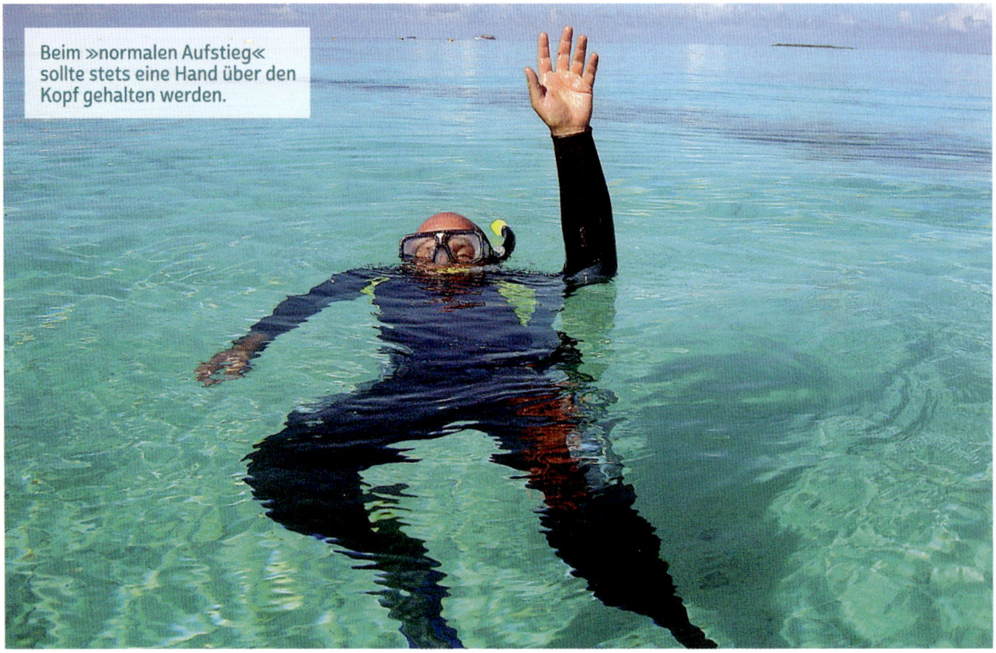

Beim »normalen Aufstieg« sollte stets eine Hand über den Kopf gehalten werden.

und drehen Sie sich langsam um die eigene Achse, damit Sie beim Heraufkommen die gesamte Wasseroberfläche im Blick haben. Beim Erreichen der Wasseroberfläche für einen »Rundumblick« noch einmal um die eigene Körperachse drehen. So kann Unfällen vorgebeugt werden, die durch Kollision mit Surfern, Booten, Schwimmern etc. entstehen können. Wenn Sie nicht überbleit sind, reichen bereits einige Flossenschläge aus, um zusätzlichen Auftrieb zu bekommen, der Sie von Ihrer Tauchtiefe nach oben trägt. Ein normaler Aufstieg ist eine gute Möglichkeit um von einer Tiefe weniger als 10 m aus aufzusteigen.

Unterstützter Aufstieg

Wenn Sie in der Tiefe einen großen Luftmangel verspüren, kann es notwendig sein, dass Sie den Bleigurt abwerfen müssen. Dadurch stellen Sie einen zusätzlichen Auftrieb her, Sie unterstützen den eigentlichen Aufstieg.

Notaufstieg

Bei einem Luftmangel in größerer Tiefe, ist man gezwungen, einen Notaufstieg durchzuführen.

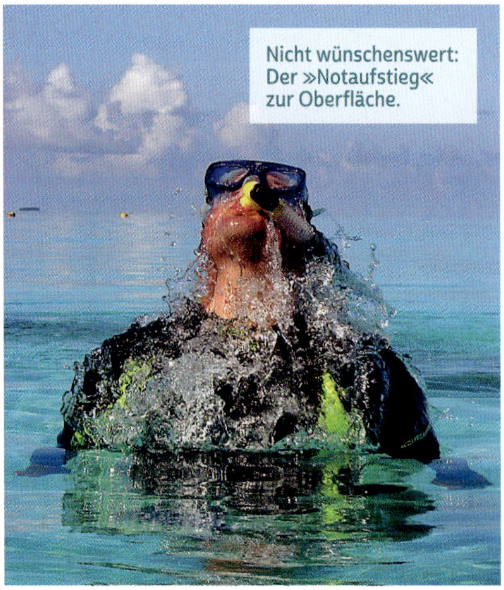

Nicht wünschenswert: Der »Notaufstieg« zur Oberfläche.

Haben Sie eine Schnorchel-Weste mit CO_2-Patrone, sollten Sie diese benutzen und zusätzlich auch noch Ihren Bleigurt abwerfen. Der Vorteil ist die schnelle Aufstiegsgeschwindigkeit, der Nachteil ist, dass die Geschwindigkeit nicht kontrollierbar ist. Daher ist dies wohl sicherlich die weniger wünschenswerteste, und nur in Ausnahmesituationen durchzuführende Alternative, der mit CO_2 unterstützte Notaufstieg.

Generell sollten die Schnorchel-Partner die Aufstiege und Notfallverfahren vor einem Schnorchel-Ausflug besprechen und vereinbaren. Beide müssen wissen, welche Zeichen benutzt werden, welche Ausrüstung vorhanden ist und wie die Methode, auf die sie sich einigen, durchgeführt wird.

5.9 Ausstieg aus dem Wasser

Der Ausstieg bedeutet das Ende eines Schnorchel-Ausflugs. Dabei werden je nach örtlichen Gegebenheiten unterschiedliche Techniken angewandt.

Wenn Sie beispielsweise von einem kleinen Boot aus schnorcheln, dann sollten Sie den Bleigurt im Wasser ablegen und an Bord reichen. Die Flossen sollten Sie dagegen anbehalten, denn sie verleihen Ihnen den nötigen Schwung für den Ausstieg (am Boot hochziehen und gleichzeitig mit einem kräftigen Schwerenschlag der Flossen den notwendigen Schwung erzeugen). Wenn Sie jedoch von einem großen Boot mit einer Leiter oder einer Plattform aus schnorcheln, dann empfiehlt es sich unter Umständen, die Flossen vorher auszuziehen, bevor Sie die Leiter hinaufsteigen. Wenn Sie auf ein Boot zu schwimmen, dann müssen Sie zudem auf den Seegang achten. Nutzen Sie die Wasserbewegung aus, um sicher und bequem auf die Leiter oder Plattform zu gelangen.

Wenn Sie das Wasser an einem flachen Ufer verlassen, dann schwimmen Sie so weit ans Ufer, bis Sie sich aufrichten (stehen) können. Ziehen Sie die Flossen aus und waten Sie an Land. Bei Brandung hingegen kann es unter Umständen günstiger sein, die Flossen erst an Land auszuziehen. Gehen Sie in diesem Fall rückwärts bis ans Ufer, halten Sie Ihre Maske fest und lehnen Sie sich in die anlaufende Welle hinein. Beim gehenden Ausstieg sollte man generell eher schlurfen, damit man u.a. am Boden lebende Tiere aufschreckt, anstatt auf sie zu treten. Bleiben Sie in der Brandungszone nicht stehen.

Immer wieder passiert es, dass oft aus Unachtsamkeit während des Ausstiegs Ausrüstungsteile verloren gehen. Die Maske gehört nicht auf die Stirn, sondern entweder auf den Hals herunter geschoben, oder in die Hand. Konzentrieren Sie sich und verschieben Sie Gespräche mit Ihrem Schnorchel-Partner möglichst auf den Zeitpunkt, an dem sie das Wasser verlassen haben.

5.10 Training und Fitness

Übungen für Schnorchler

Sicherlich trägt eine gewisse Fitness und die Gewöhnung an das Element Wasser mit dazu bei, die Faszination der Unterwasserwelt in vollen Zügen genießen zu können. Es erhöht vor allem auch Ihre Sicherheit. Nachfolgend finden Sie einige Vorschläge und Anregungen, die dazu beitragen können, dass Sie sich im Element Wasser möglichst wohlfühlen.

- Schwimmen ist generell ein gutes Grundlagentraining für das Schnorcheln.
- 250 m schnorcheln mit beiden Armen nach hinten gestreckt.
- 250 m schnorcheln mit beiden Armen nach vorn gestreckt.

- 250 m schnorcheln in Seitenlage.
- 250 m schnorcheln in Rückenlage.
- 100 m schnorcheln mit nur einer Flosse.
- 50 m schnorcheln ohne Maske.

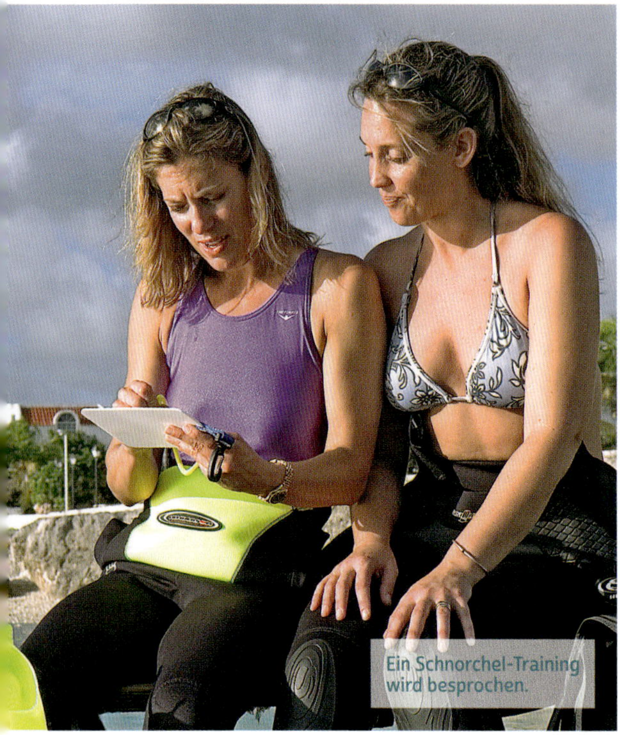

Ein Schnorchel-Training wird besprochen.

- 100 m möglichst schnell schnorcheln (Zeitschnorcheln).
- 250 m wie ein Delphin schwimmen (Beine zusammen, auf und ab bewegen, Delphinbeinschlag).
- 50 m schnorcheln und dabei um die eigene Achse drehen (Korkenzieher).
- Eine möglichst lange Strecke unter Wasser tauchen (Streckentauchen).
- Eine möglichst lange Strecke unter Wasser ohne Maske tauchen.
- 25 m tauchen, dann 30 Sekunden Pause, dann wieder 25 m tauchen.
- Auf 5 m abtauchen, Druckausgleich durchführen, und wieder auftauchen.
- Auf 5 m abtauchen, dann eine Strecke von 20 m tauchen.
- Abtauchen und dann mit Delphinbeinschlag 30 m tauchen.
- Unter Wasser vorwärts und rückwärts Saltos schlagen.
- Abtauchen und auf dem Grund liegend Luftringe nach oben blasen.
- Einen Luftballon unter Wasser aufblasen.
- Unterschiedliche (Blei-) Gewichte auf dem Grund platzieren, diese antauchen und nach oben bringen.

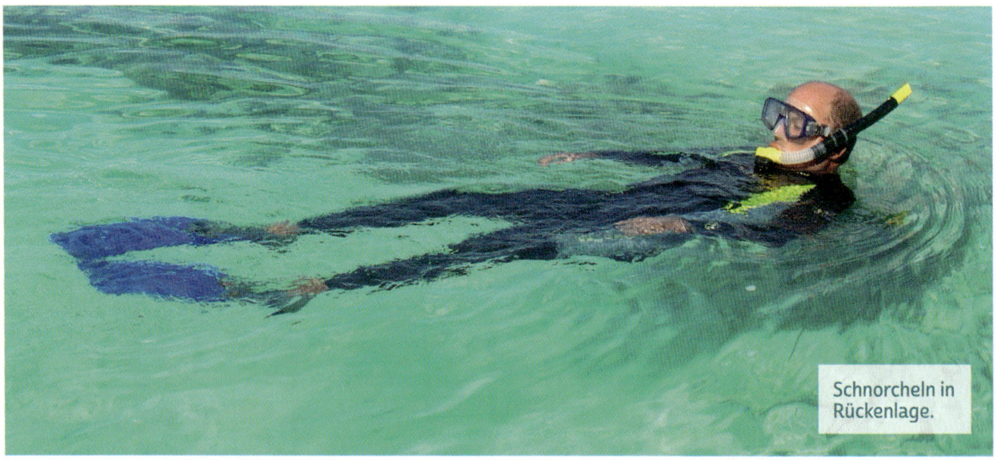

Schnorcheln in Rückenlage.

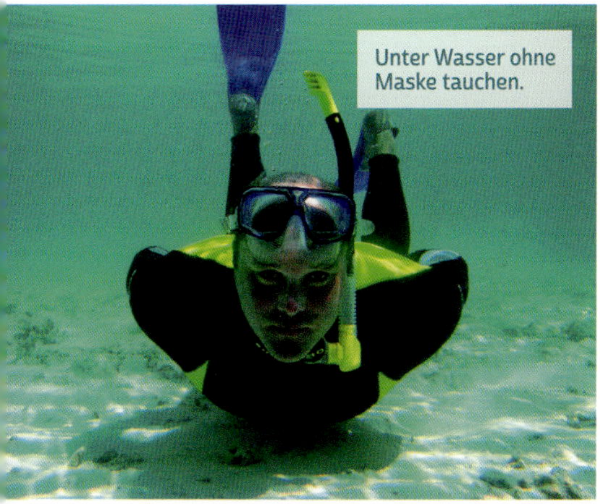
Unter Wasser ohne Maske tauchen.

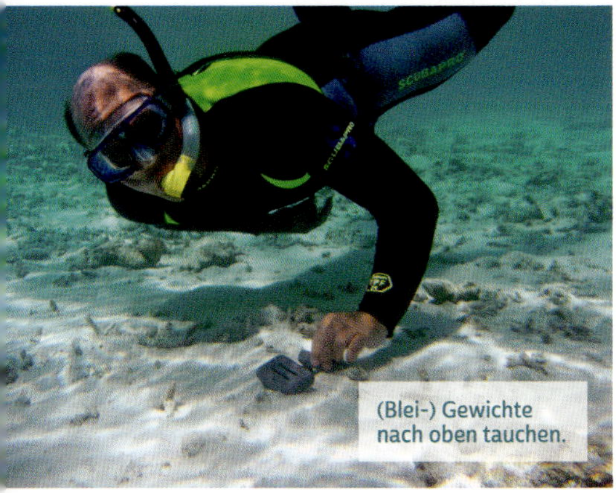
(Blei-) Gewichte nach oben tauchen.

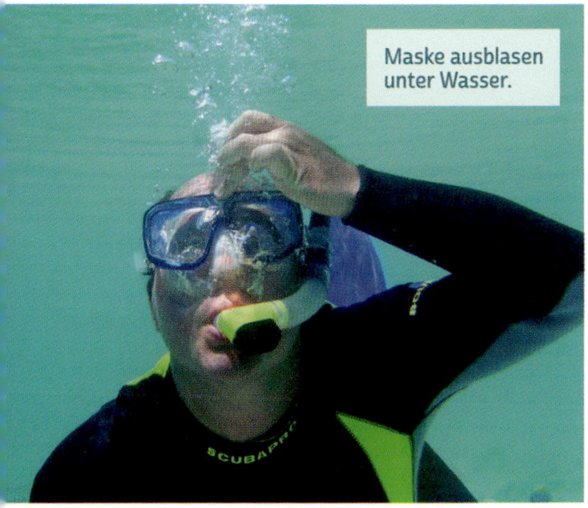
Maske ausblasen unter Wasser.

5.11 Technik

- Den Schnorchel an der Wasseroberfläche mit Wasser voll laufen lassen und mit einem kräftigen Ausatemstoß ausblasen.
- Den Bleigurt unter Wasser aus- und wieder anziehen.
- Unter Wasser eine teilweise geflutete Maske ausblasen, wobei der Kopf nach hinten geneigt, der obere Maskenrand an die Stirn gedrückt, und durch die Nase in die Maske hinein ausgeatmet wird. Die Luft im Maskenraum drückt das Wasser nach unten heraus.
- Die Maske unter Wasser aufsetzen, und ausblasen.
- Die Maske ins Wasser werfen, antauchen, unter Wasser ausblasen, und wieder auftauchen.
- Wellenförmig auf- und abtauchen, und beim Auftauchen jedes Mal den Schnorchel ausblasen.
- Beim Abtauchen verschiedene Druckausgleichstechniken ausprobieren (Valsalva-Manöver, Schlucken, Unterkiefer vorschieben usw.)
- An der Wasseroberfläche, mit dem Gesicht im Wasser, den Schnorchel unter Wasser von der linken in die rechte Hand führen und ausblasen.
- An der Wasseroberfläche, ohne Maske aber mit Schnorchel und dem Gesicht im Wasser, durch den Mund ein- und durch die Nase ausatmen.
- Bei schnellem, kopflastigem Abtauchen Druckausgleich durchführen.

5.12 Partnerübungen

- An der Wasseroberfläche mit ausgestreckten Armen versuchen den Schnorchel-Partner wegzuschieben.
- An der Wasseroberfläche regungslos verharren und versuchen, so lange wie möglich die Luft anzuhalten.

- Knapp unter die Wasseroberfläche abtauchen, und solange wie möglich die Luft anhalten (Zeittauchen).
- Unter Wasser die Maske mit dem Schnorchel-Partner wechseln und ausblasen.
- Abwechselnd wird der eine und der andere Schnorchel-Partner kurz unter die Wasseroberfläche gedrückt (Wasserwippe).
- Der eine Schnorchel-Partner führt den anderen an der Hand, wobei der Geführte keine Maske auf hat.
- Beide Schnorchel-Partner in gegenüberliegender Position an der Wasseroberfläche, mit dem Gesicht eingetaucht, wobei sie abwechselnd aus nur einem Schnorchel atmen.
- Beide Schnorchel-Partner an der Wasseroberfläche atmen abwechselnd aus nur einem Schnorchel in einem festgelegten Rhythmus (1:1 oder 2:2 oder 1:2).
- Beide Schnorchel-Partner an der Wasseroberfläche ohne Maske auf, atmen abwechselnd aus nur einem Schnorchel.
- Beide Schnorchel-Partner an der Wasseroberfläche atmen abwechselnd aus nur einem Schnorchel und tauschen dabei ihre Masken.
- Beide Schnorchel-Partner unterhalten sich an Land unter Verwendung der (Unterwasser-) Handzeichen.
- Beide Schnorchel-Partner unterhalten sich unter Wasser unter Verwendung der (Unterwasser-) Handzeichen, um vorgefundene Situationen dem Partner unter Wasser mitzuteilen.

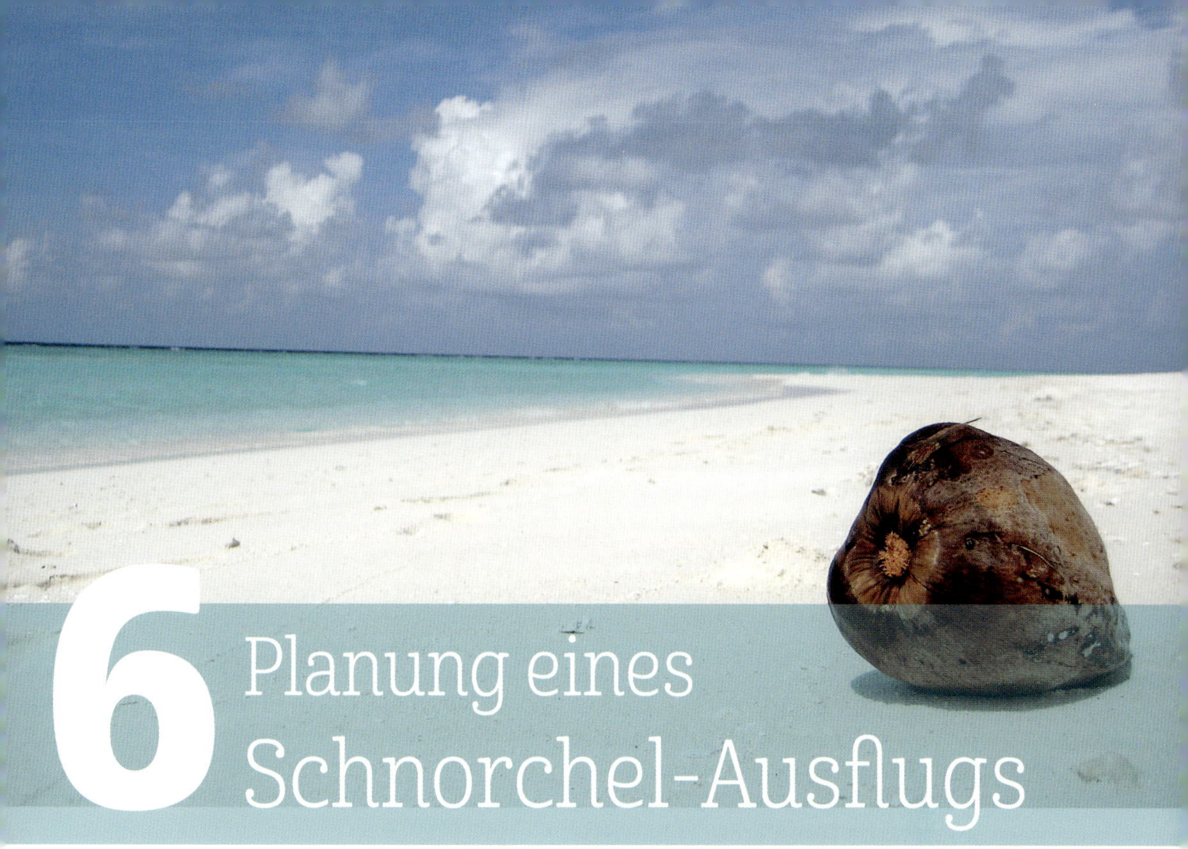

6 Planung eines Schnorchel-Ausflugs

Um Ihren Aufenthalt im Wasser auch uneingeschränkt genießen zu können, sollten Sie Ihren Schnorchel-Ausflug planen - und zwar richtig. Einigen Sie sich mit Ihrem Schnorchel-Partner über das Ziel des Ausflugs und halten sie das Vereinbarte später im Wasser auch ein. Zur Planung eines Schnorchel-Ausflugs gehört die richtige Wahl der Ausrüstung, die je nach Gebiet und Wassertemperatur sehr unterschiedlich ausfallen kann. Bei der Wahl des Schnorchel-Gebietes sollte man sehr überlegt vorgehen. Berücksichtigen Sie dabei nicht nur die Ausrüstung, sondern auch das Können der einzelnen Teilnehmer.

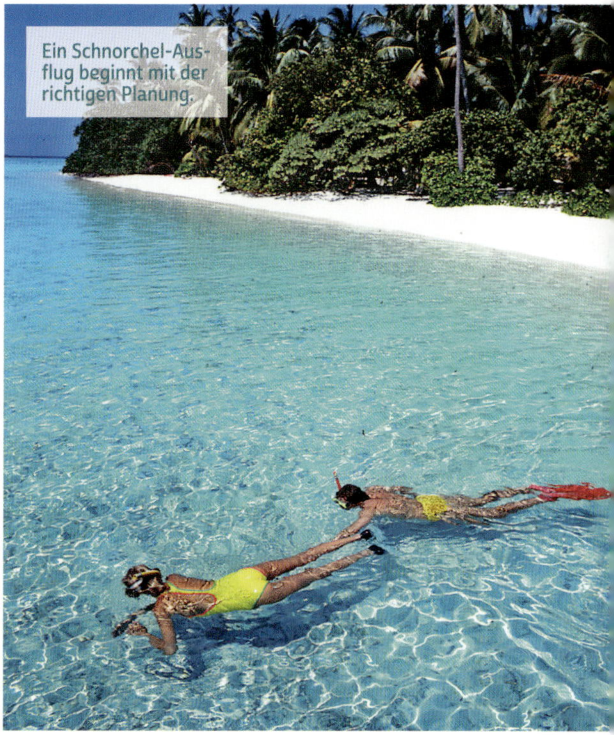

Ein Schnorchel-Ausflug beginnt mit der richtigen Planung.

Aber auch das Schnorchel-Gebiet an sich ist wichtig. Darf dort überhaupt geschnorchelt werden (militärisches Sperrgebiet, Bootsverkehr, Fischfang, Unterwasser-Naturschutzpark etc.)? Kann das Schnorchel-Ziel vom Ufer aus erreicht werden oder ist ein Boot erforderlich? Sind starke Strömungen bekannt? Oft spielen Wind, Wetter und

Wasser leider eine häufig unterschätzte Rolle bei der Vorbereitung eines Schnorchel-Ausflugs. Holen Sie möglichst bei Ortskundigen Informationen zu den örtlichen Gegebenheiten und Witterungsverhältnissen ein. Fragen Sie nach Gezeitenströmungen. Gibt es eventuell Unterwasserströmungen, wodurch die Sicht wesentlich beeinflusst, oder die Sicherheit gefährdet werden kann? Mit welchen anderen Gefahren (Fischernetzen, Angelschnüren, Schiffsverkehr etc.) ist sonst noch zu rechnen? Suchen Sie, für den Fall, dass die Bedingungen an dem von Ihnen vorgesehenen Schnorchel-Gebiet ungünstig sind, einen Ort aus, an den Sie ausweichen können. Überlegen Sie zu welcher Tageszeit der Schnorchel-Ausflug stattfinden soll. Örtliche Winde können z.B. morgens schwach und nachmittags stark sein oder umgekehrt. Nehmen Sie wenn möglich eine Begleitperson mit, die Ihnen beispielsweise beim Einstieg in das Wasser und beim Ausstieg helfen kann. Oft sind die schönsten Schnorchel-Gebiete am weitesten von der Küste oder dem Ufer entfernt, daher vergessen Sie nicht jemanden darüber zu informieren, wann und wo Sie beabsichtige zu schnorcheln.

Die Planung eines Schnorchel-Ausflugs können Sie gliedern in: Vorabplanung, Vorbereitung, Planung vor Ort und Durchführung.

6.1 Vorabplanung

- Bestimmen Sie den Zweck Ihre Schnorchel-Ausflugs.
- Wählen Sie einen Schnorchel-Partner aus.
- Bestimmen Sie das Schnorchel-Gebiet und ein Ausweichgebiet. Falls Ihnen das Schnorchel-Gebiet unbekannt ist, holen Sie Erkundigungen ein, berücksichtigen Sie örtlichen Besonderheiten. Besichtigen Sie das Schnorchel-Gebiet nach Möglichkeit vorher.
- Bestimmen Sie Tag, Uhrzeit und Treffpunkt für den Schnorchel-Ausflug. Wie lange wollen Sie schnorcheln?

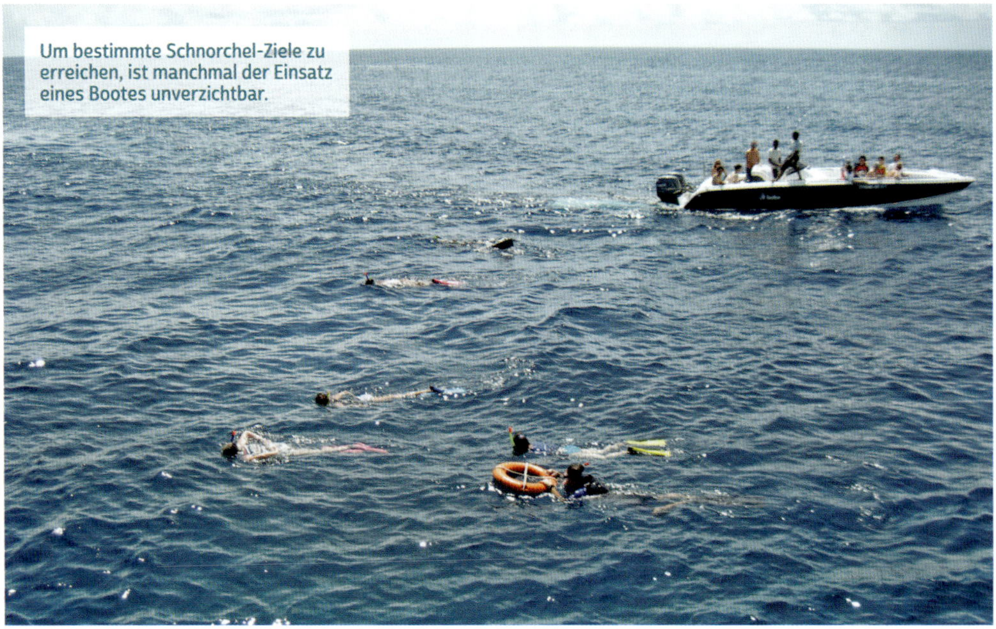

Um bestimmte Schnorchel-Ziele zu erreichen, ist manchmal der Einsatz eines Bootes unverzichtbar.

- Machen Sie für diesen Termin eventuell notwendige Reservierungen.
- Infomieren Sie sich über Hilfsmöglichkeiten im Notfall. Holen Sie Notfallinformationen ein.
- Bestimmen Sie, welche Ausrüstung erforderlich ist. Überprüfen Sie, ob die Ausrüstung auch einsatzbereit ist.
- Überprüfen Sie die Ersatzteil-Box auf Vollständigkeit.
- Holen Sie eine langfristige Wettervorhersage ein.

6.2 Vorbereitung

- Kann der Schnorchel-Ausflug stattfinden? Prüfen Sie Wetter- und Wasserbedingungen.
- Informieren Sie sich, ob alle Beteiligten körperlich und psychisch fit sind.
- Suchen Sie Ihre Ausrüstung zusammen (damit nichts vergessen wird, wäre eine Checkliste hilfreich).
- Packen Sie persönliche Gegenstände in eine separate Tasche.
- Hinterlassen Sie bei einer zuverlässigen Person Angaben darüber, wo Sie schnorcheln und wann Sie voraussichtlich zurück sein werden.

6.3 Planung vor Ort

- Orientierung (Wetter allgemein, Bedingungen am Ufer und im Wasser, Wellen, Brandung, Gezeiten, Strömungen etc.).
- Entscheiden Sie, ob die Bedingungen einen Schnorchel-Ausflug zulassen, ob Sie zu Ihrem Ausweichgebiet wechseln, oder an diesem Tag überhaupt nicht schnorcheln.

- Bestimmen Sie, wer den Schnorchel-Ausflug führt. Einer sollte leiten, der andere folgen. Beim nächsten Mal kann man ja wechseln.
- Legen Sie gemeinsam den Kurs (Richtung) und die Zeit des Schnorchel-Ausflugs fest.
- Legen Sie gemeinsam den Ein- und Ausstiegort, sowie die passenden Techniken fest.
- Legen Sie gemeinsam die Verständigungsmittel fest. Wiederholen Sie die Handzeichen. Vereinbaren Sie gegebenenfalls neue.
- Besprechen Sie was bei Trennung zu tun ist.
- Besprechen Sie das Verhalten bei Notfällen.

6.4 Durchführung

- Achten Sie darauf, dass sie sich gleichzeitig fertigmachen.
- Halten sie sich an den gefassten Plan.

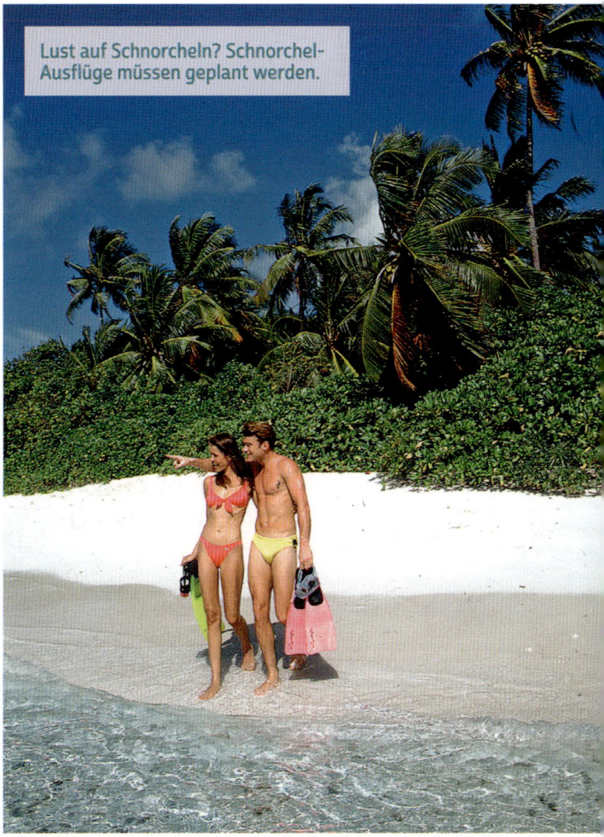

Lust auf Schnorcheln? Schnorchel-Ausflüge müssen geplant werden.

- Schnorcheln Sie vorausschauend. Denken Sie immer voraus.
- Orientieren Sie sich und prüfen Sie immer wieder, ob Sie noch auf dem richtigen Kurs sind, und nicht beispielsweise durch eine Strömung abgetrieben wurden.

6.5 Checklisten

1. Grundausrüstung:
Maske, Schnorchel, Flossen (Füßlinge), Tauchanzug, Schnorchel-Weste, Kopfhaube, Handschuhe, Schnorchel-Tasche.

2. Zusatzausrüstung:
Bleigurt, Blei, Kompass, Auftriebsmittel (Boje), Tauchlampe, Tiefenmesser, Tauchermesser, Taucheruhr, Unterwasserschreibtafel und Bleistift, Unterwasserkamera, Shaker, chemische Leuchtstäbe.

3. Ersatz-Ausrüstung:
Ersatzmaske, Ersatzschnorchel, Ersatzflossen, Ersatzlampe, Ersatzbatterien / -akkus, Ersatz-CO_2 -Patrone.

4. Persönliche Dinge:
Badesachen, Handtuch, warme Jacke, extra Kleidung, Geld, Sonnenbrille, Sonnencreme, Medikamente, Fernglas, Verpflegung.

5. Ersatzteil-Box:
Werkzeug, Neoprenkleber, Maskenband, Fersenband für Geräteflossen, Schnorchel-Halter, wasserfestes Isolierband, Schnalle für den Bleigurt, Taschenmesser, etwas Kleingeld oder eine Telefonkarte zum Telefonieren (falls sich ein Notfall ereignen sollte), Glühlampen, Batterien.

6. Für den Notfall:
Kontaktinformationen von Rettungsdiensten, Ärzten, Krankenhäusern etc., Kontaktinformationen für den Rettungsdienst über den / die Schnorchler, Liste der im Notfall zu benachrichtigenden Angehörigen der Schnorchler.

6.6 Schnorcheln bei Nacht

Schnocheln bei Nacht stellt keine zusätzliche körperliche Belastung dar, jedoch ist die psychologische Belastung höher als am Tag. Der Reiz liegt vor allem darin, dass nachtaktive Fische und andere Meeresbewohner besser beobachtet werden können und durch das mitgeführte Kunstlicht besondere Licht- und Farbeffekte entstehen.

Die äußeren Umstände sollten optimal sein; ruhiges Wasser, keinerlei Wind oder Strömungen, keine anderen erkennbaren Gefahren. Die Schnorchel-Partner sollten auf Arm-Abstand zusammen bleiben und sich nicht mit den Unterwasserlampen blenden. Schnorcheln Sie an bekannten und vertrauten Plätzen. Informieren Sie eine Person an Land über Ort und voraussichtliche Rückkehr, und halten Sie die angegebene Zeit auch unbedingt ein. Ziehen Sie Ihre Schnorchel-Ausrüstung nicht unter Verwendung der Unterwasserlampen an, das Licht brauchen Sie später unter Wasser. Überprüfen Sie Ihre Schnorchel-Ausrüstung deshalb noch bei Tageslicht, also vor Einbruch der Nacht. Nehmen Sie eine letzte leichte Mahlzeit mindestens zwei Stunden vor Beginn des Nacht-Schnorchelns zu sich. Schnorcheln Sie immer in möglichst kleinen Gruppen. Jeder Schnorchler muss mit einer Haupt- und einer Ersatzlampe ausgestattet sein. Leuchtstäbe sind empfehlenswert, aber nicht zwingend vorgeschrieben.

Besprechen Sie mit Ihrem Schnorchel-Partner Hand- und Blinkzeichen. Handzeichen müssen unter Wasser im Lichtkreis der Lampe gegeben werden – aufpassen, nicht den Schnorchel-Part-

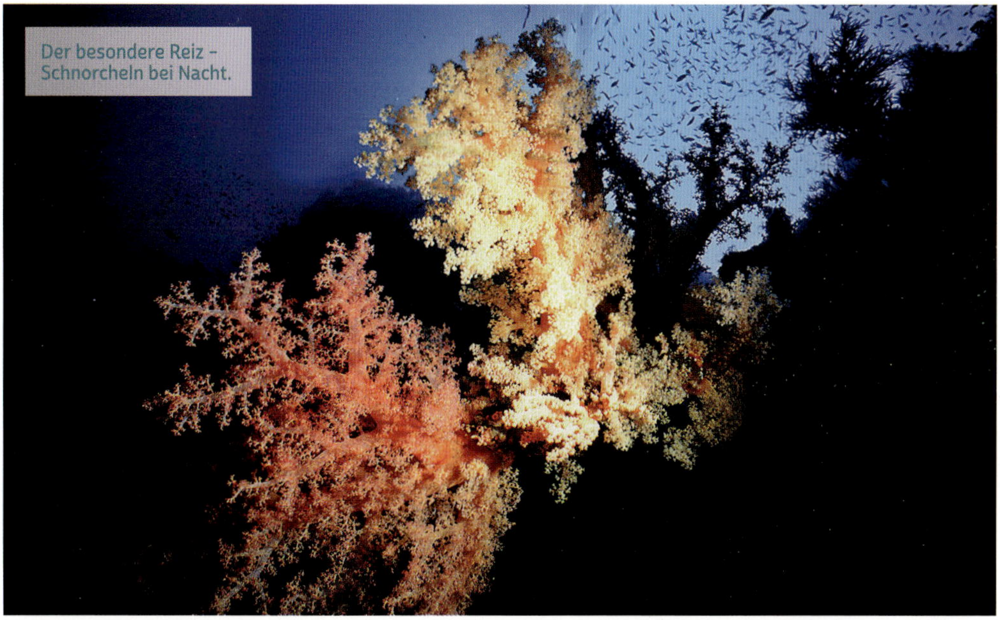

Der besondere Reiz – Schnorcheln bei Nacht.

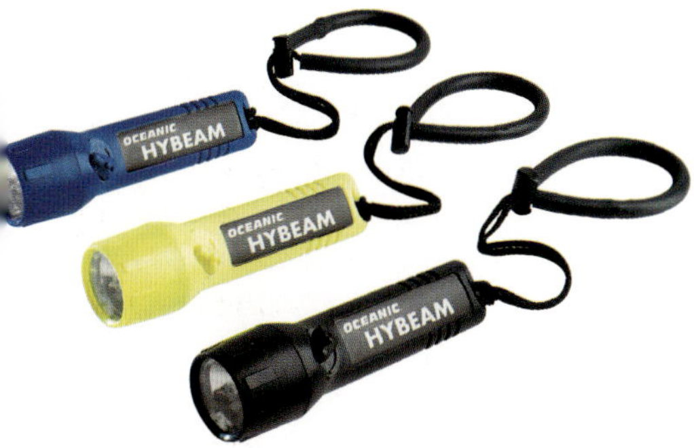

Bei einem Schnorchel-Ausflug bei Nacht sollte jeder Teilnehmer mindestens zwei Lampen mit sich führen.

ner blenden. Zwei Zeichen mit der Lampe sind international gebräuchlich: Kreis = alles OK?!, auf- und abnicken = Gefahr, ich brauche Hilfe! Wenn Sie die voranstehenden Verhaltensweisen beherzigen, kann Ihrem Schnorchel-Ausflug bei Nacht kaum etwas im Wege stehen.

6.7 Fluo-Schnorcheln

Im Grunde genommen ist Fluo-Schnorcheln (Fluo=Fluoreszenz) nichts anderes als Nacht-Schnorcheln mit einer speziellen Tauchlampe, die Licht im blauen bis ultravioletten Bereich (Blau/UV-Licht) ausstrahlt und entsprechende Filter für die Maske. So ausgestattet, ist das fluoreszierende Licht aquatischer Organismen für das menschliche Auge sichtbar. Verantwortlich für die Fluoreszenz, also das Leuchten mancher Meeresbewohner, ist ein winziges Protein namens GFP (Grün fluoreszierendes Protein). Der Anblick dieser Zauberwelt versetzt jeden Betrachter in eine surreale knallbunte Fabelwelt.
An dieser Stelle sei angemerkt, dass »Fluoreszenz« bitte nicht mit »Biolumineszenz« verwechselt wird. Beides sind zwar Formen der Lumineszenz, wobei die Biolumineszenz aber auf chemischen Reaktionen basiert (also von innen heraus) und die Fluoreszenz nur durch Bestrahlung (also von außen) sichtbar wird.

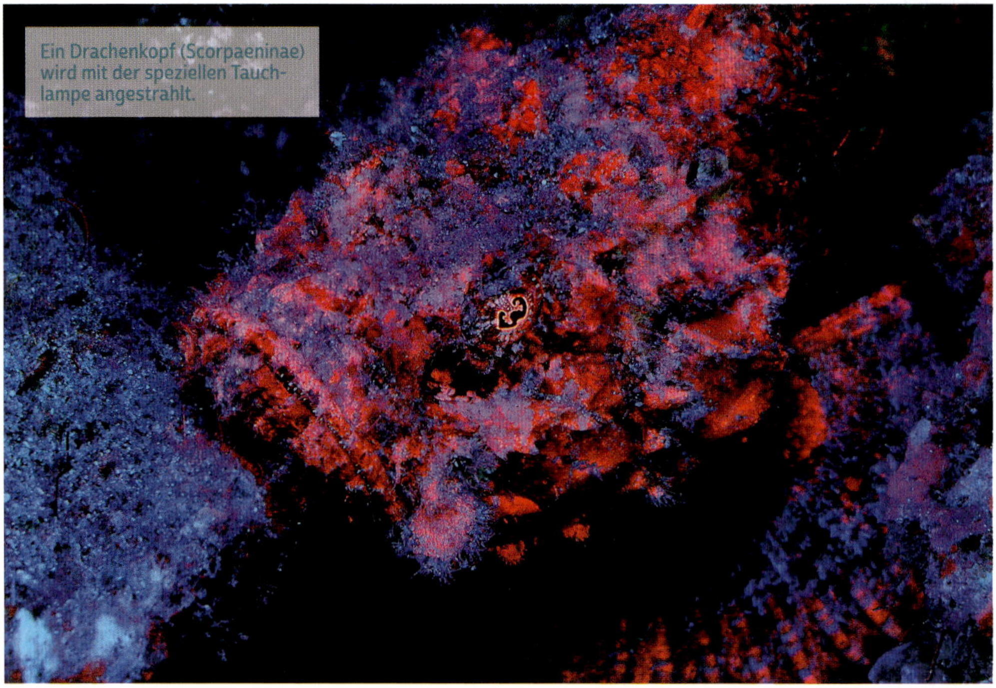

Ein Drachenkopf (Scorpaeninae) wird mit der speziellen Tauchlampe angestrahlt.

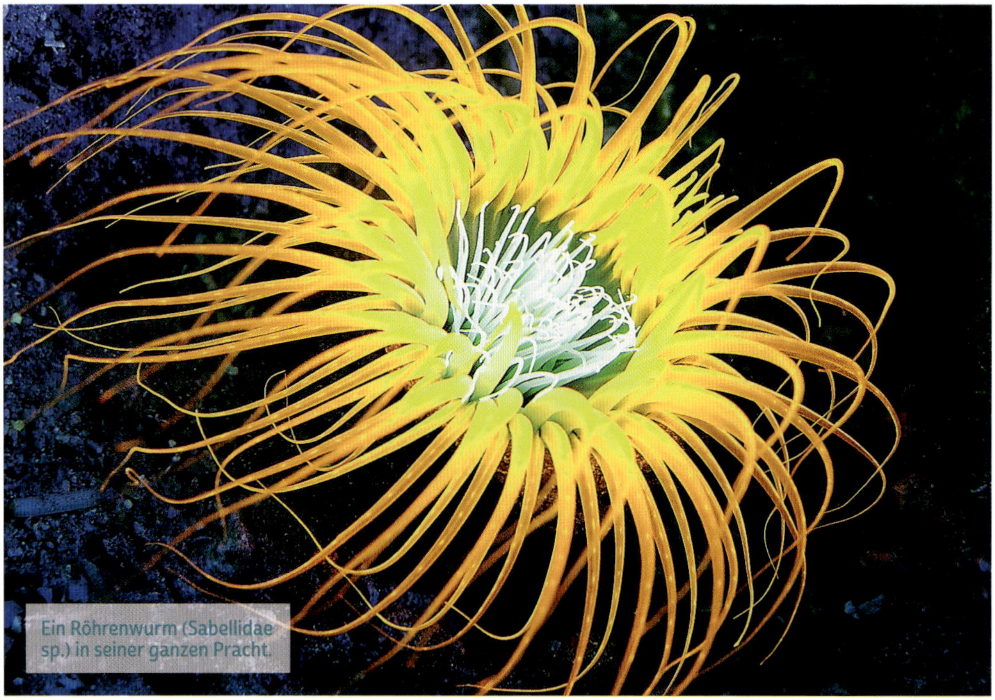

Ein Röhrenwurm (Sabellidae sp.) in seiner ganzen Pracht.

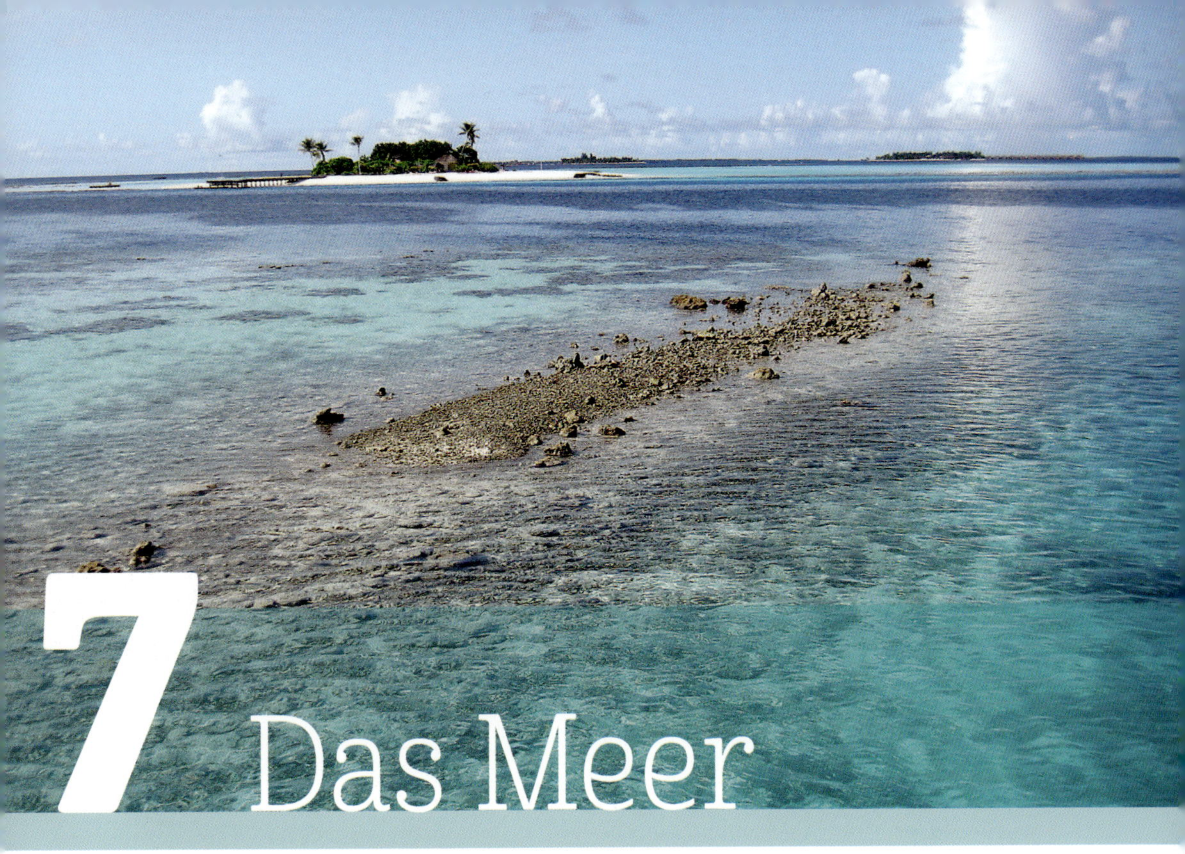

7 Das Meer

7.1 Das blaue Paradies

Schon immer übte das Meer eine starke Anziehungskraft auf den Menschen aus. Bereits die frühen Seefahrer und Abenteurer lockte Ruhm und Reichtum und die Entdeckung neuer Welten. Händler ließen sich an den Küsten nieder und heute entdecken mehr und mehr Menschen die Küstenregionen der Welt als hervorragende Orte, um dort einen Teil ihrer Freizeit oder ihren gesamten Urlaub zu verbringen. Bei der Gelegenheit steckt dann auch der ein oder andere Urlauber seinen Kopf gern einmal unter Wasser und entdeckt dabei eine neue, fremde und faszinierende Welt.

Über 70 % der Erdoberfläche ist bekanntlich von Wasser bedeckt. Aus diesem Grund erscheint unser Planet Erde aus dem Weltall betrachtet in der Farbe Blau, weswegen er auch der blaue Planet genannt wird. Es überrascht daher wohl kaum jemanden, dass viele wissenschaftliche Theorien den Ursprung des Lebens auf unserer Welt auf und vor allem in das Wasser zurückführen. Zwar kann die Wissenschaft dies heute noch nicht hundertprozentig in allen Punkten belegen; doch lie-

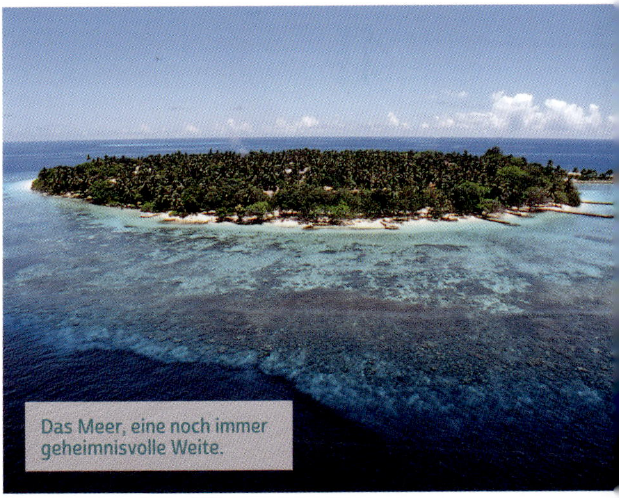

Das Meer, eine noch immer geheimnisvolle Weite.

fert sie sehr bestechende Beweise dafür, dass das Leben vor Millionen von Jahren in den Tiefen des Meeres wahrscheinlich begonnen hat. Erst jüngst entdeckte man neue Lebensformen im Bereich heißer Wasserströme und kohlenwasserstoffhaltiger Quellen am Meeresboden, die diese Theorie zu untermauern scheinen. Doch diese Lebensformen repräsentieren aber nur einen Bruchteil des üppigen Lebens, die das Meer beherbergt.

Nur wenige Meter vom Strand entfernt, an dem wir unsere Badetücher ausbreiten, tobt bereits das pralle Leben. Manchmal haben wir das Glück, sehen einen Schatten knapp unter der Wasseroberfläche schwimmen, einen Fisch springen, die Rückenflosse eines größeren Meeresbewohners aus dem Wasser ragen, oder aber haben das Pech, und treten barfuß auf die scharfe Kante eines Einsiedlergehäuses, oder berühren ungewollt die transparenten Tentakeln einer Qualle.

Das Leben außerhalb der Meere ist eng verkettet mit dem Leben darin. So wird beispielsweise der Sauerstoff in unserer Atmosphäre zu einem Großteil vor allem von der sonnendurchfluteten und planktonreichen Oberflächenzone auf den Ozeanen gebildet. Diese Zone absorbiert zusätzlich auch noch eine große Menge an Kohlendioxid, einem Treibhausgas. Erst langsam lernen wir das Meer mit seinen lebensspendenden und lebenserhaltenden Funktionen kennen. Im Nachfolgenden finden Sie eine kurze aber nicht minder faszinierende Einführung in eine uns noch immer fremde Welt; die fast unseren ganzen Planeten umfasst, und deren Bewohner nur Schritt für Schritt ihre Geheimnisse preisgeben.

7.2 Die Gezeitenzone

Gezeiten nennt man den Unterschied zwischen Ebbe (ablaufendes Wasser) und Flut (auflaufendes Wasser). Die Mondanziehungskraft (Gravitation) ist die hauptsächliche Ursache für die Gezeiten, aber auch die Sonne wirkt auf sie ein und nicht zu vergessen das Wetter (z.B. Wind). Ebbe und Flut schaffen ein einzigartiges Biotop zwischen Land und Meer, das aus Marschlandschaften, Gezeitenmündungen an Flüssen, sowie Schlammebenen besteht. Diese können in Sumpflandschaften und Mangrovenwälder übergehen, die auch die Kinderstube der Meere genannt werden, da hier während bestimmter Entwicklungsphasen geschätzte 90 % der wichtigsten küstennah lebenden Tiere vorkommen.

Springfluten sind Fluten, bei denen das Wasser am höchsten steigt. Sie treten 1 bis 3 Tage nach Voll- und Neumond auf. Als Nippfluten bezeichnet man hingegen das geringste Steigen und Fallen des Wassers. Sie treten auf, wenn sich der Mond im ersten und dritten Viertel zeigt. Zu diesem Zeitpunkt besteht der geringste Tidenhub (Unterschied zwischen Ebbe und Flut), weil die Anziehungskräfte von Sonne und Mond gegeneinander gerichtet sind, und damit die Anziehungskraft des Mondes am schwächsten ist.

Die bequemste Zeit zu schnorcheln, ist der Gezeitenstillstand. Hierbei spielt es keine Rolle ob nun bei Flut oder Ebbe. Wer gute Sicht unter Wasser haben möchte, sollte dies zum Höchststand der Flut tun, da hier das klare Wasser aus den Tiefen des Meeres auf das Land aufläuft. Gezeitenstillstand ist aber sicherlich nicht der attraktivste Zeitpunkt, denn viele Riffbewohner bevorzugen Strömung.

7.3 Die Strömungen

Strömungen sind manchmal unberechenbar und vor allem nicht zu unterschätzen. Sie können viele Ursachen haben und werden von verschiedenen

Kräften hervorgerufen wie z.B. Wind, Gezeiten, Luftdruckschwankungen, Salzgehalt und Temperatur des Wassers. Aber auch die Erdrotation verleiht dem Wasser bestimmte (Dreh-) Richtungen: Das Oberflächenwasser auf der nördlichen Erdhalbkugel bewegt sich im Uhrzeigersinn, das auf der südlichen Erdhalbkugel dagegen (Oberflächenströmung). Diese Naturkräfte und noch andere Faktoren beeinflussen so die Stärke und die Richtung von Strömungen.

Strömungen können große Kräfte entfalten. Es gibt Strömungen, die an der Oberfläche kaum sichtbar sind, dafür aber unter Wasser umso stärker auftreten (Tiefenströmungen). Dort wo beispielsweise Strömungen aus verschiedenen Richtungen aufeinander prallen, kocht und brodelt das Meer oft geradezu. Beim Durchfließen von Atollen, oder Umfließen von Inseln, können sich Strömungen aufgrund der Nähe von natürlichen Barrieren wie Riffen und Sandbänken, völlig unregelmäßig verhalten. Riffkanäle (Durchlässe) haben oft einen Ventilcharakter und wirken geradezu wie Düsen, die unvorstellbare Mengen an Wasser in kurzer Zeit hindurch lassen (Rissströmung). Da das Wasser der Ozeane ständig zirkuliert und immer in Bewegung ist, sind diese starken Strömungen nicht immer vorhanden, sondern treten örtlich und zeitlich begrenzt auf.

Im Ozean haben die Lebewesen schon früh gelernt, mit Strömungen umzugehen. Einige lassen sich mit ihnen treiben (z.B. Plankton), andere wandern mit ihnen über große Strecken (z.B. Mantas und Walhaie). Für Schnorchler können starke Strömungen gefährlich werden, denn man

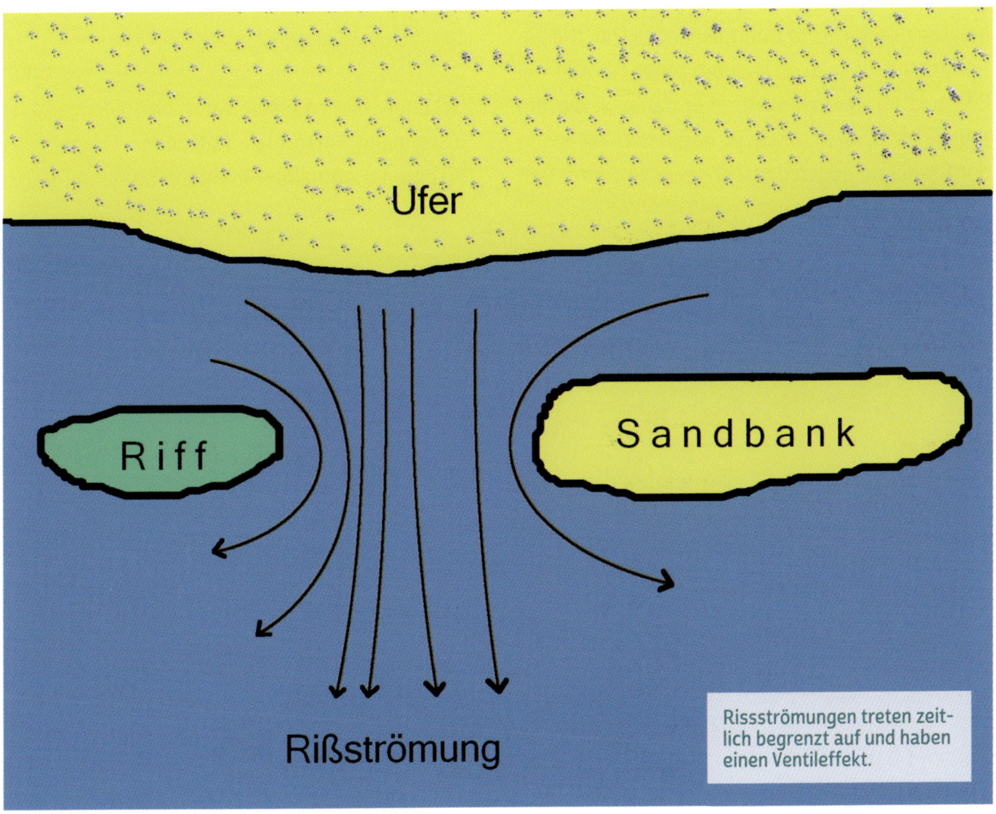

Rissströmungen treten zeitlich begrenzt auf und haben einen Ventileffekt.

kann leicht kilometerweit abgetrieben werden. Daher sollte man seinen Schnorchel-Ausflug immer gegen die Strömung beginnen. Ist man nach einiger Zeit müde geworden, kann man sich leicht zu seinem Einstiegspunkt zurücktreiben lassen. Für Schnorchler bilden die Lagune und der Riffrand einer Insel in der Regel keine Gefahr. Neben den hier ansässigen Lebewesen sollte man aber auch auf die Brandung achten.

7.4 Die Brandung

Wellen gibt es sowohl auf offenem Meer als auch an der Küste. Auf ihrem Weg zur Riffkante bzw. zum Strand speichert eine Welle Bewegungsenergie. Sie ist praktisch ein Energiespeicher, ähnlich einer Batterie. Gelangt sie nun an eine Untiefe (Riff, Strand etc.), bricht sie, und setzt dabei ihre gespeicherte Energie wieder frei. Diesen Bereich nennt man Brandungszone. Gerade bei Ein- und Ausstiegen sollte man daher in diesem Bereich sehr vorsichtig sein, damit man nicht von der Brandung gegen das Riff geworfen wird. Den richtigen Augenblick abzupassen, um durch die Brandung zu kommen, ist daher sehr wichtig. Der ewige Angriff der Wellen und die damit zusammenhängende Reibung zwischen Sand und Steinen, macht die Brandungszone nahezu ungeeignet für die Besiedlung durch Tiere und Pflanzen.

7.5 Das Plankton

Der Begriff Plankton wurde von Victor Hensen 1887 geprägt, stammt aus dem Alt-Griechischen, und bedeutet so viel wie das »Dahintreibende« /»Umherschweifende«. Bezeichnet werden damit an der Wasseroberfläche schwimmende Organismen, die sich meist ohne Eigenbewegung, mit Wellen und Strömungen im Meer treiben lassen. Aufkommen und Bewegung des Planktons unterliegen sehr stark tages- und jahreszeitlichen Schwankungen.

Ein Liter Meerwasser kann beispielsweise in Küstennähe mehrere Millionen Organismen (Planktone) enthalten. Plankton bestimmt damit

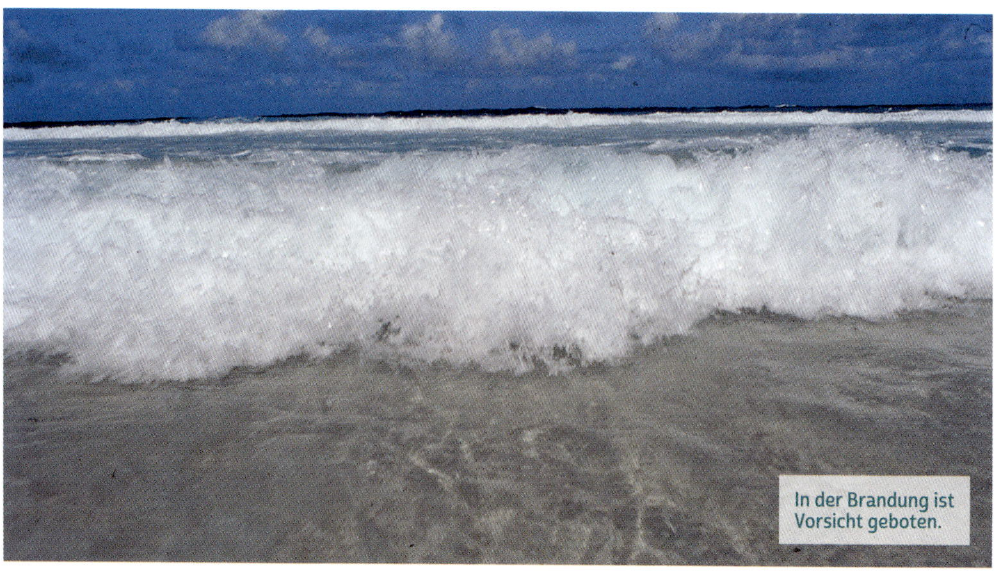

In der Brandung ist Vorsicht geboten.

im Wesentlichen nicht nur die Farbe des Wassers, sondern auch die Sicht (-weiten) unter Wasser.

Plankton ist sehr unterschiedlich in Form und Größe. Die Artenvielfalt reicht von mikroskopisch kleinen Organismen bis hin zu Quallen (Siphonopherae) mit mehr als einem Meter Durchmesser. Plankton wird in zwei Gruppen eingeteilt: Pflanzen (Phytoplankton) und Tiere (Zooplankton).

Phytoplankton besteht aus Pflanzen, zum überwiegenden Teil aus mikroskopisch kleinen einzelligen Algen. Diese Algen können Kolonien bilden, bis hin zu großen Algenarten wie beispielsweise dem Tang. Wie alle Pflanzen, absorbieren Algen Sonnenenergie und produzieren mit Hilfe der Photosynthese Zucker und Sauerstoff. Phytoplankton ist damit nicht nur die Grundlage allen Lebens im Meer, sondern auch der wichtigste Sauerstoffproduzent der Erde. Obendrein verbraucht Phytoplankton auch noch eine große Menge an Kohlendioxid. Damit ist es hauptverantwortlich für unsere Atmosphäre und nicht, wie fälschlicherweise immer gedacht wird, die Regenwälder.

Zooplankton besteht aus tierischen Organismen und ist sehr artenreich. Zum Zooplankton zählen Organismen, deren Eigenbewegungen nicht dazu ausreichen, um gegen die Strömung des Wassers anzukommen. Einige Tiere führen ihr ganzes Leben lang ein planktonisches Dasein, andere wiederum durchleben nur bestimmte Entwicklungsphasen planktonisch. Neben Larven und Eiern zahlreicher niederer Lebewesen, zählen auch Medusen (Quallen) und voll entwickelte Tiere zum Zooplankton wie beispielsweise Ruderfußkrebse und andere winzige Krebstierchen. Sie ernähren sich von Phytoplankton, werden aber ihrerseits wiederum von räuberischem Zooplankton gefressen. Geiseltierchen (z.B. Nocticula miliarias) und Ruderfußkrebse (Copepoden) sind u.a. für das so genannte Meeresleuchten (Biolumineszenz) verantwortlich. Überall dort, wo in der Dunkelheit Wasser bewegt wird, beispielsweise durch eine Schiffsschraube oder durch Flossenschläge, produzieren sie auf chemischem Wege ihr grünlich-gelbes Licht.

7.6 Der Kampf ums Überleben

Wenn beispielsweise Nährstoffe wie Nitrate, Silikate sowie Stickstoff, Phosphor und andere Spurenelemente in ausreichender Form im Wasser vorkommen, können Kieselalgen (Phytoplankton) wachsen. Diese dienen dem Zooplankton als Nahrung, welches wiederum von Sardellen und Sardinen gefressen wird. Plankton ist die Nahrungsgrundlage vieler, meist kleiner Tiere, die wiederum die Nahrung größerer sind. Plankton ist damit im Kreislauf des Fressen und Gefressenwerdens unverzichtbar und die Lebensgrundlage des Meeres. Nicht nur Plankton, sondern jeder Organismus, der im Meer lebt und heranwächst, ist Nahrung für andere Lebewesen. Selbst wenn Organismen eines natürlichen Todes sterben, dienen sie Aasfressern als Futter. Unverdaute Reste, Ausscheidungen und tote Organismen, die auf den Meeresgrund durchsacken, sind selbst dort unten in der tiefsten Dunkelheit Nahrung für zersetzende Organismen (Destruenten). Der größte Anteil der Ablagerungen (Sedimente) auf dem Meeresboden ist Plankton.

Die größten Planktonfresser sind der Manta (Manta birostris) und der Walhai (Rhincodon typus). Aber auch Korallen ernähren sich von Plankton. Ihre sesshafte Lebensweise macht sie von der Strömung abhängig, die ihnen die Nahrung zuträgt, die sie dann mit ihren Tentakeln aus dem Wasser filtern. Jede Korallenart wächst unterschiedlich und hat ihren bevorzugten Standort, was den Reiz eines Korallenriffs ausmacht.

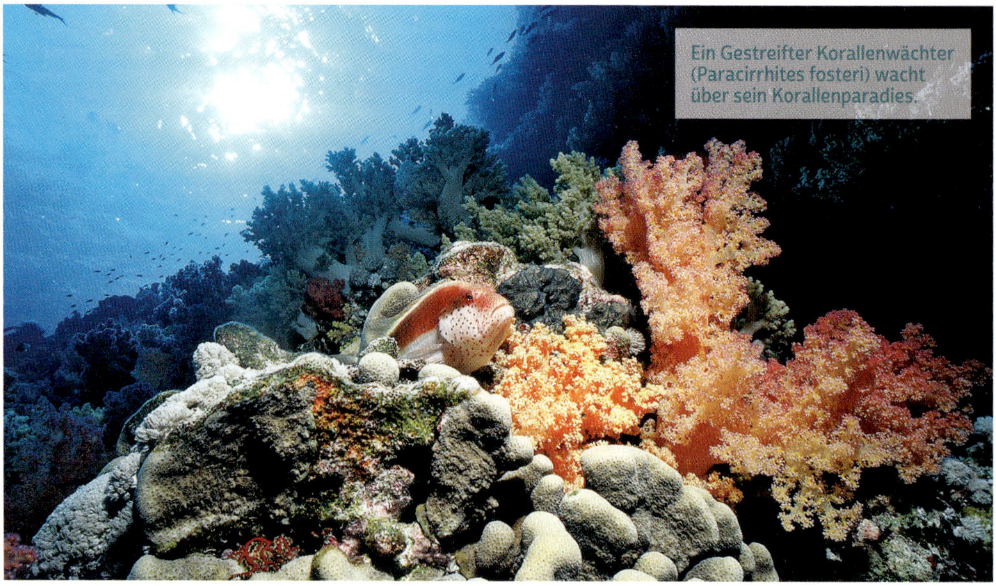

Ein Gestreifter Korallenwächter (Paracirrhites fosteri) wacht über sein Korallenparadies.

7.7 Das Korallenriff

Ein Korallenriff ist ein komplexes Ökosystem, das die Grundlage für den ungeheuren Artenreichtum unter Wasser bildet. Bis heute ist es jedoch noch immer nicht vollständig erforscht. Das entlang der Küste von Queensland (Ostküste Australien) gelegene »Great Barrier Reef« (Großes Barriere Riff) zeigt beispielsweise, welche gigantischen Ausmaße solch ein Bauwerk der Natur annehmen kann. Mit seinen ca. 2200 Kilometer Länge, und einer Breite von durchschnittlich ca. 150 Kilometer ist es Heimat von mehr als 3000 Tiergattungen. Auch hier bilden Korallen den Grundstock allen Lebens. Doch was sind Korallen überhaupt?

7.8 Die Koralle

Korallen sind Gebilde, die von vielen winzigen, nur wenige Millimeter großen Tieren, den Korallenpolypen (Anthozoen), gebaut werden. Jede Korallenart hat unterschiedliche Wachstumsgewohnheiten, die zu dem großen Formenreichtum in den Korallenriffen führt. Sie kommen in den bizarrsten Formen vor, wie z.B. kugelartig, flächig, kelchförmig, baumartig, stachelig, geweihartig, fächerförmig oder peitschenartig. Man unterscheidet zwischen den Hart- und Weichkorallen.

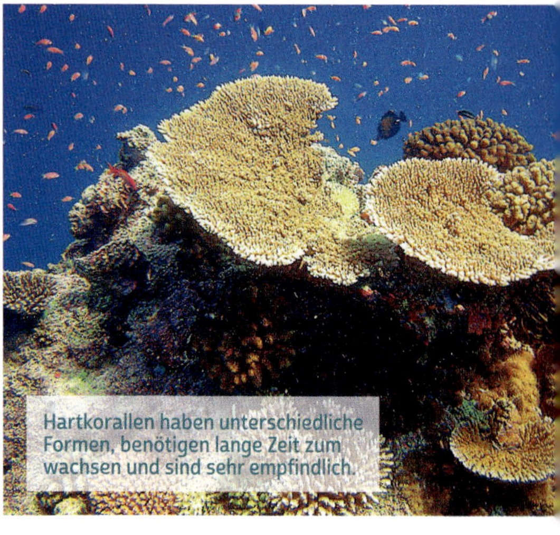

Hartkorallen haben unterschiedliche Formen, benötigen lange Zeit zum wachsen und sind sehr empfindlich.

Seefedern (Pennatularia), Peitschenkorallen (Juncella sp.) und Gorgonien (Supergorgia sp.) sind beispielsweise typische Vertreter der Weichkorallen. Ihre Korallenpolypen werden von einer hornigen, weichen Außenhaut überzogen, die einen schlanken, verzweigten und eher filigranen Aufbau ermöglicht. Dadurch sind sie sehr biegsam, können der Strömung recht gut nachgeben und brechen nicht so leicht ab. Sie leben bevorzugt in mäßig warmen und kalten Gewässern.

Die für die Entstehung eines Korallenriffs wohl wichtigsten Korallen sind die Hartkorallen, und hier sind besonders die Steinkorallen zu nennen. Die Formen- und Größenvielfalt der unterschiedlichen Steinkorallenkolonien deuten allein schon einige Namen an: Hirschhornkoralle, Hirnkoralle, Pilzkoralle. Ihre Baumeister, die Korallenpolypen, haben die Eigenschaft Kalk (Kalziumkarbonat, Aragonit Kristalle) zu bilden, das in dem sie umgebenden Meerwasser in Form von gelöstem Kalzium vorhanden ist. Wenn sich ein Korallenpolyp auf einem festen Untergrund ansiedelt, bildet er um sich herum eine Art becherförmiges Kalknest, in das er sich mit seinen weichen Tentakeln zum Schutz vor Räubern und Freßfeinden tagsüber zurück zieht. Nachts entfaltet er seinen Tentakelkranz und fängt damit winzig kleine vorbei strömende Nahrungspartikel, in erster Linie tierisches Plankton, ein. Daher findet man auch die meisten und prächtigsten Korallenstöcke zum offenen Meer hin. Sterben die Korallenpolypen ab, siedeln ihre Nachkommen auf den noch vorhandenen Skeletten und bilden neue Kalkzellen.

Auf diese Weise wächst und vergrößert sich das Kalkgebilde und es entsteht zuerst ein hartes Gestein, später ein Riff. Jede Art bevorzugt dabei ein für sie spezifisches Bau-Schema. So entstehen die charakteristischen Formen.

7.9 Die Photosynthese

Riffbildende Korallen müssen relativ schnell wachsen, und bedienen sich dazu eines Tricks. Viele Korallenpolypenarten leben in Symbiose (Zweckgemeinschaft) mit winzigen Grünalgen (Zooxanthellen). Diese gelb-braunen einzelligen Algen sind in den Korallenpolypen direkt eingelagert und unterstützen ihn mit Hilfe der Photosynthese. Bei der Photosynthese produzieren alle grünen Pflanzen mit Hilfe des Farbstoffes Chlorophyll organische Stoffe. Das heißt, aus Wasser und Kohlendioxid (CO2) entstehen mit Hilfe von Licht, Traubenzucker und Sauerstoff. Die Algen versorgen durch diesen wichtigen chemischen Prozess die Korallenpolypen mit den Assimilationsprodukten Aminosäuren und Traubenzucker und erhalten im Gegenzug von den Polypen Nitrate, Phosphate und Kohlendioxid. Durch die Kohlendioxid-Aufnahme aus dem Organismus des Polypen wird wiederum die Kalk-Abscheidung um ein Vielfaches beschleunigt (ca. das Zehnfache) und damit der Skelettaufbau.

Damit ist die Photosynthese einer der wichtigsten chemischen Prozesse überhaupt und Voraussetzung für die Entstehung der Korallenriffe. Ihre Grundlage und die allen Lebens ist die Sonnenenergie.

7.10 Das Korallenwachstum

Drei Faktoren sind für die Wachstumsgeschwindigkeit von Korallenriffen wichtig. Zum einen können sich Riffe nur dort entwickeln, wo das Wasser klar und lichtdurchlässig ist. Dies ist deshalb wichtig, damit überhaupt Photosynthese betrieben werden kann. In Tiefen von 50–60 m wird aber bereits das normale Tageslicht durch die Filterwirkung des Wassers so weit absorbiert, dass kaum mehr ein schnelles Korallen-

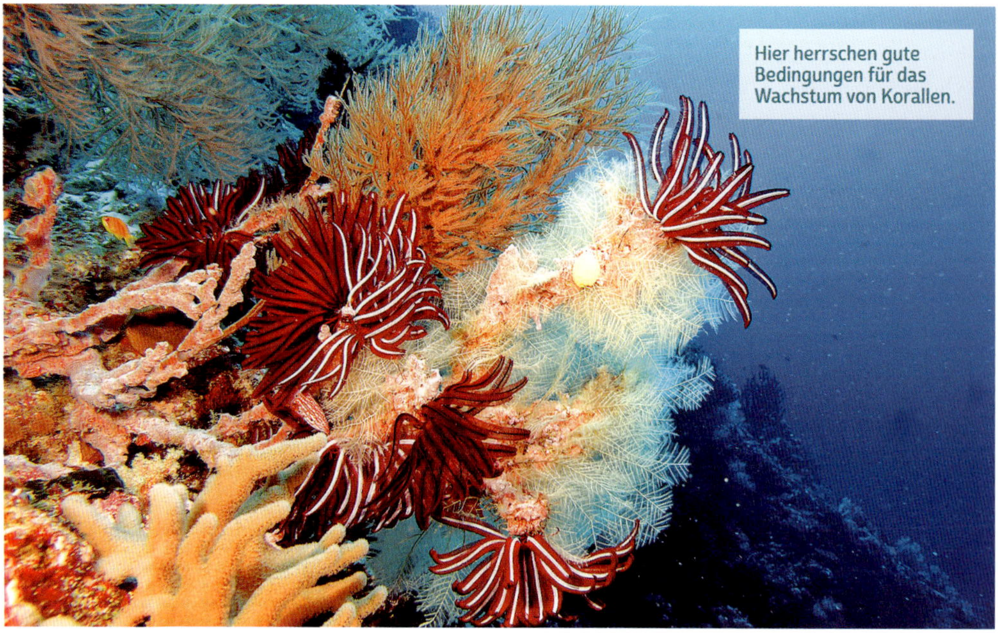

Hier herrschen gute Bedingungen für das Wachstum von Korallen.

wachstum möglich ist. Generell kann Licht sehr klares Wasser bis zu einer Tiefe von etwa 150 m durchdringen und selbst dort noch Photosynthese bewirken. Die vom Licht durchflutete Meereszone wird Oberflächen- oder Pelagialzone genannt. Dieser Bereich umfasst zwar nur ca. 2 % der Wassermenge aller Ozeane, ist aber wahrscheinlich der Lebensraum von 90 % ihrer lebenden Organismen.

Der zweite Faktor ist die Wassertemperatur. Korallen wachsen zwischen 20 °C und 30 °C. Unter 20 °C und über 30 °C kann kaum noch Kalk abgeschieden werden. Die besten Bedingungen für Korallen sind Temperaturen zwischen 27 °C und 30 °C. Das erklärt auch, warum riffbildende Korallen nur in tropischen Gewässern, genauer gesagt zwischen den Wendekreisen in den gemäßigten Zonen der Erde beidseits des Äquators, vorkommen.

Ein weiterer wichtiger Faktor ist nährstoffreiches Wasser. Zum wachsen brauchen die Korallenpolypen genügend planktonreiche Nahrung, die sie aus ihrer unmittelbaren Umgebung in Form von winzig kleine Nahrungspartikeln, in erster Linie tierisches Plankton, mit ihren Tentakeln heraus filtern.

7.11 Ein einzigartiger Lebensraum

Über Millionen von Jahren hinweg, genauer seit dem Erdaltertum, bilden Korallen den Grundstock des Lebens unter Wasser. Sie haben sich an das Leben in den verschiedenen Tiefen angepasst und sind über alle Ozeane verbreitet. Sie besitzen den gleichen Körperaufbau und haben sich aus derselben Grundform des Polypen entwickelt. Korallenpolypen können einzelstehende Individuen sein oder riesige Kolonien bilden, in denen die Einzeltiere durch Kalkzellen voneinander abgegrenzt, leben. Tausende von Korallenpolypen bilden einen Korallenstock, der wiederum Lebensraum für viele andere Lebewesen ist.

Ineinander wuchernde Korallenstöcke sind beispielsweise ideale Schlupfwinkel für die unzähligen Korallenfische. Nicht alle Korallen enthalten Algen, nur die schnellwachsenden und damit riffbildenden. Alle derzeit bekannten Rifftypen entstehen aus zwei Wachstumsrichtungen: entweder wachsen Korallenriffe vom Ufer seewärts oder vom Grund bis nahe der Oberfläche. Auch Inseln sind aus Riffen entstanden, und nur das flache Korallenriff rundherum schützt sie vor dem Ansturm von Wellen und Strömungen.

Korallen besitzen keinen Schutz vor ihren Feinden. Der negative Einfluss des Menschen durch Meeresverschmutzung, Verklappung giftiger Abfälle, Ausbeutung der Meere durch Fangflotten, Nutzung der Küstenregionen zu Freizeitaktivitäten etc., führt zur weltweiten Zerstörung einzigartiger Lebensräume und Lebensgemeinschaften. Neben dem Menschen haben die Korallen aber auch noch andere Feinde. Die Dornenkrone (Acanthaster planci) beispielsweise, eine Seesternart die bis zu 60 cm groß werden kann, ernährt sich von Korallenpolypen und kann ganze Korallenfelder zerstören. Ein anderer spezialisierter Räuber ist der Papageienfisch (Scarus), der die Polypen aus den Korallenstöcken herauspicken kann.

Mit seinem schnabelartigen Gebiss schabt er hörbar die Korallen ab, zerbeißt die Korallenstücke und zermahlt sie zu einem Brei. Das beim Abzupfen der Polypen aufgenommene Kalksubstrat wird verdaut und als Sandwolke ausgeschieden. Der tropische Strand, auf dem wir gerne unsere Badetücher ausbreiten, besteht demnach also nicht nur aus feingemahlenem Gestein, Korallen- und Muschelteilchen, sondern wird zu einem Großteil von Papageienfischen produziert.

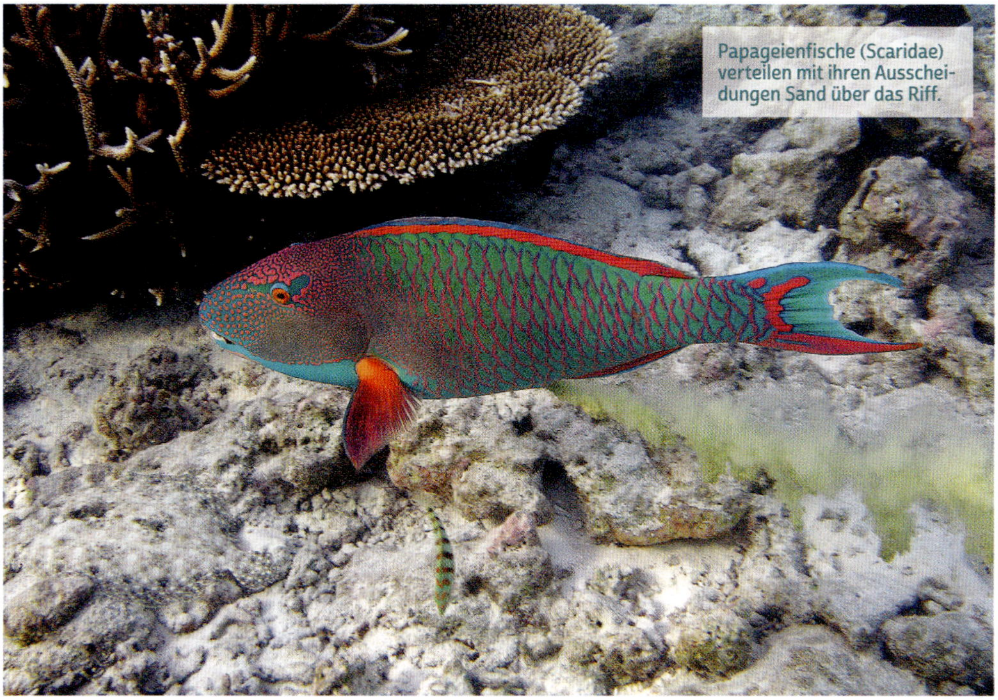

Papageienfische (Scaridae) verteilen mit ihren Ausscheidungen Sand über das Riff.

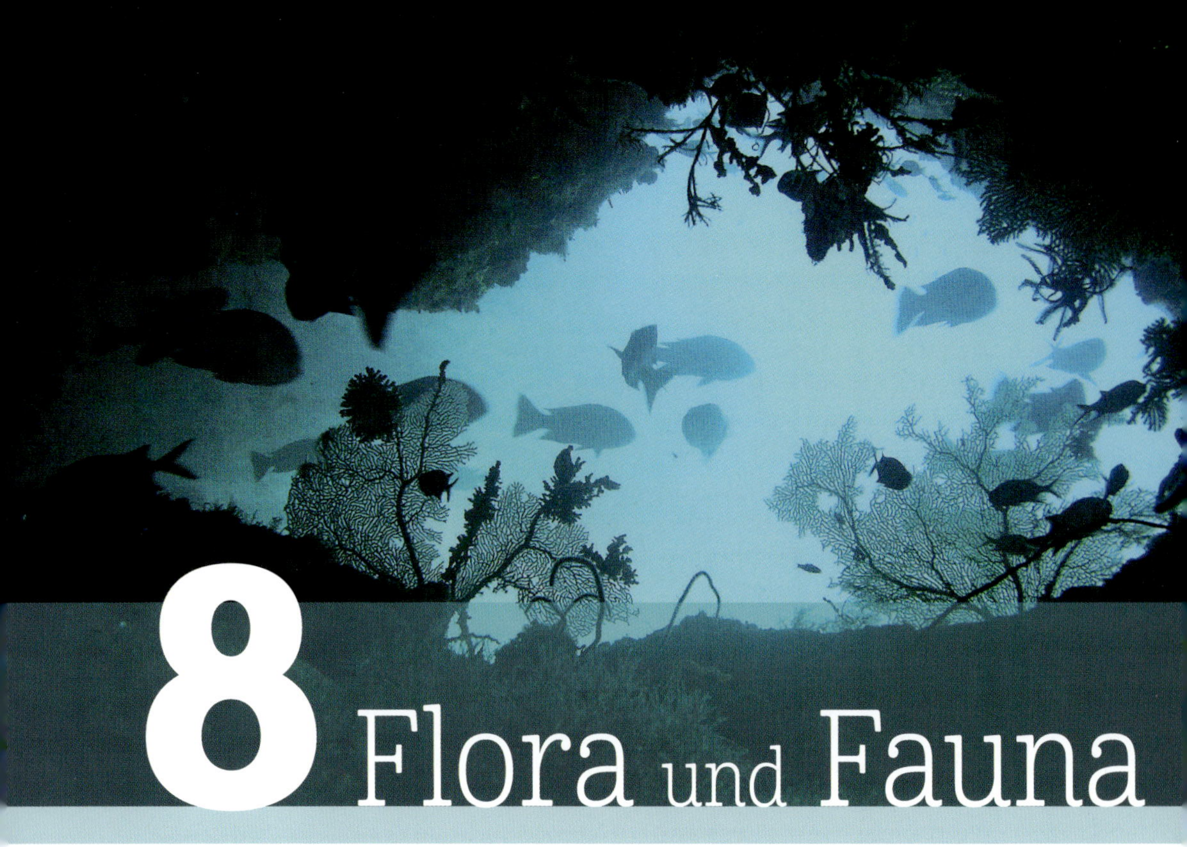

8 Flora und Fauna

8.1 Lebensraum Riff

Korallenriffe bieten Lebensraum für viele Lebewesen und sind die Grundlage für den ungeheuren Artenreichtum unter Wasser. Ihre Besiedlung kann sehr unterschiedlich sein. Sie wird u.a. beeinflusst durch Standort, Riffgröße, Brandung, Strömung, Planktonangebot und Algenbewuchs. Jeder Bereich eines Korallenriffs hat seine charakteristischen Merkmale und Funktionen. Er ist Lebensraum für ganz bestimmte Tier- und Pflanzenarten, spezialisierte Bewohner, die sich diesen Lebensbedingungen angepasst haben. An einem Außenriff beispielsweise leben ganz andere Arten als im flachen Uferbereich, und an der Riffkante tummeln sich größtenteils andere Fische als über Sand- und Geröllgrund. Jede heute existierende Art hat sich im Laufe der Entwicklung ihre ganz eigene ökologische Nische erobert. Ein Riff ist ein einzigartiger Lebensraum und kein Riff ist wie das andere.

Ein Korallenriff unterliegt dem Tag / Nacht-Rhythmus. Manche Tierarten sind tagaktive, andere kommen erst nachts heraus. Ein Riffbereich am Tag und bei Nacht betrachtet unterscheidet sich komplett. Es sind zwei völlig verschiedene

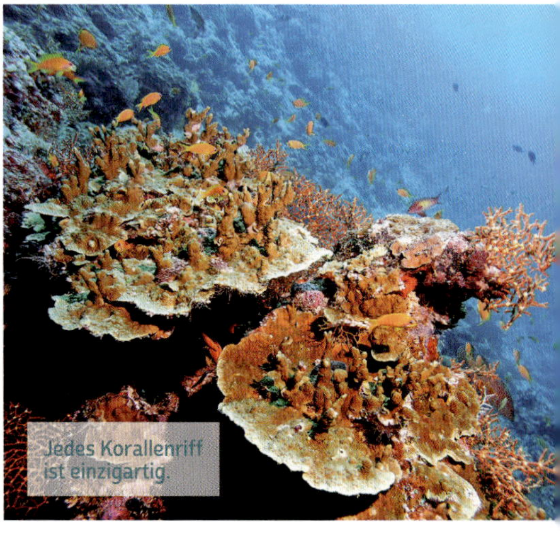

Jedes Korallenriff ist einzigartig.

Welten. Am Tag tummeln sich Schwärme von bunten Fischen am Riff, doch nachts sind sie nicht zu sehen. Dann verstecken sie sich beispielsweise in ineinander wuchernde Korallenstöcke vor ihren Fressfeinden. Dafür kann man nachts Krebse, Langusten und Muränen bei ihrer Nahrungssuche beobachten. Aber auch Jahreszeiten, Strömungen, Wetter und das Planktonangebot haben Einfluss auf das einzigartige Ökosystem Riff. So finden sich beispielsweise zu bestimmten Jahreszeiten, an gewissen Riffen, wenn die Strömung genügend Plankton heranträgt, die Giganten der Meere ein: Mantas und Walhaie. Als Planktonfresser folgen sie den Strömungen und dem Futterangebot. Aber auch die ortsgebundenen Korallen filtern mit ihren Tentakeln das dargebotene Plankton aus der Strömung. Somit hängt die Dichte der Organismen in einem Korallenriff immer auch vom dargebotenen Nahrungsangebot ab.

8.2 Leben im Ozean

Bereits in flachen Gewässern und im Uferbereich, nah am Strand, sieht man neben Krebsen auch Barben, Äschen und Grundeln. In der angrenzenden Lagune patrouillieren Doktorfische, Hornhechte und Drückerfische. Auf Sand- und Geröllgrund und in Seegraswiesen kann man Rochen, Schmetterlingsfische, Papageienfische und Falterfische sehen. Am Riffrand selbst tummeln sich Schnapper, Wimpelfische, Kaiserfische, Süßlippen, Langusten, Nashornfische und Kugelfische. Im Bereich des Außenriffs sind größere Fischarten zu beobachten, wie z.B. Makrelen, Bonitos, Thunfische, Speerfische und Barrakudas. Und das Tiefwasser ist der Lebensraum für Mantas, Haie und Lippfische.

Ein Streifzug durch Riff und Lagune zeigt uns die nahezu unvorstellbare Farbenpracht der Koral-

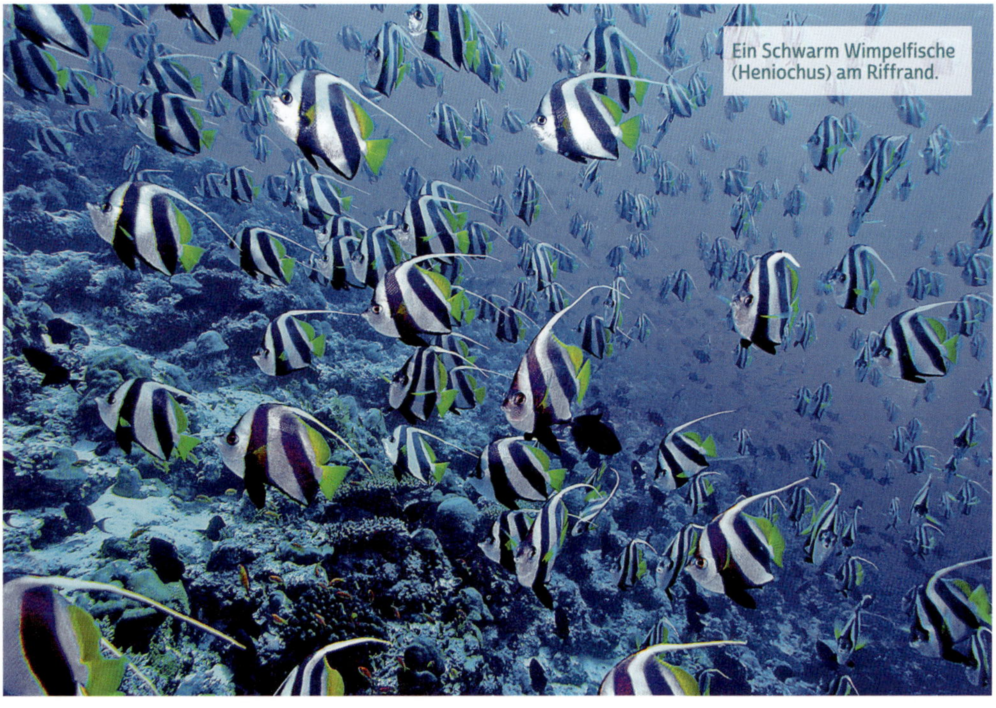

Ein Schwarm Wimpelfische (Heniochus) am Riffrand.

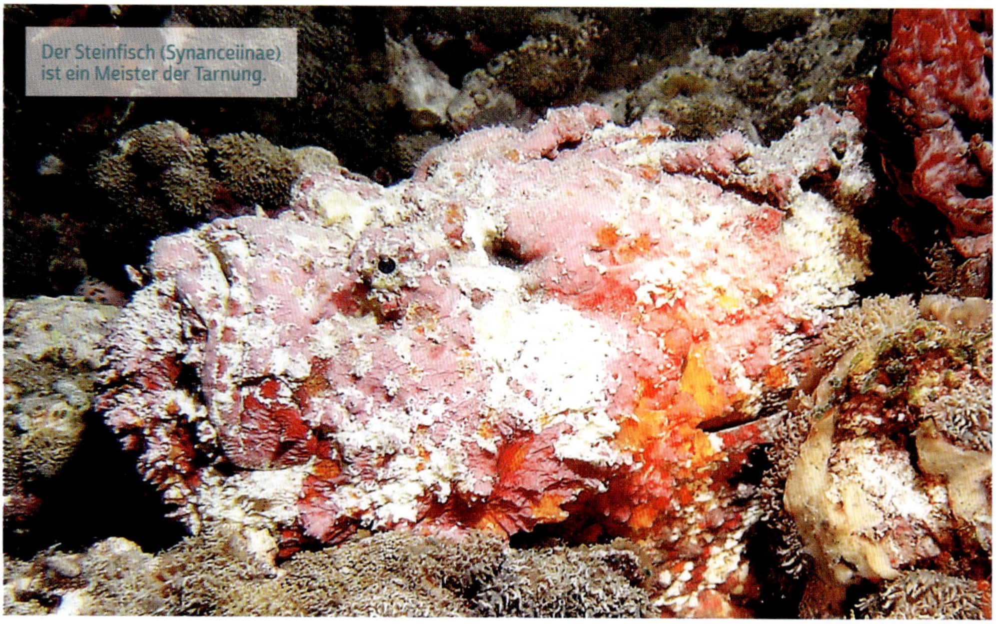

Der Steinfisch (Synanceiinae) ist ein Meister der Tarnung.

lenfische und Formenvielfalt der Korallen. Alle sind Spezialisten und haben sich ihren Platz im maritimen Lebensraum im Laufe der Jahrmillionen erstritten. Im Kampf ums Überleben gibt es verschiedene Strategien. Tarnung und Warnung sind zwei davon. Grelle Farben beispielsweise warnen und sollen zeigen, dass man ungenießbar ist, oder dass eine Berührung sehr schmerzhaft sein kann. Anders sieht es bei der Tarnung aus. Hier gibt es wahre Meister, die sich nicht mit herkömmlicher Tarnung abgeben, sondern die Königsklasse praktizieren, die Mimese.

8.3 Die Mimese

Als Mimese bezeichnet man die Fähigkeit eines Tieres, seine Umgebung in Form und Färbung nachzuahmen. Typische Vertreter dieser Gruppe sind aus der Familie der Skorpionfische (Scorpaenidae) beispielsweise Steinfische, Drachenköpfe oder Teufelsfische. Allen diesen Tarnkünstler ist gemein, dass ihre Hautoberfläche den Untergrund auf dem sie sich befinden in Färbung, Zeichnung und Unebenheiten - wie Chamäleons - imitiert. Bei manchen bedecken unzählige Hautanhängsel den Körper, welche gerade noch erkennbare Umrisse nahezu komplett verschwinden lassen, und die Tarnung damit perfekt machen. Schaukelfische (Taenianotus triacanthus) ahmen sogar das Hin- und Herschaukeln eines welken Blattes nach. Kraken sind ebenfalls Meister der Mimese. Sie können zusätzlich noch ihre relativ glatte Hautoberfläche in Sekundenschnelle aktiv so verformen, dass ihr Körper wie mit stacheligen Noppen besetzt aussieht. So ahmen sie eine Koralle nach.

Die Mimese dient nicht nur der Jagd nach Beute, sondern auch dazu, sich vor Fressfeinden zu schützen. Teilweise im Sand und Schlamm oder unter Seegras vergraben, wird stundenlang bewegungslos darauf gewartet, dass sich ein unaufmerksames Beutetier, z.B. ein kleiner Fisch oder Krebs, bis auf Reichweite nähert. Dieser wird dann in Sekundenbruchteilen attackiert.

Da sich alle Tarnkünstler auf ihre Tarnung verlassen, haben sie eine sehr geringe Fluchtdistanz, und sind daher für den Menschen nicht ungefährlich. Denn nur geübte Augen können sie entdecken und so ungewollte Berührungen vermeiden.

8.4 Das Riff und seine unliebsamen Bewohner

Schwimmer und Schnorchler machen manchmal unliebsame Bekanntschaften. Viele Tiere und Korallen sehen eher unscheinbar aus, doch der Schein kann trügen. Der gewollte oder ungewollte Kontakt mit ihnen kann unter Umständen zu unschönen Momenten führen. Aus diesem Grund soll an dieser Stelle der Versuch unternommen werden, die unliebsamsten Bewohner kurz vorzustellen.

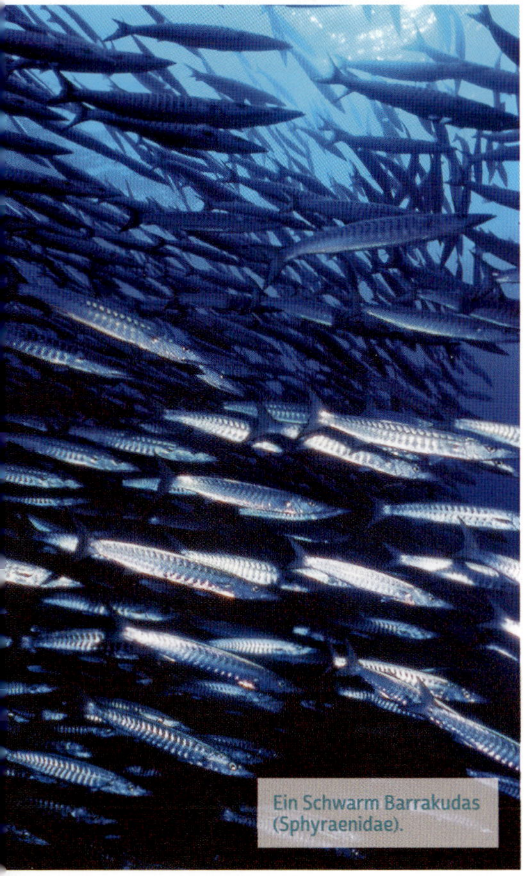

Ein Schwarm Barrakudas (Sphyraenidae).

Der nachfolgende biologische Überblick soll nicht den Eindruck erwecken, dass es nur so von gefährlichen Lebewesen unter Wasser wimmelt. Das wäre falsch! Denn geradezu unvorstellbar ist die Artenvielfalt und Farbenpracht im einzigartigen Lebensraum Meer. Wer mehr über Fische, Korallen und andere niedere Tiere wissen möchte, sollte entsprechende ausführliche Bestimmungsbücher zu Rate ziehen.

Barrakudas (Sphyraenidae)

Die meisten Arten wie beispielsweise der Gelbschwanz-Barrakuda (Sphyranea flavicauda) sind eher klein und jagen im Verband nach schwarmbildenden kleinen Fischen, wie Heringen und Sardinen. Größere Arten wie der Großer Barrakuda (Sphyraena barrakuda) werden bis zu 2 m lang. Barrakudas sind sehr schnelle Raubfische, die als erwachsene Tiere meist Einzelgänger sind. Sie sind revierständig, neugierig und reagieren auf glitzernde Objekte. Angriffe sind wahrscheinlich auf optische Täuschungen zurückzuführen. Ihre Zähne reißen Wunden, die nur schwer behandelt werden können und schnell infizieren. Da sie am Ende der Nahrungskette stehen, kann es beim Verzehr von größeren Exemplaren zu Ciguatera-Vergiftungen kommen.

Doktorfische (Acanthuridae)

Es gibt viele verschiedene Arten von Doktorfischen, die sich in Färbung, Form und Größe unterscheiden. Sie streifen allein oder in großen Schwärmen über das Riff und ernähren sich von

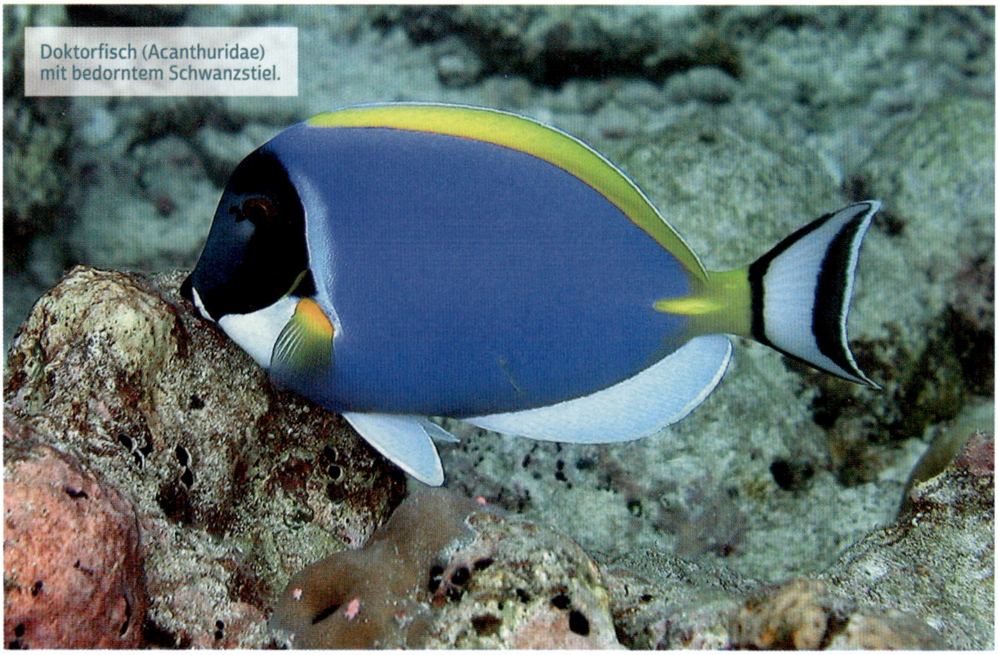

Doktorfisch (Acanthuridae) mit bedorntem Schwanzstiel.

Algen. Im freien Wasser beispielsweise kann man in kleinen Gruppen Kurznasen- (Naso unicornis) und Langnasendoktorfische (Naso brevirostris) antreffen, die an einem kräftigen Horn zu erkennen sind, das von ihrer Stirn vorsteht. Alle Doktorfische zeichnen sich durch mindestens zwei bedornte, skalpellartig abstehende Knochenfortsätze auf jeder Seite des Schwanzstiels aus. Sie dienen der Verteidigung und werden bei Rivalitätskämpfen eingesetzt. Angefütterte Tiere verlieren ihre natürliche Scheu und kommen sehr nahe. Wenn man sich dadurch bedrängt bzw. attackiert fühlt, und versucht die Tiere mit den Händen abzuwehren, können die Skalpelle tiefe, schmerzhafte Wunden verursachen.

Drachenköpfe (Scorpaeninae)

Der Drachenkopf gehört zu der Familie der Skorpionfische (Scorpaenidae), und zeichnet sich durch hervorragende Tarnung (Mimese) aus. Sie sind mit ihrer Körperform und Färbung der Umgebung nahezu perfekt angepasst, selbst fransenartige Hautfortsätze am Kopf lassen ihre Umrisse nahezu komplett verschwinden. Teilweise in Sand, Schlamm oder Seegras eingegraben, oder auch zwischen Korallen sitzend, werden sie oft mit einem kleinen Erd- oder Schuttwall verwechselt. Sie werden bis zu 35 cm groß, warten stundenlang, bewegungslos am Boden liegend, bis ein Beutetier sich ihnen bis auf Reichweite nähert, welches dann in Sekundenbruchteilen in das große Maul eingesaugt wird. Die vorderen Strahlen der Rückenflossen sind mit Giftdrüsen verbundenen. Das Gift verursacht beim Menschen starke Schmerzen, kann aber auch zu Muskellähmungen, Schock, Atemnot bis hin zum Tod führen. Vorsicht ist geboten, denn selbst nach einer beträchtlichen Zeit außerhalb des Wassers, kann der Fisch noch einen tödlichen Stich zufügen. Der Normale Drachenkopf (Scorpaenopsis oxycephalus) wird oft mit dem Steinfisch verwechselt.

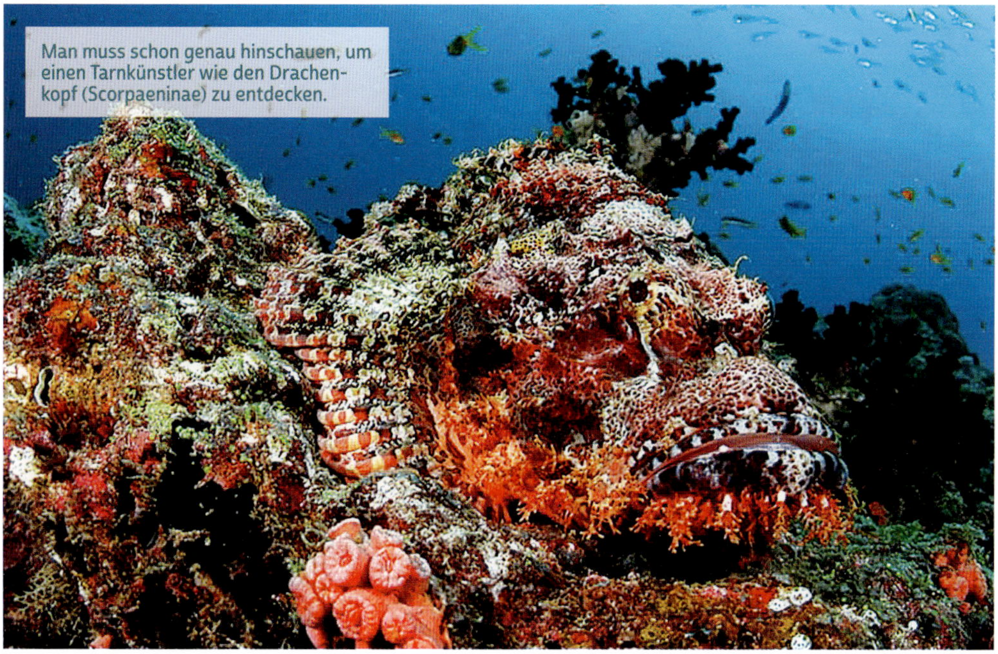

Man muss schon genau hinschauen, um einen Tarnkünstler wie den Drachenkopf (Scorpaeninae) zu entdecken.

Drückerfische (Balistidae)

Der größte Vertreter dieser Art ist der Riesendrücker (Balistoides viridescens), auch Titan-Drücker genannt, mit einer Länge von bis zu 70 cm. Mit seinen kräftigen Zähnen nagt er Algen und Röhrenwürmer von Hartkorallen ab, aber auch Seeigel, Muscheln und Schnecken gehören zu seiner Nahrung. Der Fisch behält sein Revier stets mit äußerster Aufmerksamkeit im Auge. Während der Brutzeit sind größere Drückerfischarten aggressiv und greifen sogar Schwimmer, Schnorchler und Taucher an, die sich ihrem Nest nähern. Es ist ratsam, die Warnzeichen dieser Fische zu kennen und zu beachten. Der Drücker schwimmt regelrechte Scheinangriffe, wobei er in dieser Phase seine Rückenflosse hoch aufstellt, und mit relativ großer Geschwindigkeit auf den vermeintlichen Gegner zuschwimmt. Erst kurz vorher dreht er ab. Wer daraufhin nicht sofort sein Revier verlässt, wird bei einem der nächsten Angriffe mit voller Wucht gerammt und gebissen. Bisse in Beine, Flossen oder Kniekehlen sind nicht selten.

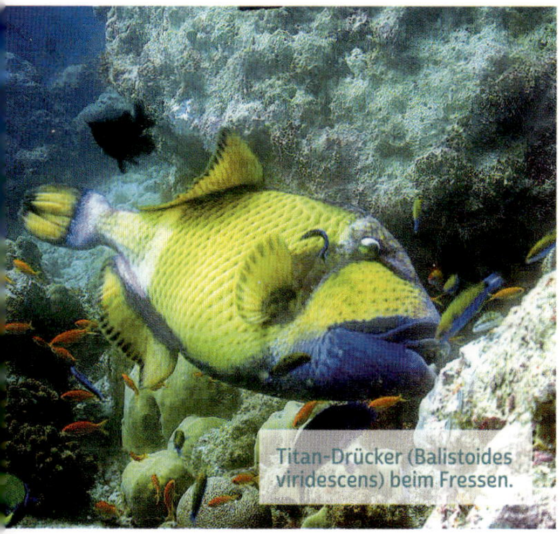

Titan-Drücker (Balistoides viridescens) beim Fressen.

Feuerkorallen (Milleporidae)

Feuerkorallen wachsen fächerförmig bzw. geweihartig, und haben eine beige bis bräunliche

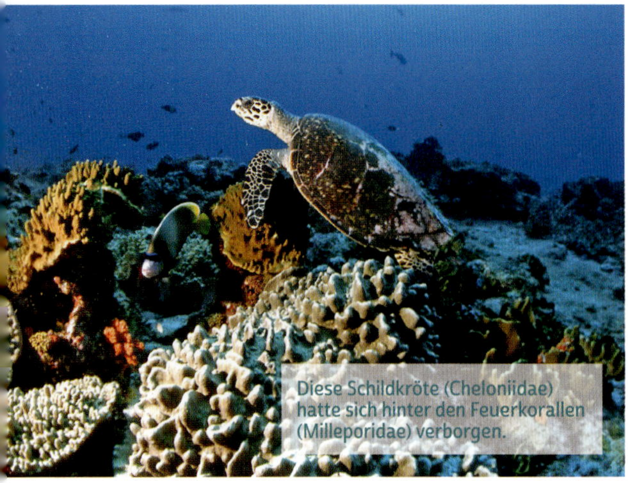

Diese Schildkröte (Cheloniidae) hatte sich hinter den Feuerkorallen (Milleporidae) verborgen.

Färbung mit weißen verdickten Spitzen. Sie stehen meist quer zur Hauptströmung und kommen überwiegend in Tiefen von 2 m bis 20 m vor. Feuerkorallen sind stark nesselnd und verursachen bei Berührung schmerzhafte Verbrennungen, die Quaddel-Bildung zur Folge haben.

Haie (Elasmobranchii)

Haie zählen, wie die Rochen, zu den Knorpelfischen und besitzen keine Schwimmblase. Die Schwimmfähigkeit der verschiedenen Haie ist sehr unterschiedlich, doch einige von ihnen gehören zu den schnellsten Bewohnern der Meere. Haie haben einen extrem feinen Geruchssinn - sie können ein Teil Blut unter 100 Millionen Teilen Wasser wahrnehmen. Sie können ebenso geringste Wasserbewegungen oder Erschütterungen wahrnehmen und selbst schwache, durch Muskelbewegungen verursachte elektrische Ströme, ermöglichen es ihnen, Beute zu lokalisieren.

Am Riff begegnet man den so genannten Riffhaien. Zu ihnen zählen der Schwarzspitzen-Riffhai (Carcharhinus melanopterus) und der Weißspitzen-Riffhai (Triaenodon obesus). Diese Haie sind eher schmal, werden bis zu 1,50 m lang, sind territoriale Tiere, und kommen häufig im Flachwasser oder in den Lagunen vor. Sie können aktiv atmen, liegen gern auf Sandgrund, bevorzugt

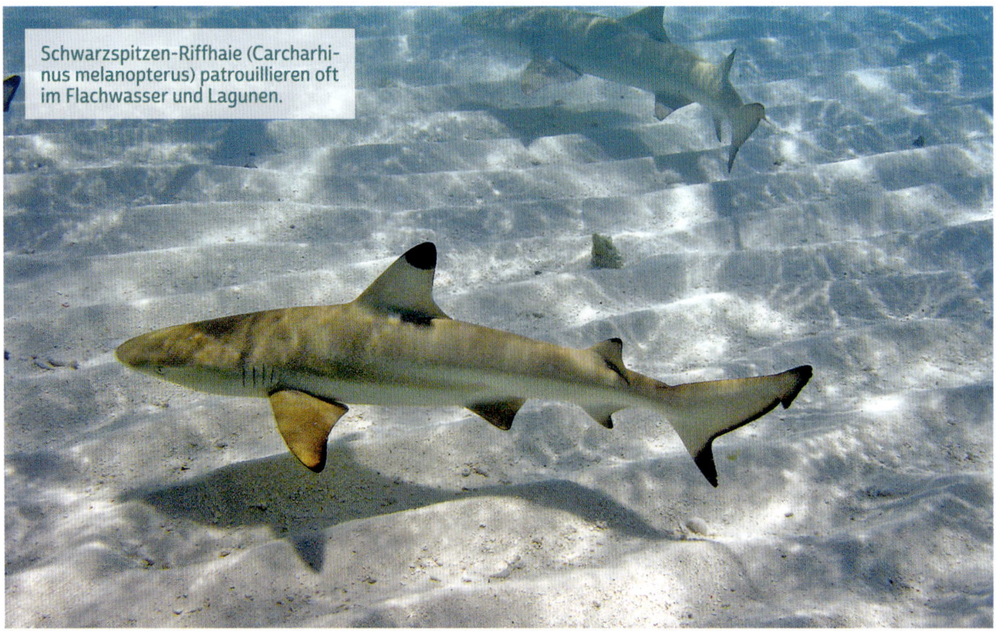

Schwarzspitzen-Riffhaie (Carcharhinus melanopterus) patrouillieren oft im Flachwasser und Lagunen.

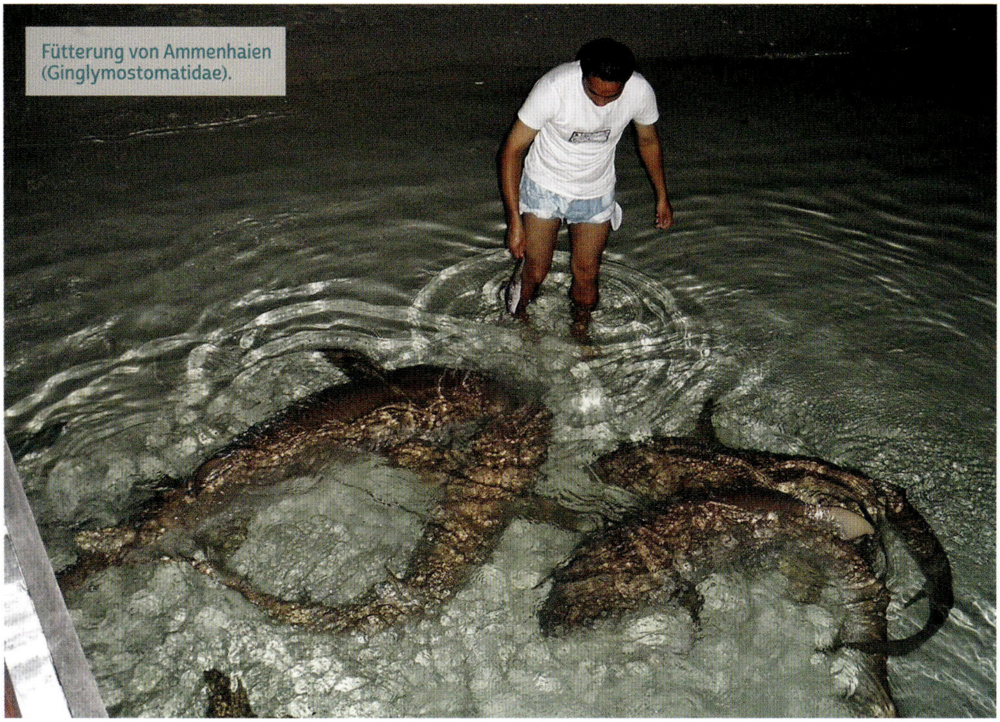

Fütterung von Ammenhaien (Ginglymostomatidae).

in Höhlen und unter Überhängen. In der Dämmerung und nachts suchen sie in Spalten nach schlafenden Fischen.

Vor dem Riff patrouilliert der Graue Riffhai (Carcharhinus amblyrhynchos) und hält Ausschau nach Makrelen und Schnappern. Er ist ein Hai des freien Wassers, der aber die Riffnähe liebt. Sein Körper ist eher gedrungen und ist ca. drei- bis viermal so lang wie an der dicksten Stelle dick.

Hochseehaie kommen nur zufällig in Küstennähe. Zu ihnen zählen beispielsweise: Weißer Hai (Carcharadon carcharias), Blauhai (Prionace glauca), Hammerhai (Sphyrinidae), Mako-Hai (Isurus oxyrinchus), Ozeanischer Weißspitzenhai (Carcharhinus longimanus), Silberspitzenhai (Carcharhinus albimarginatus) und Tigerhai (Galeocerdo cuvieri).

Ammenhaie (Ginglymostomatidae) können bis zu 3 m lang werden und haben einen langen, flachen Schwanz. Sie halten sich bevorzugt in Höhlen bzw. auf Sandflächen auf und bewegen sich gemächlich fort. Ammenhaie ernähren sich u.a. von Schalentieren, die sie über ihr staubsaugerähnliches Maul einsaugen. In die Enge getriebene oder provozierte Ammenhaie können sich wie Doggen verbeißen.

Der Walhai (Rhincodon typus) ist mit seinen bis zu 14 m Länge ein Gigant des Meeres. Der friedliche Riese ernährt sich von Plankton und ist nicht selten an Riffen anzutreffen.

Haie treten im Meer in den verschiedensten Formen auf. Die Tiere zeigen oft ein territoriales Verhalten und patrouillieren in ihrem Revier entlang der Riffe. Sie attackieren unter Um-

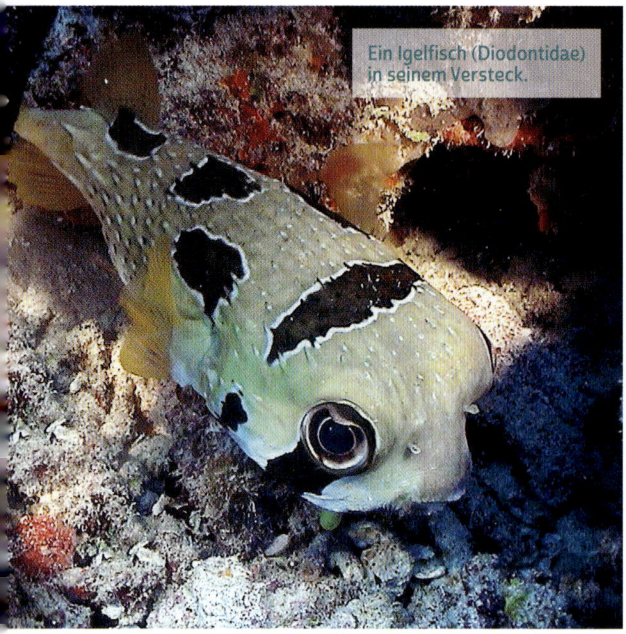

Ein Igelfisch (Diodontidae) in seinem Versteck.

ständen einen Eindringling, Menschen genauso wie andere Fische. Angefütterte Tiere verlieren ihre natürliche Scheu, kommen sehr nahe und schnappen nach allem was nach Futter riecht oder aussieht. Obwohl Haie dem Menschen gefährlich werden können, meiden sie - vor allem die kleineren Arten - ihn, und weichen meist großräumig aus.

Igelfische (Diodontidae)

Igelfische können sich bei Gefahr, und um Feinde abzuschrecken, wie ein Luftballon mit Wasser aufblasen. Im Vergleich zum Kugelfisch spreizt der Igelfisch dabei zusätzlich noch Stacheln ab, die nicht giftig sind, und im Normalzustand eng an Kopf und Körper anliegen. Jeder größere Fisch, der einen Igelfisch verschluckt, würde daran unweigerlich verenden.

Igelfische können mit ihren kräftig gebauten, schnabelartigen Kiefern mühelos eine Fingerkuppe, oder gar den Fingerknochen durchzubeißen, sind aber in ihrer natürlichen Umgebung völlig ungefährlich.

Kaninchenfische (Siganidae)

Kaninchenfische sind meist scheu, leben paarweise oder in Gruppen und sind sehr gefräßig. Die tagaktiven Tiere weiden den Bewuchs von festem Untergrund ab. Ihre Nahrung besteht aus Algen, Seegras, Manteltieren und Schwämmen. Ihre Bauch-, After- und Rückenflossen sind mit giftigen Stacheln ausgerüstet, die sehr schmerzhafte Wunden verursachen können. Die Verletzungen sind aber nicht gefährlich und die harmlosen Fische setzen ihre Waffen nur zur Verteidigung ein.

Kegelschnecken (Conidae)

Kegelschnecken sind wegen der schönen Gehäuseformen und -farben bei Sammlern sehr beliebt. Sie werden bis zu 12 cm groß und besitzen ein längliches, kegelförmiges Gehäuse mit einem spiralförmigen Abschluss. Zu finden sind sie in

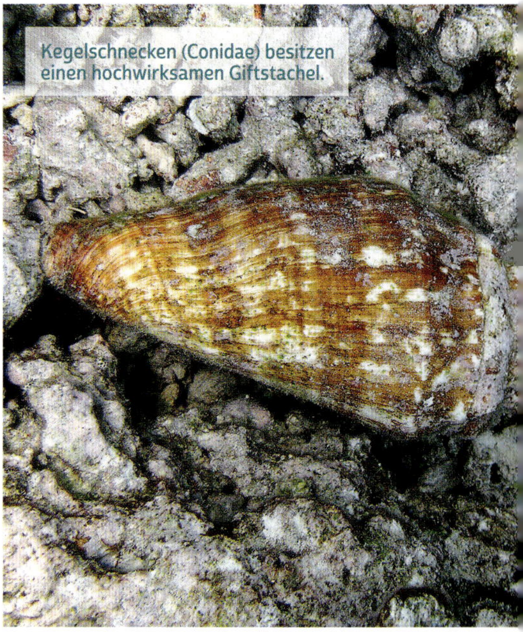

Kegelschnecken (Conidae) besitzen einen hochwirksamen Giftstachel.

wärmeren Gewässern unter Steinen, in Löchern und Riffspalten. Kegelschnecken besitzen einen langen, fleischigen Rüssel, der bei Bedrohung weit über den Schalenrand vorgestreckt werden kann. Normalerweise gebraucht das Tier diesen Giftstachel um seine Beute zu lähmen. Der Stich einer Schnecke kann beim Menschen Lähmungen verursachen oder sogar zum Tod führen. Die gefährlichsten Arten sind Conus aulicus, geographus, marmoreus, striatus, textile und tulipa.

Kraken (Octopodidae)

Kraken sind in der Lage, sich nicht nur in Körperform und Oberfläche, sondern auch wie Chamäleons in Sekundenschnelle farblich dem Untergrund anzupassen (Mimese). Sie sind Weichtiere (Mollusken), zählen zu der Gruppe der achtarmigen Kopffüßer, und werden auch Tintenfisch (Oktopus) genannt. Kalmare (Lologinidae) und Sepien (Sepiidae) sind Vertreter der zehnarmigen Kopffüßer. Bei Flucht machen die Tiere von ihrem Tintenbeutel Gebrauch, und stoßen eine Wolke eines dunklen, Melanin haltigen Sekrets aus. Sie sind nachtaktiv, und bewohnen tagsüber kleine Nischen und Höhlen. Kraken sind teilweise neugierig und verlieren ihre Scheu. Sie besitzen ein schnabelartiges Gebiss und können kräftig zubeißen. In Australien gibt es den Blauring-Oktopus (Hapalochlaena). Er wird nur etwa 12 cm groß und hat ein auffälliges Muster mit neon-blauen Ringen und Flecken. Sein Biss injiziert ein Gift, das einen Menschen innerhalb von 2 Stunden töten kann.

Kugelfische (Tetraodontidae)

Kugelfische können sich wie ein Luftballon mit Wasser aufblasen und ihr Körpervolumen in kürzester Zeit um ein Vielfaches vergrößern. Dieser Schutzmechanismus soll Angreifer abschrecken. Kugelfische können mit ihren kräftig gebauten schnabelartigen Kiefern mühelos eine Fingerkuppe oder gar den Fingerknochen durchbeißen, sind aber in ihrer natürlichen Umgebung völlig ungefährlich.

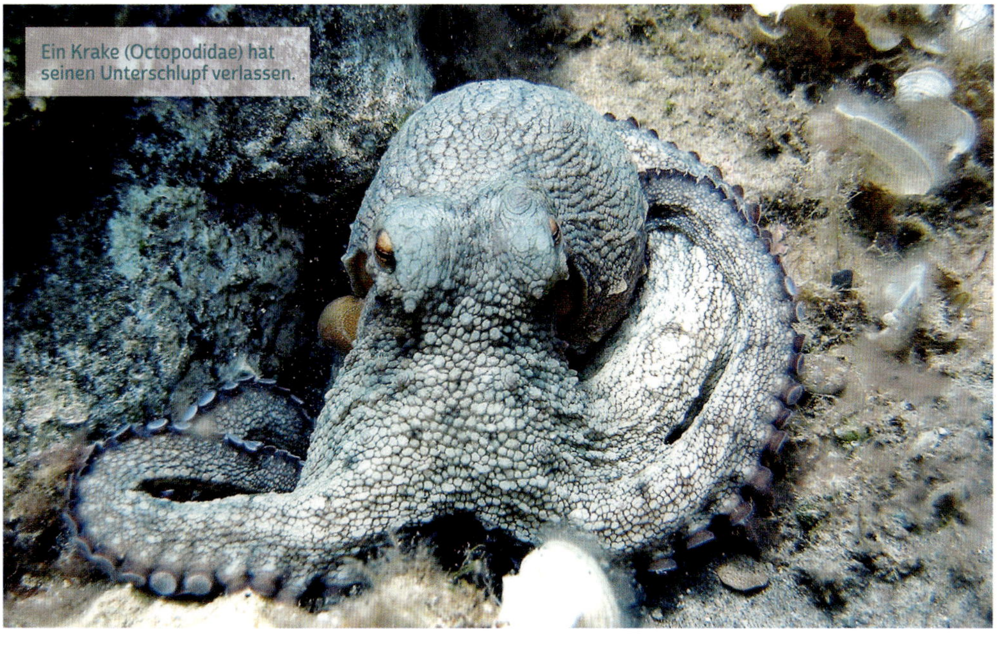

Ein Krake (Octopodidae) hat seinen Unterschlupf verlassen.

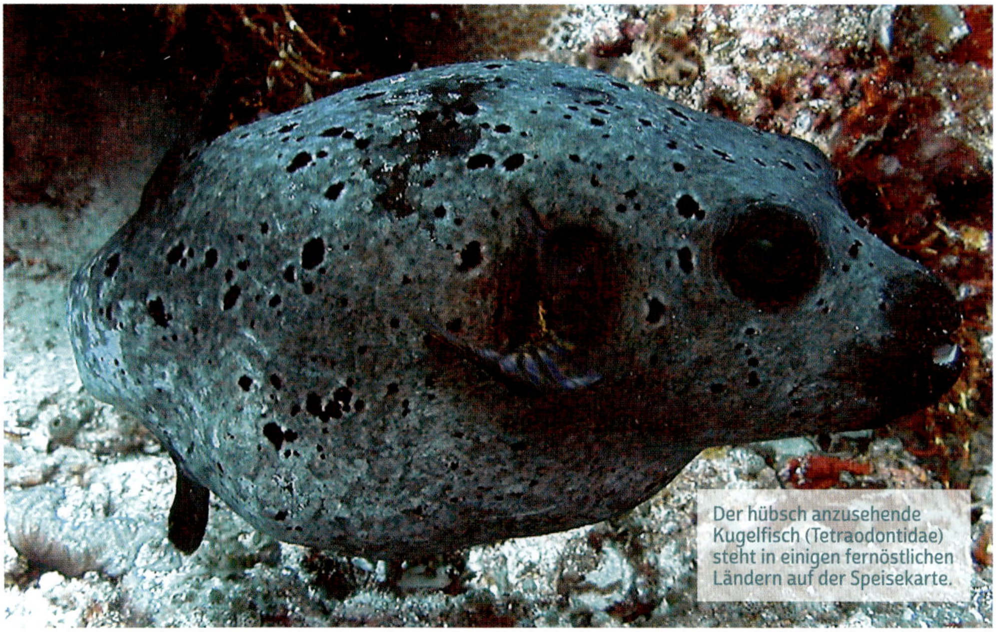

Der hübsch anzusehende Kugelfisch (Tetraodontidae) steht in einigen fernöstlichen Ländern auf der Speisekarte.

Kugelfische stehen in fernöstlichen Restaurants auf der Speisekarte und sind dort eine gefährliche Delikatesse. Ein Teil der Eingeweide, Geschlechtsorgane und die Haut dieser Fische ist extrem giftig (Tetrodontoxin). Daher sollten sie unbedingt nur von speziell ausgebildeten Fugu-Köchen zubereitet werden, denn bei falscher Zubereitung führen die meisten Vergiftungen in kürzester Zeit zum Tod.

Lippfische (Labridae)

Zu den Lippfischen zählt der Napoleonfisch (Cheilinus undulatus), der bis zu 2,30 m groß werden kann. Als Jungfisch ist der Höcker auf seiner Stirn noch nicht ausgeprägt, der bildet sich erst mit zunehmendem Alter. Normalerweise stehen auf seinem Speisezettel Schnecken, Tintenfische, Seeigel und Krebse, doch um ihn anzulocken, wird er auch gern einmal mit gekochten Eiern gefüttert. Angefütterte Napoleonfische verändern ihr Verhalten und können sehr aufdringlich sein. Bei Fütterungen können Verletzungen auftreten.

Muränen (Muraenidae)

Es gibt viele verschiedene Arten von Muränen, die sich vor allem in Färbung, Körperproportio-

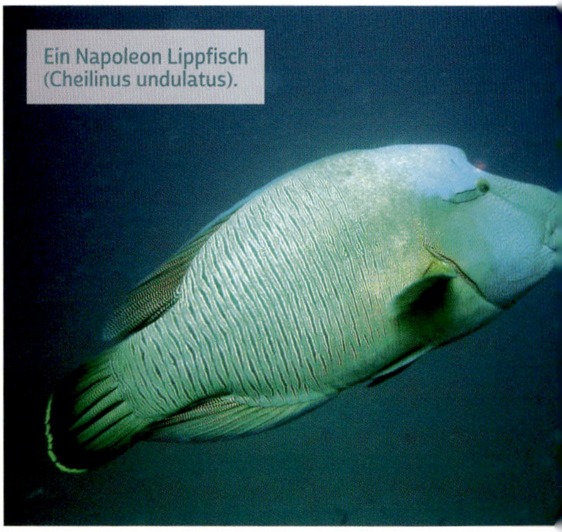

Ein Napoleon Lippfisch (Cheilinus undulatus).

nen und Größe unterscheiden. Sie gehören zur Ordnung der Aale. Die größte Vertreterin dieser Art ist die Riesen Muräne (Gymnothoras javanicus), mit einer Länge von bis zu 2,40 m. Muränen öffnen und schließen ständig ihr Maul, was sie bedrohlich aussehen lässt. Diese Atembewegung dient aber lediglich der Sauerstoffversorgung, pumpt Wasser durch die Kiemen und wird oft fälschlicherweise als Drohgebärde gedeutet. Muränen sind nachtaktiv und ortsgebunden. Sie leben in Nischen, Löchern, Spalten und Höhlen, die sie tagsüber recht selten verlassen. Oft schaut nur ihr Kopf heraus. Muränen sehen sehr schlecht, besitzen dafür aber einen vortrefflichen Geruchssinns. Mit Beginn der Dämmerung stellen sie ihren bevorzugten Beutetieren, kleinen Fischen und Kraken, nach. Zu Unrecht werden sie als aggressiv bezeichnet. Nur wenige Arten, wie z.B. die Tiger-Muräne (Uropterygius tigrinus) oder die Viper-Muräne (Enchelynassa canina), sind etwas angriffslustiger, wenn sie sich zu sehr in die Enge getrieben fühlen. Ihr Biss ist nicht giftig, kann aber schlecht heilende Wunden verursachen. Angefütterte Tiere verlieren ihre natürliche Scheu, kommen sehr nahe und schnappen dann nach allem, was nach Futter riecht oder aussieht.

Papageienfische (Scaridae)

Es gibt viele verschiedene Arten von Papageienfischen, die sich in Färbung, Muster und Größe unterscheiden. Alle besitzen aber ein starkes, schnabelartiges Gebiss, mit dem sie Algen und Polypen aus den Korallenstöcken herauspicken. Sie schaben hörbar die Korallen ab und scheiden das beim Abzupfen aufgenommene Kalksubstrat

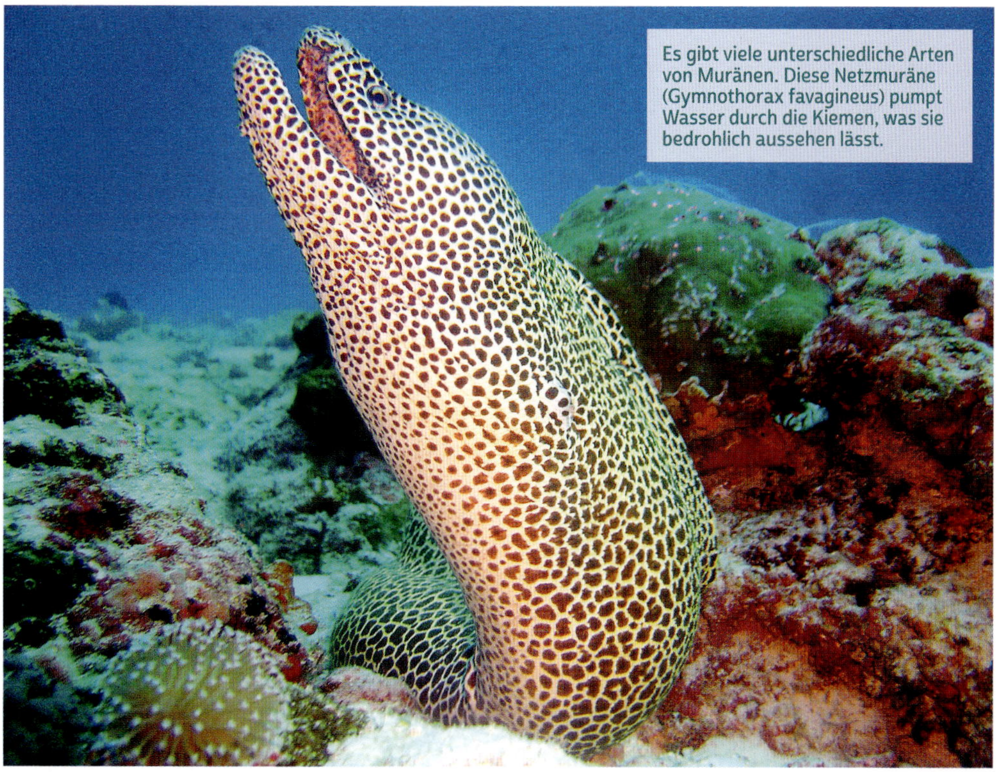

Es gibt viele unterschiedliche Arten von Muränen. Diese Netzmuräne (Gymnothorax favagineus) pumpt Wasser durch die Kiemen, was sie bedrohlich aussehen lässt.

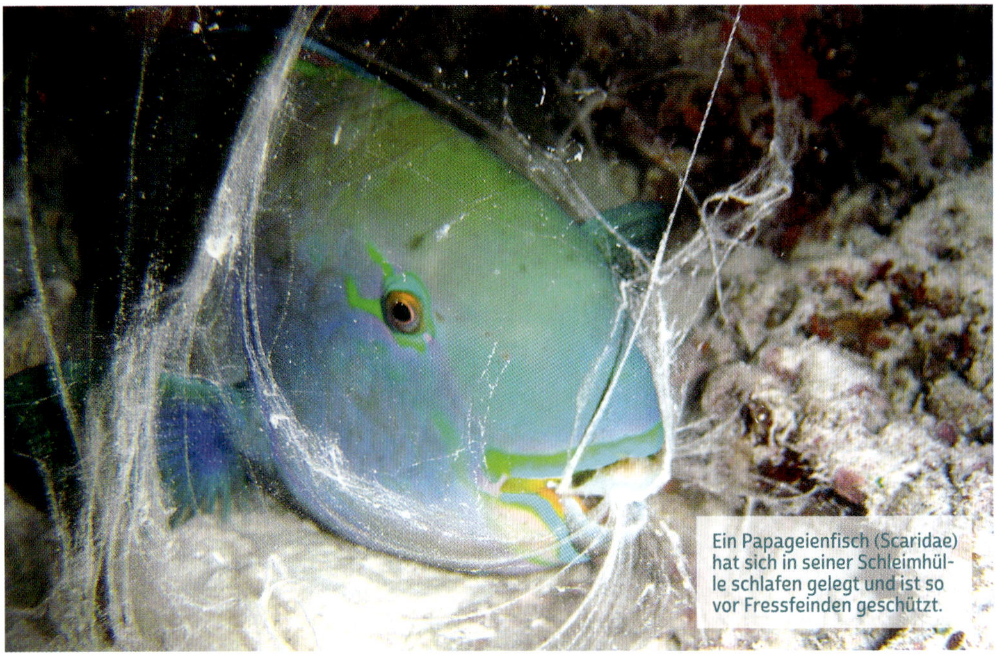

Ein Papageienfisch (Scaridae) hat sich in seiner Schleimhülle schlafen gelegt und ist so vor Fressfeinden geschützt.

nach der Verdauung wieder als Sandwolke aus. Ein ausgewachsener Papageienfisch produziert jährlich etwa eine Tonne Sand. Ein Großteil des Sandes, der an tropischen Stränden vorkommt, ist von Papageienfischen produziert worden. Papageienfische fressen sehr viel und treten meist in Schwärmen von etwa 100 Tieren an Außenriffen auf. Die tagaktiven Tiere umgeben sich nachts mit einer durchsichtigen Schleimhülle, die das gesamte Tier wie ein Kokon umhüllt, damit sie von ihren Fressfeinden nicht aufgespürt werden können. Papageienfische können mit ihren brechwerkzeugähnlichen Kiefern mühelos einen Finger samt Knochen durchbeißen, sind aber in ihrer natürlichen Umgebung völlig ungefährlich.

Quallen (Scyphozoen)

Quallen gehören zu der Familie der Nesseltiere (Cnidaria). Nesseltiere sind ausgestattet mit mikroskopisch kleinen, mit Gift gefüllte Bläschen, auch Nesselkapseln (Nematocysten) genannt. Bei geringsten Berührungsreizen explodieren diese geradezu, wobei pfeilartige, mit Widerhaken besetzte Fäden herausgeschleudert werden und in die Wunde eindringen. Das Nesselgift wird dann durch einen fadenartigen Schlauch injiziert.

Bei Quallen unterscheidet man zwischen den Staatsquallen (Siphonophera) und den eigentlichen Quallen (Scyphozoen). Während die eigentlichen Quallen aktiv schwimmen, lassen sich Staatsquallen mit Hilfe von gekammerten Luftbehältern (Pneumatophoren) an der Wasseroberfläche treiben. Die Luftbehälter werden vom Wind erfasst und funktionieren wie Segel eines Schiffes. Zu ihnen gehören u.a. die Portugiesische Galeere (Physalia) und der Segler vor dem Wind (Valella). Am Rand der Schwimmglocke sitzen Tentakelarme, die sich in unzählige Einzelstränge verzweigen, auf denen sich die Nesselkapseln befinden. Mit diesen bis zu 45 m langen Tentakelnetzen fassen sie ihre Beute.

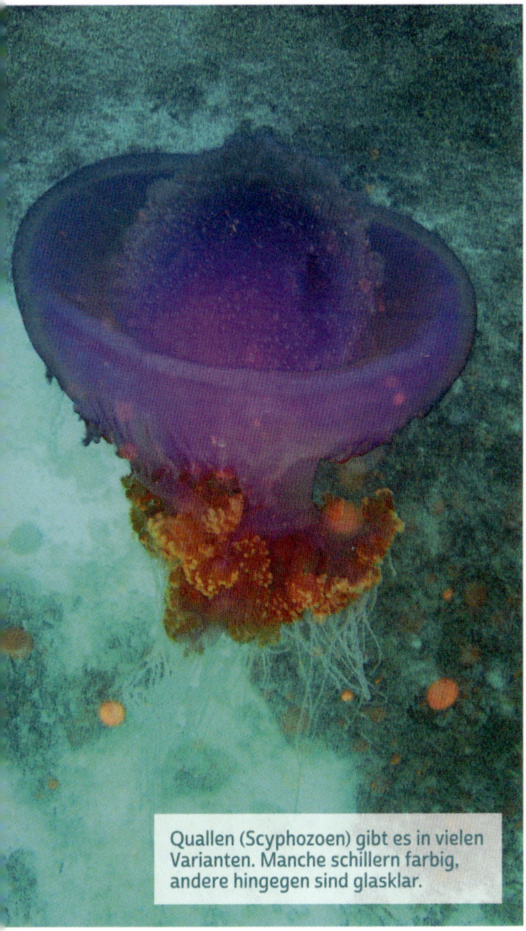

Quallen (Scyphozoen) gibt es in vielen Varianten. Manche schillern farbig, andere hingegen sind glasklar.

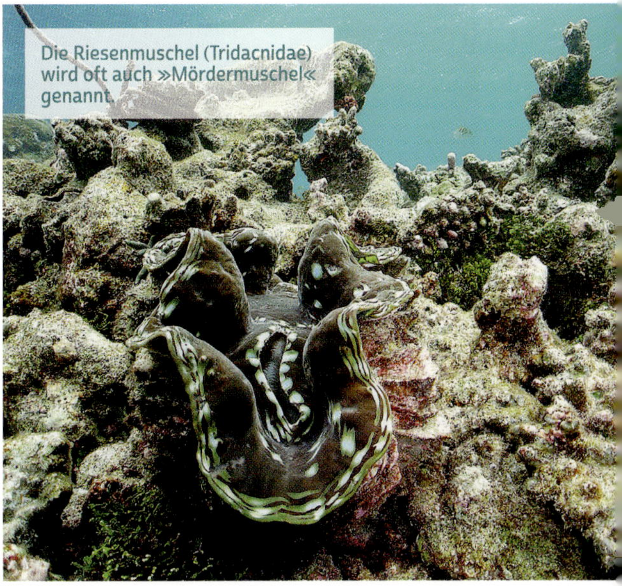

Die Riesenmuschel (Tridacnidae) wird oft auch »Mördermuschel« genannt.

Nicht alle Quallen sind giftig. Die Wirkung des Quallengiftes auf den Menschen ist unterschiedlich, hängt von der Haut und ihrer allergischen Reaktion ab, ist aber in der Regel mit sehr starken Hautreizungen verbunden. Die wohl gefährlichste Qualle ist die Seewespe (Chironex fleckeri). Sie gehört zur Klasse der Würfelquallen und kommt fast nur in den Gewässern Australiens vor.

Allgemein gilt bei Kontakt mit Nesseltieren die betroffene Stelle nicht zu reiben, da sich noch geladene Kapseln auf der Haut befinden, und diese sich dadurch entladen, und die Wirkung verschlimmern würden.

Riesenmuscheln (Tridacnidae)

Die Riesenmuschel (Tridacna gigas) kann bis zu 80 cm groß werden und ist meist mit nebenstehenden Korallen oder dem Untergrund verwachsen. Zwischen ihren beiden Schalenhälften erkennt man bunt schillernde Mantellappen. Fremdkörper, die zwischen ihre Schalen geraten (auch Hände, Füße und Flossen), werden mit großer Kraft durch Ihre kräftigen Schließmuskeln festgehalten. Diesem Umstand verdankt sie auch den Beinamen Mördermuschel.

Rochen (Batioidei)

Rochen zählen, wie die Haie, zu den Knorpelfischen (Elasmobranchii). Bis auf zwei Ausnahmen leben alle bodennah und halten sich oft in sehr flachem Wasser auf. Ihre Nahrung besteht u.a. aus Schnecken und Muscheln, die sie bevorzugt auf Sandgrund suchen. Aber auch zur

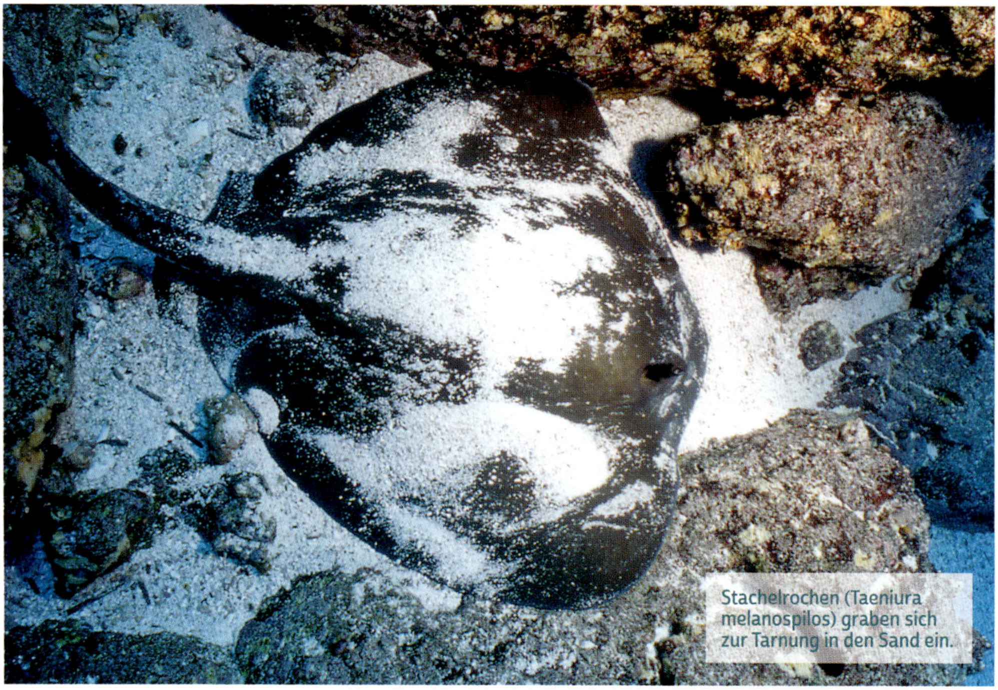

Stachelrochen (Taeniura melanospilos) graben sich zur Tarnung in den Sand ein.

Tarnung graben sie sich gern in den Sand ein. Daher können sie leicht übersehen werden, was fatale Folgen haben kann. Stech- (Dasystididae) oder Stachelrochen (Taeniura melanospilos) besitzen auf dem Rücken der Schwanzbasis 1-2 lange, giftige Stacheln, mit denen sie sehr schmerzhafte Wunden verursachen können. Es passiert auch häufig, dass der Stachel in der Wunde abbricht und aufgrund von Widerhaken nur operativ entfernt werden kann. Die Gefahr von Infektionen besteht. Aber Vorsicht ist auch vor dem langen, peitschenähnlichen Schwanz geboten.

Die Torpedorochen (Torpedinidae) haben eine ungewöhnliche Jagdtechnik entwickelt. Sie betäuben ihre Beutefische mit Hilfe eines Elektro-Organs. Elektrische Schläge von über 200 Volt strecken die Opfer nieder, und machen sie bewegungsunfähig.

Der Adlerrochen (Aetobatis narinari) ist eine Ausnahme, denn er lebt nicht am Boden, sondern gleitet wie ein Vogel im freien Wasser dahin. Auch er hat Stacheln an der Schwanzbasis und knackt mit seinem Plattengebiss hartschalige Tiere auf, die er auf Sandgrund sucht. Die zweite Ausnahme ist der Manta (Manta birostris). Er ist ein Hochseebewohner, der sich von Plankton ernährt. Wenn zu bestimmten Zeiten im Jahr das Wasser am Riff sehr planktonreich ist, ist er auch dort zu finden. Seine Spannweite kann bis zu 6 m betragen. Seinen beiden Kopflappen, mit denen er das Wasser besser zum Maul lenken kann, hat dieses friedvolle Tier den irreführenden Beinamen Teufelsrochen zu verdanken.

Auch für Rochen gilt, dass angefütterte Tiere ihre natürliche Scheu verlieren, sehr nahe kommen und dann nach allem schnappen, was nach Futter riecht oder aussieht.

Rotfeuerfische (Pteroinae)

Rotfeuerfische gehören zu der Familie der Skorpionfische (Scorpaenidae), die sich normalerweise durch Tarnung auszeichnen. Nicht so der Rotfeuerfisch: Durch sein rötlich-braun gestreiftes Muster und den stark verlängerten Strahlen der Rücken- und Brustflossen ist er eher sehr auffällig. Mit den fahnenartigen Brustflossen treibt er sich seine Beutefische vor das Maul, und die giftigen Stacheln der Rückenflossen dienen der Verteidigung. Das ruhige Verhalten der Feuerfische, wie beispielsweise vom gewöhnlichen Rotfeuerfisch (Pterois volitans) oder vom Zebra-Feuerfisch (Dendrochirus zebra), verleitet oft dazu, sich den Tieren zu nähern. Aufgrund ihrer Fangtechnik haben die Tiere eine recht geringe Fluchtdistanz. Wird diese unterschritten kann es zu einem gezielten Angriff kommen. Hierbei schnellen die Tiere blitzartig vor und richten ihre Giftstacheln auf den Gegner. Die Stichverletzungen sind extrem schmerzhaft und verursachen starke Schwellungen bis hin zu Lähmungen.

Schildkröten (Cheloniidae)

Schildkröten besitzen sehr starke Kiefer, mit denen sie beispielsweise Algen von Korallen abnagen oder Seeigel zerteilen. Mit ihrem schnabelartigen Gebiss können sie vorwitzigen Fingern und Händen schmerzhafte Wunden zufügen. Meeresschildkröten wie die Echte Karettschildkröte (Eretmochelys imbricata), Unechte Karettschildkröte (Caretta caretta), Suppenschildkröte (Chelonia mydas), Bastard-Schildkröte (Lepidochelys olivacea) und die Lederschildkröte (Dermochelys coriacea) sind ehemalige Landschildkröten. Als Lungenatmer

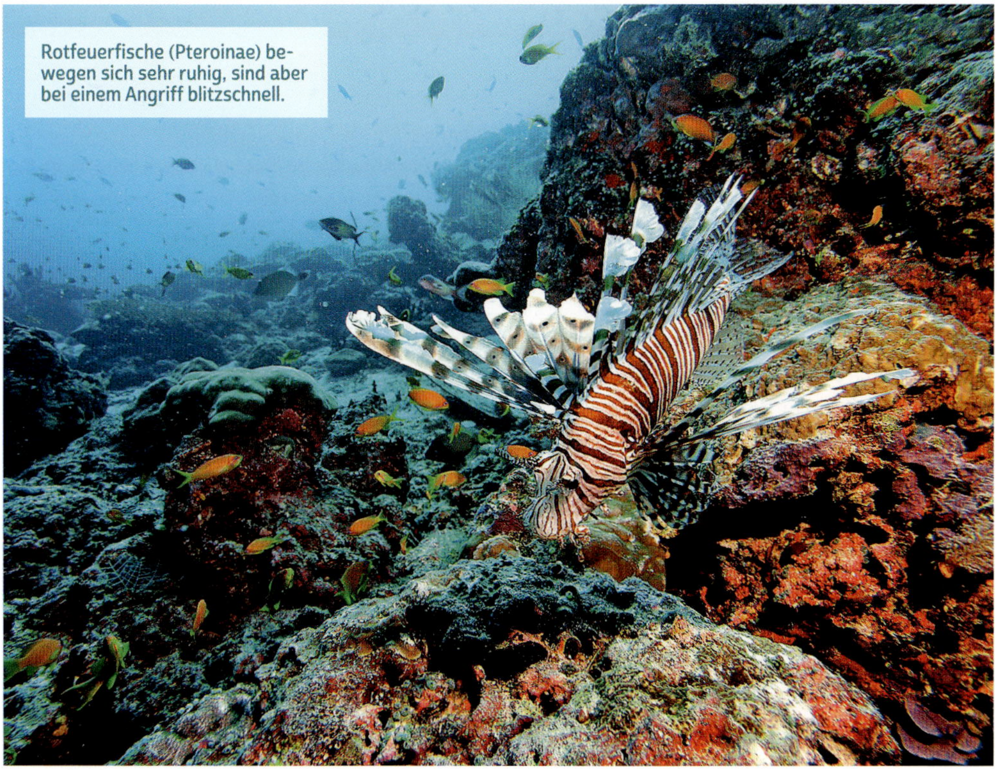

Rotfeuerfische (Pteroinae) bewegen sich sehr ruhig, sind aber bei einem Angriff blitzschnell.

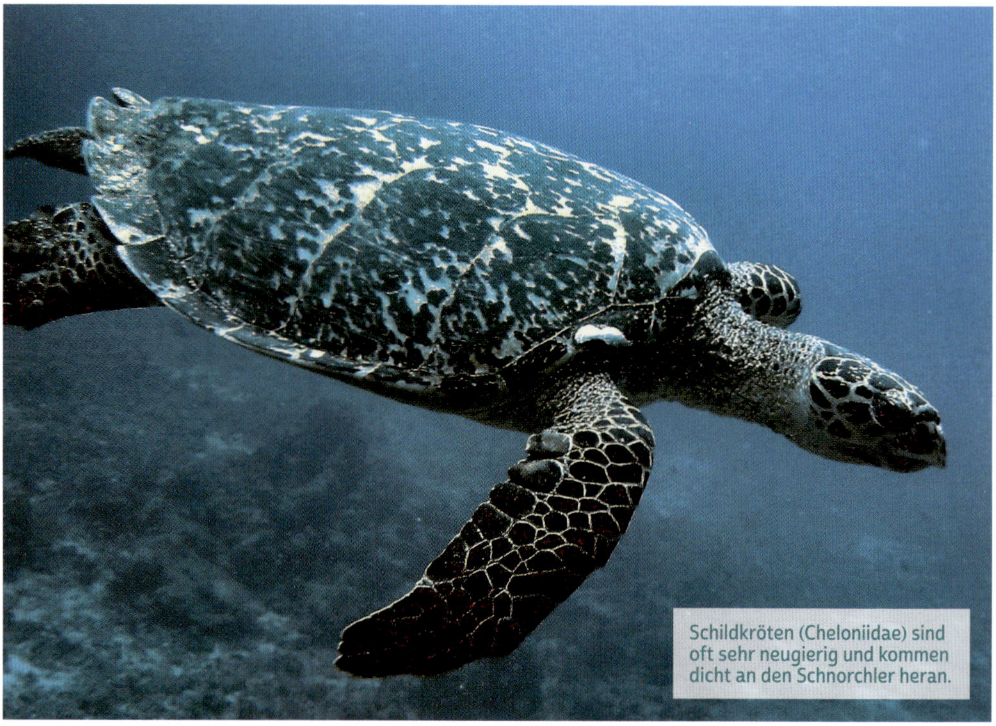
Schildkröten (Cheloniidae) sind oft sehr neugierig und kommen dicht an den Schnorchler heran.

müssen sie daher regelmäßig zum Atmen an die Oberfläche. Sie sind neugierig und kommen oft recht nah heran.

Seeigel (Echinoidea)

Seeigel leben am Boden, bewegen sich sehr langsam, und kommen von flachem Wasser bis in große Tiefen vor. Mit ihrer Raspelzunge weiden sie den Bewuchs von Korallen ab. Sie sind mit strahlenförmig angeordneten Stacheln bestückt, die auf dem Rücken meist lang und an der Bauchseite eher kurz sind. Die Stacheln brechen bei Berührung leicht ab und bleiben in der Wunde stecken, was zu schmerzhaften Infektionen führen kann. Nur die Stacheln des Leder-Seeigels sind giftig; das Gift wird beim Einstich in die Wunde injiziert. Die nachtaktiven Tiere verstecken sich tagsüber gern in Riffspalten und Höhlen.

Seeschlangen (Hydrophiidae)

Seeschlangen werden oft mit kleineren Muränen (Muraenidae) und Schlangenaalen (Ophichthi-

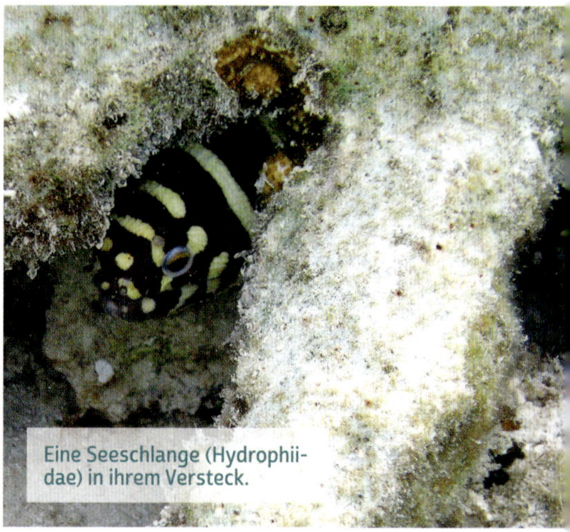
Eine Seeschlange (Hydrophiidae) in ihrem Versteck.

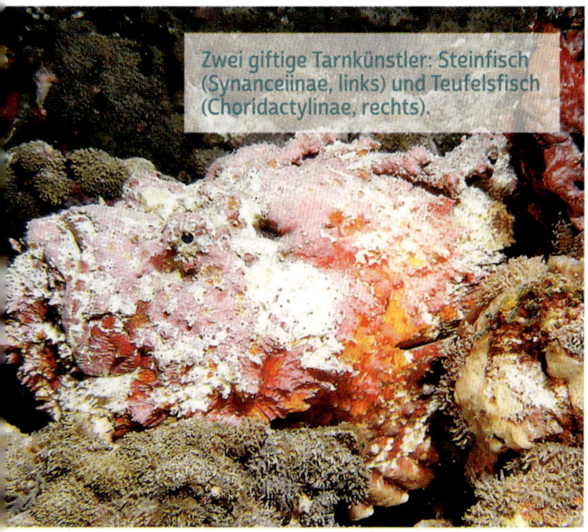

Zwei giftige Tarnkünstler: Steinfisch (Synanceiinae, links) und Teufelsfisch (Choridactylinae, rechts).

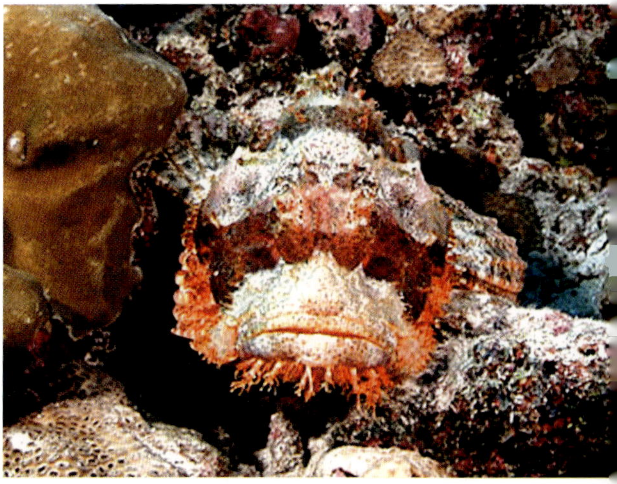

dae) verwechselt. Sie sind luftatmende Reptilien, werden bis 2 m lang und besitzen ein kleines Maul. Seeschlangen sind in der Tat extrem giftig, giftiger als eine Königskobra, aber nicht bei jedem Biss wird Gift injiziert. Sie sind nicht aggressiv.

Steinfische (Synanceiinae)

Steinfische gehören zu der Familie der Skorpionfische (Scorpaenidae) und zählen wohl zu den am besten getarnten Fische der Meere (Mimese). Die bis zu 40 cm großen Tiere liegen gewöhnlich ruhig am Grund, auch gern in flachen Gewässern. Die Tarnkünstler sehen einem Stein täuschend ähnlich und sind mit ihrer rundlichen Körperform, Färbung und Hautunebenheiten der Umgebung perfekt angepasst. Wie auch der Drachenkopf, warten Steinfische stundenlang unbeweglich am Boden liegend, bis ihnen ein ahnungsloses Beutetier (z.B. ein kleiner Fisch) direkt vor das Maul schwimmt, um es dann in Sekundenbruchteilen einzusaugen. Die vorderen, kurzen und kräftigen Stacheln der Rückenflossen sind giftig. Der Steinfisch kann mit jedem Stachel ca. 5 bis 10 mg Gift injizieren. Das Gift verursacht beim Menschen starke Schmerzen, kann aber auch zu Muskellähmungen, Schock und Atemnot bis hin zum Tod führen.

Teufelsfische (Choridactylinae)

Teufelsfische gehören zu der Familie der Skorpionfische (Scorpaenidae), und sind ebenfalls hervorragende Tarnkünstler (Mimese). Die bis zu 18 cm großen Tiere unterscheiden sich beispielsweise von den Steinfischen durch ihre geringe Größe und durch ihren, im Vergleich eher zierlichen Körperbau. Wie auch der Drachenkopf, warten Teufelsfische stundenlang bewegungslos am Boden liegend, bis ihnen ein Beutetier (z.B. ein kleiner Fisch) direkt vor das Maul schwimmt, um es dann blitzartig einzusaugen. Die Rückenflosse besteht aus 15–17 langen, kräftigen, mit fleischiger Haut überzogenen Giftstacheln. Das Gift verursacht beim Menschen starke Schmerzen, kann auch zu Muskellähmungen, Schock, Atemnot bis hin zum Tod führen.

Zackenbarsche (Epinephelinae)

Der größte Vertreter dieser Art ist der Riesen-Zackenbarsch (Epinephelus lanceolatus), mit einer Länge von bis zu 2,50 m. Zackenbarsche leben streng territorial, halten sich in Höhlen auf oder

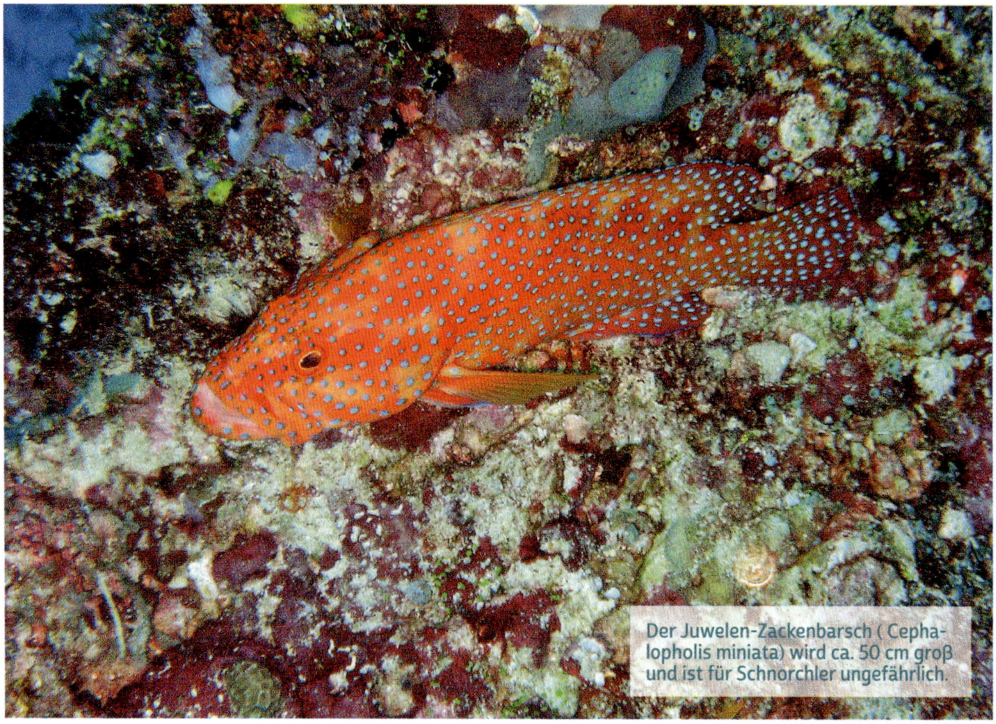

Der Juwelen-Zackenbarsch (Cephalopholis miniata) wird ca. 50 cm groß und ist für Schnorchler ungefährlich.

patrouillieren vor dem Riff. Angefütterte Zackenbarsche verändern ihr Verhalten und können sehr aufdringlich und aggressiv werden. Verletzungen resultieren meist aus dem Füttern mit der Hand.

8.5 Verletzungen durch Meerestiere

Verletzungen durch Pflanzen und Tiere treten selten auf, sind aber fast immer auf Unachtsamkeit oder Unkenntnis des Menschen zurückzuführen. Es ist unmöglich, an dieser Stelle auf alle möglichen Gefahren hinzuweisen, oder gar alle Erste-Hilfe-Maßnahmen zu besprechen. Daher ist es immer empfehlenswert einen Arzt zu konsultieren. Um Verletzungen zu vermeiden sollte man generell:

- nichts anfassen und nicht in Felsspalten, Höhlen oder unter Überhänge greifen, da sich dort lebende Tiere gestört fühlen, und aus Angst negativ reagieren könnten.
- die Umgebung genau beobachten, denn vielleicht dringt man ungewollt in das Revier eines Tieres ein, oder übersieht einen nahezu perfekt getarnten Fisch gleich neben sich.
- sich körperlich nicht überschätzen, denn so manche Welle kann einen leicht unkontrolliert gegen das Riff werfen.

Verletzungen durch Seeigel

Die Stacheln von Seeigeln brechen bei Berührung leicht ab und bleiben oft in der Wunde stecken. Dies führt zu schmerzhaften und langwierigen Infektionen.

Behandlung: Den Stachel mit einer Pinzette grob aus der Wunde entfernen. Zitronen- oder Limonensaft auf die Wunde träufeln (es zwickt etwas), zersetzt aber die restlichen Stachelrückstände.

Verletzungen durch giftige Meerestiere

Oft ist eine Stichwunde sichtbar, die sehr schmerzhaft ist. Der Schmerz dehnt sich mit der Zeit aus, führt über Lähmung zu Ohnmacht und kann sogar tödlich sein.

Behandlung: betroffene Gliedmaße hochlegen. Absolute Ruhigstellung, denn das reduziert die Blutzirkulation und damit die Verteilung des Giftes im Körper. Die Wunde mit frischem, und vor allem heißen Wasser auswaschen. Wenn mögliche heiße Umschläge auf die Wunde geben, und unbedingt ärztliche Behandlung veranlassen.

Verletzungen durch Quallen

Neben heftigem Brennen und starken Schmerzen, kann die Berührung von Quallen auch Atemnot, einen allergischen Schock und Lähmungen hervorrufen.

Behandlung: Meist bleiben auf der Haut noch geladene Nesselkapseln zurück. Daher die betroffene Stelle vorsichtig mit Sand, Essig oder medizinischem Alkohol abwaschen. Die Spülung sollte mindestens 2 bis 3 Minuten dauern. Auf betroffene Stellen Alkohol oder desinfizierende Salben (Antiseptika) auftragen und steril verbinden.

Verletzungen durch Bisse

Bisswunden verheilen oft schlecht, da Speiserückstände zwischen den Zähnen in die Wunde mit eingebracht werden. Teilweise sehr schmerzhafte Infektionen sind die Folge.

Behandlung: Betroffen Stelle mit frischem, und wenn möglich heißen Wasser spülen. Alkohol oder desinfizierende Salben (Antiseptika) auftragen und steril verbinden.

Verletzungen durch Hartkorallen

Hartkorallen haben rasiermesserscharfe Kanten. Sie verursachen sehr schmerzhafte Wunden, die sich leicht infizieren und schlecht heilen.

Behandlung: Die verletzte Stelle mit Seife und Wasser spülen. Alkohol oder desinfizierende Salben (Antiseptika) auftragen und steril verbinden.

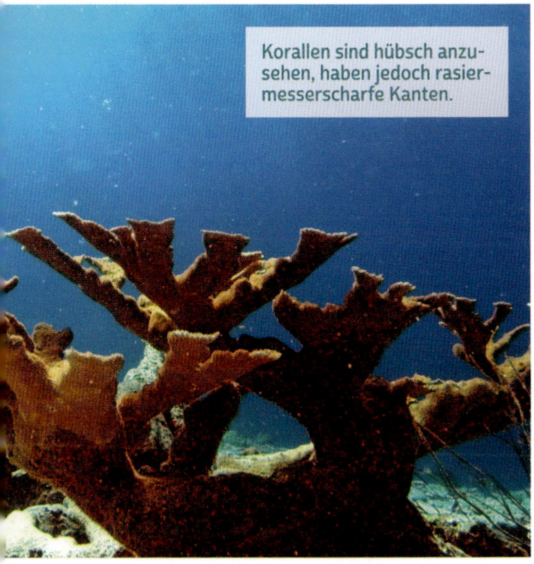

Korallen sind hübsch anzusehen, haben jedoch rasiermesserscharfe Kanten.

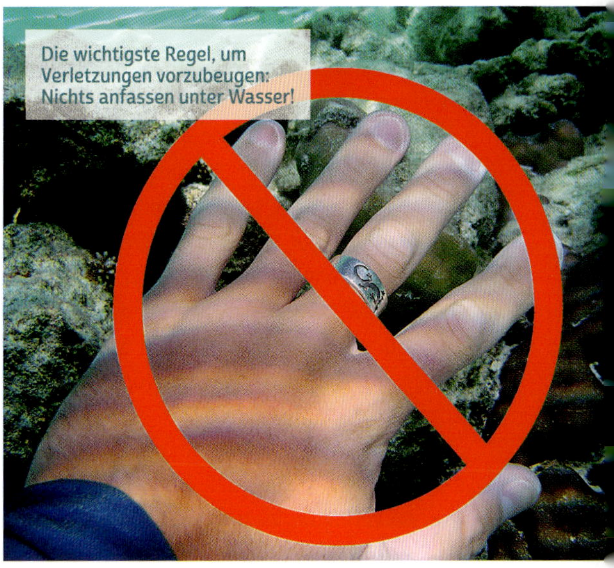

Die wichtigste Regel, um Verletzungen vorzubeugen: Nichts anfassen unter Wasser!

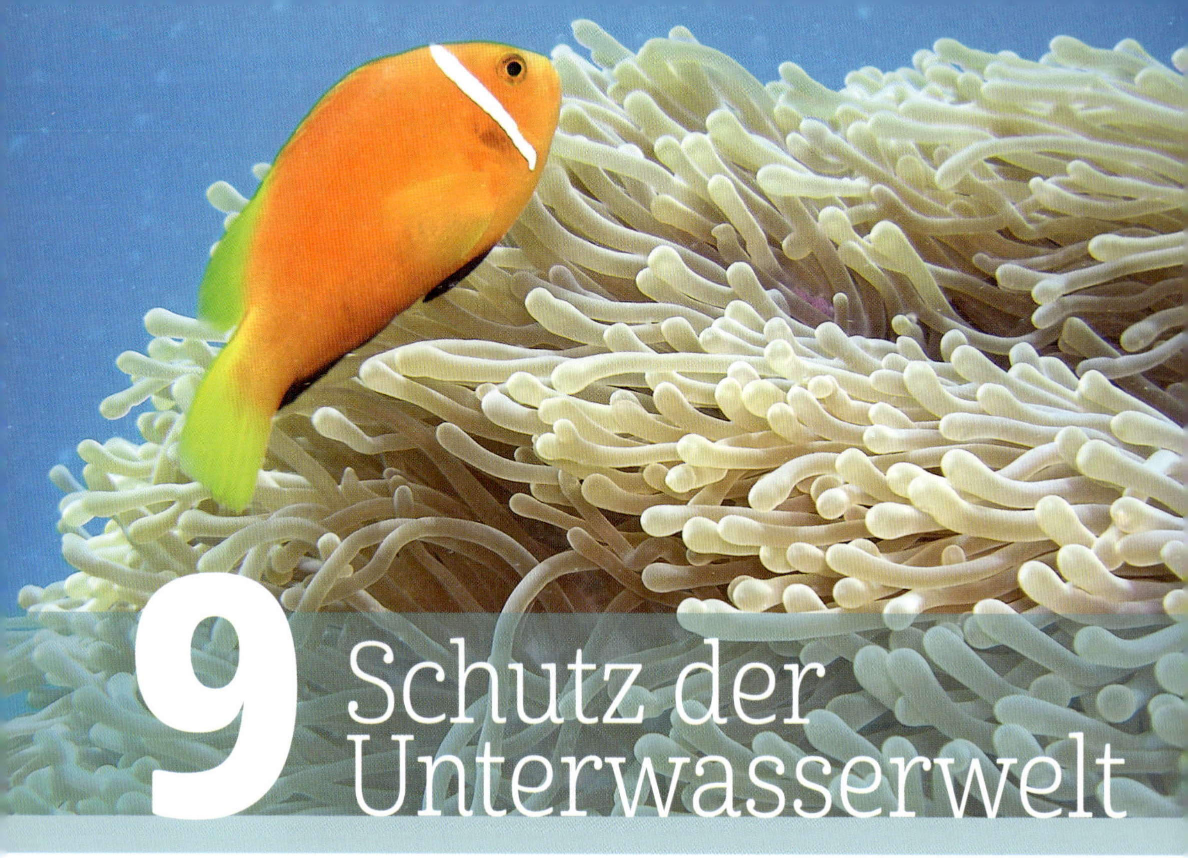

9 Schutz der Unterwasserwelt

9.1 Die Unterwasserwelt braucht Hilfe

Mit diesem Buch haben Sie die Einführung in eine der wohl faszinierendsten Welten bekommen, die unser Planet zu bieten hat. Eine Welt, die zu verstehen und zu respektieren der Mensch aber leider erst noch lernen muss. Die Meere werden von Tag zu Tag leider immer mehr belastet. Immer mehr Menschen haben beispielsweise das Leben am Meer für ihre Freizeitaktivitäten entdeckt, oder gar zu ihrem Lebensmittelpunkt erklärt, und wohnen nun an seinen Küsten. Weitere Schlagworte sind Überfischung, Müllhalde, Giftentsorgung, Dynamitfischen, Seewasseraquarien (damit sind Wildfänge für Aquarianer gemeint) etc.

Leider glauben viele, dass ihre »kleinen Sünden« im Verhältnis zu dem, was heute noch so alles zerstört wird, nicht ins Gewicht fallen. Doch die Summe der vielen kleinen Fehler ist aufgrund der großen Zahl letztendlich doch eine große Belastung für manche Gebiete. Schnorcheln in einer intakten Unterwasserwelt gehört wohl zum Schönsten, was der Planet Erde uns Menschen

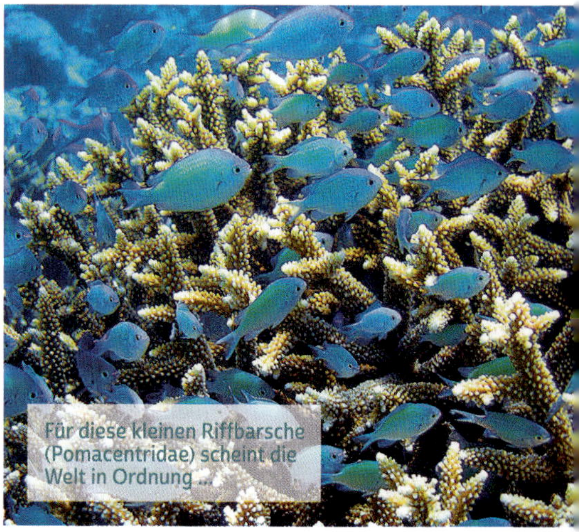

Für diese kleinen Riffbarsche (Pomacentridae) scheint die Welt in Ordnung ...

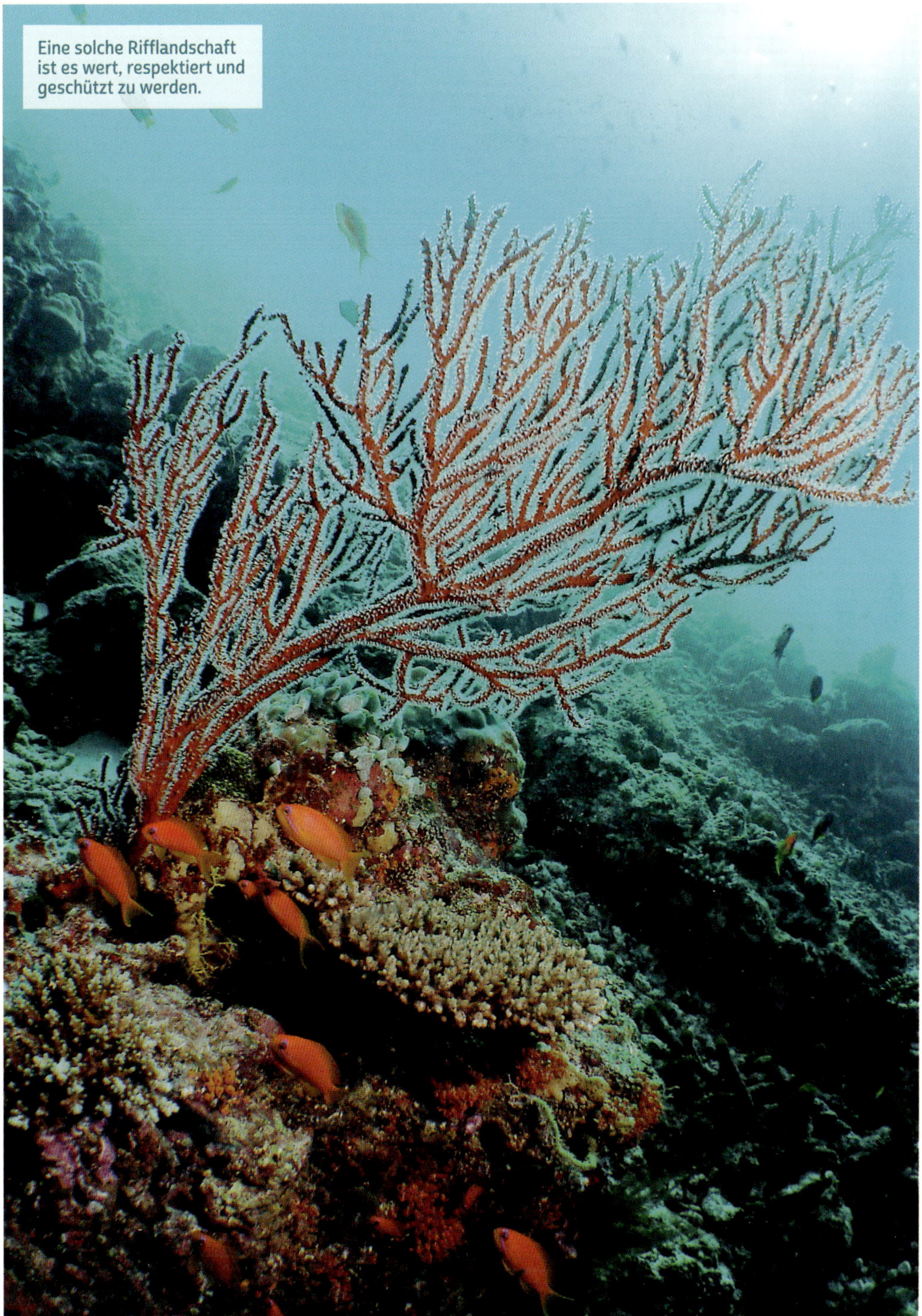

Eine solche Rifflandschaft ist es wert, respektiert und geschützt zu werden.

zu bieten hat. Doch ohne Schutz würde dieser einzigartige Lebensraum unwiederbringlich zerstört werden. Es sollte daher jedem bewusst sein, dass er als Schnorchler bei der Erhaltung des Lebens unter Wasser eine äußerst wichtige Rolle spielt.

Keine Angst, es ist nicht schwer einen wertvollen Beitrag dafür zu leisten. Zum Schutz des blauen Planeten ist lediglich Vernunft und Verantwortungsbewusstsein gefragt. Wenn man ein vorsichtiger und umweltbewusster Schnorchler ist, kann man bereits damit dazu beitragen, dass die Riffe, an denen man heute schnorchelt, erhalten bleiben, und sich auch kommende Generationen an ihnen erfreuen können. Ein unachtsamer oder gedankenloser Schnorchler kann beispielsweise bei einem einzigen Schnorchel-Ausflug das Korallenwachstum vieler Jahrzehnte unwiederbringlich zerstören. Das darf nicht sein! Es gibt sicherlich keinen Schnorchler, der den Lebewesen unter Wasser absichtlich Schaden zufügen will, aber auch aus Versehen oder Unwissenheit entstandene Schäden sind schlimm.

An dieser Stelle geht es nicht darum, Schuldige für die Schäden vergangener Zeiten zu finden, sondern Anregungen zu geben, damit künftig dieses herrliche Stück Natur so unverändert wie möglich erhalten bleibt. Die nachfolgenden Informationen sind sicherlich nur ein Bruchteil dessen, was für den Schutz des Lebensraums Wasser notwendig ist - aber immerhin es ist ein Anfang. Sie geben einen groben Überblick und sind Anregungen und Tipps, wie jeder von uns zum Schutz der Unterwasserwelt beitragen kann. Wenn man in ein neues Schnorchel-Gebiet reist, dann sollte man sich vor Ort über lokale Maßnahmen, die zum Schutz der Unterwasserwelt eingehalten werden sollen, erkundigen. Jeder sollte mithelfen die Unterwasserwelt zu schützen!

9.2 Umweltbewusstes Verhalten

Schnorchler sind naturverbundene Menschen, die Tiere in ihrer natürlichen Umgebung beobachten wollen. Leisten auch Sie einen wichtigen Beitrag zum Erhalt der Umwelt, indem Sie beispielsweise nur befestigte Wege zum Gewässer und bereits vorhandene Einstiegsmöglichkeiten benutzen. Schnorcheln in einer intakten Unterwasserwelt gehört für viele Menschen zum Schönsten, was dieser Planet zu bieten hat. Zum Schutz des blauen Planeten ist aber auch die Vernunft und das Verantwortungsbewusstsein jedes einzelnen Schnorchlers gefragt. Als aktiver Schnorchler spielen Sie eine wichtige Rolle für die Erhaltung des Lebensraums Wasser. Denn gerade Sie als Schnorchler sind hautnah am Geschehen dran und bekommen Auswirkungen und Veränderungen als Erster mit. Damit auch in Zukunft der Lebensraum unter Wasser intakt bleibt, braucht die Unterwasserwelt Ihre Hilfe.

Abfall

An vielen Urlaubsorten ist die Entsorgung der Abfälle leider nicht gewährleistet. Ganz zu schweigen von problematischem Müll wie beispielsweise Batterien, Blechdosen, Zigarettenstummel und Plastik. Da Kunststoffe nicht verrotten, können zahllose Tiere hierdurch Schaden erleiden. Plastiktüten stellen beispielsweise besonders für Schildkröten eine Gefahr dar. Schildkröten ernähren sich u.a. von Quallen. Im Wasser treibende Plastiktüten haben eine so große Ähnlichkeit mit Quallen, dass sie von den Schildkröten gefressen werden. Da die Tüten aber nicht verdaut werden können, blockieren sie den Verdauungstrakt, und die Tiere gehen elendig zu Grunde. Aber nicht nur das Verschlucken von Müll ist eine Gefahr, sondern auch das Verfangen in herumtreibenden Abfall. Man sollte deshalb keinen Abfall über Bord werfen, und ihn auch nicht am Strand liegen lassen. Der umwelt-

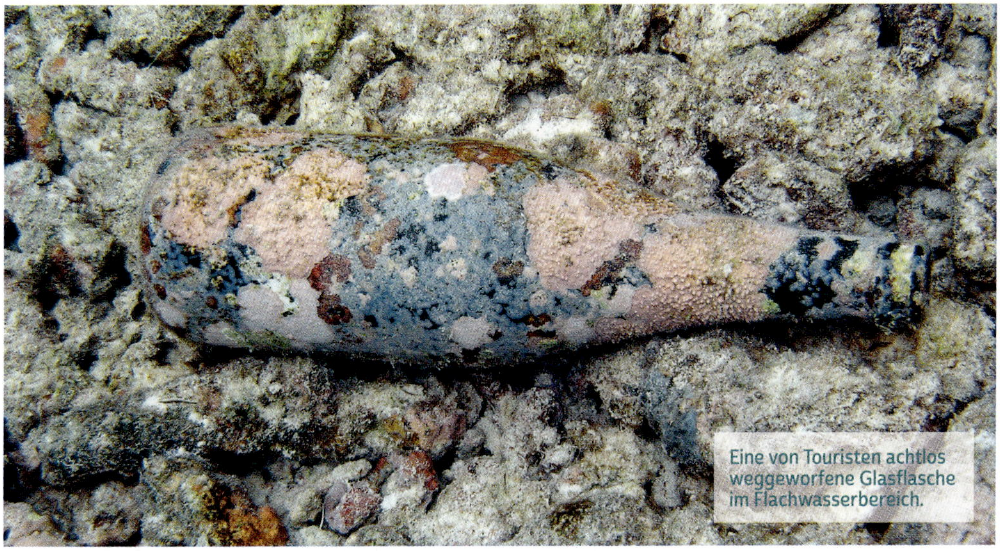

Eine von Touristen achtlos weggeworfene Glasflasche im Flachwasserbereich.

bewusste Schnorchler entsorgt alle Abfälle an Land, denn im Wasser richten sie großen Schaden an. Ist eine fachgerechte Entsorgung vor Ort nicht gewährleistet, dann sollte man den Abfall wieder mit nach Hause nehmen. Die Weltmeere sind keine überdimensionale Müllkippe. Besser noch als eine fachgerechte Entsorgung ist natürlich die Vermeidung von Müll. Spätestens dann, wenn man sich in die unvergleichliche Unterwasserwelt begibt, erkennt man die immense Wichtigkeit eines intakten und sauberen Ökosystems.

Andere informieren

Jeder sollte seinen Schnorchel-Begleiter auf die Wichtigkeit eines verantwortungsvollen Umgangs mit der Unterwasserwelt aufmerksam machen, aber auch andere Schnorchler, Schwimmer, Taucher und Badende darauf hinweisen. Nicht zu vergessen sind Freunde und Bekannte, die auch unterrichtet werden sollten. Unachtsame Touristen sollten angesprochen, und ihr möglicherweise falsches Verhalten erklärt werden. Geben Sie Ihr Wissen weiter. Halten Sie Ihre Informationen nicht zurück, denn nur gemeinsam mit anderen schaffen wir den Erhalt der wunderbaren, faszinierenden und einzigartigen Unterwasserwelt

Anfassen

Einige Tiere bewegen sich unter Wasser sehr langsam. Manche Schnorchler können daher der Versuchung nicht widerstehen, diese Tiere anzufassen, in die Hand zu nehmen, um sie genau zu betrachten, oder sich mit ihnen fotografieren zu lassen. Dies sollte man nicht tun! Es ist für Tiere kein Spaß, angefasst zu werden, sondern eine extreme Stresssituation, denn sie wissen nicht, dass der Schnorchler kein wirklicher Feind ist. Man sollte sie nur anschauen, und mit den Augen berühren. Die meisten Fische und Unterwasserlebewesen haben eine schützende Schleimschicht, die schon durch eine sanfte Berührung zerstört werden kann. Das Tier ist dann anfällig für Infektionen, Parasiten- und Pilzbefall, was meist zum Tod führt. Außerdem kann man durch einen ungeschickten Griff leicht die inneren Organe eines Fisches verletzen. Der Kugelfisch beispielsweise kann sich in die Enge getrieben fühlen und sich aufblasen. Dies

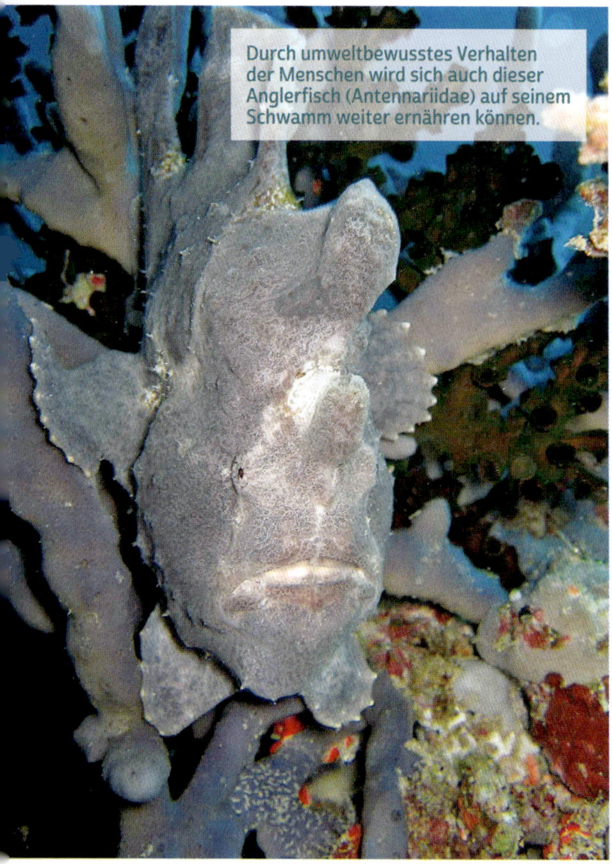

Durch umweltbewusstes Verhalten der Menschen wird sich auch dieser Anglerfisch (Antennariidae) auf seinem Schwamm weiter ernähren können.

Artenschmuggel

Immer wieder erwarten Artenschützer und Zoll die Urlaubssaison mit Schrecken. Touristen schmuggeln vom Aussterben bedrohte Tiere und Pflanzen in ihren Koffern - manchmal auch aus Unwissenheit. Doch nicht nur die Tiere und Pflanzen an sich stellen ein Problem dar, sondern vor allem auch die aus ihnen gefertigten Produkte. Alle geschützten Mitbringsel unterliegen dem internationalen Washingtoner Artenschutzübereinkommen (WA) von 1973 und dürfen ohne Genehmigung nicht eingeführt werden. Aber selbst die Tatsache, dass Artenschmuggel mit Bußgeld von bis zu 50.000 Euro und bis zu fünf Jahren Freiheitsstrafe geahndet werden kann, kümmert viele Urlauber wenig.

Der Kreislauf ist einfach. Die Urlaubsländer sind oftmals arm. Sobald ein Tourist auch nur ein Korallenbruchstück in die Hosentasche steckt, übertreffen sich die einheimischen Händler am Tag darauf darin, schönere Korallen anzubieten. Die Folge davon ist, dass die Riffe schonungslos geplündert werden. Viele Urlauber wollen Gutes tun und denken sich: Kauf ich eben ein Souvenir, dann bleiben ein paar Euro im Land.

kann er jedoch nicht allzu oft während seines Lebens tun, denn sein Kreislauf wird dadurch dermaßen stark belastet, dass solch eine Aktion oft dazu führt, dass er elendig zugrunde geht. Tiere, die sich außerdem langsam bewegen, haben oft häufig giftige Stacheln, durch die sie sich schützen. Bei vielen Gelegenheiten halten sich Schnorchler im Wasser fest. Aus Angst vor Verletzungen ziehen sich auch viele noch Schutzhandschuhe an. Damit greift man aber viel unvorsichtiger und fester zu und beschädigt viel mehr. Gute Schnorchler brauchen daher im warmen Wasser keine Schutzhandschuhe. Die Devise heißt: Berühren Sie nichts! Berühren Sie weder Korallen noch andere Lebewesen unter Wasser. Unterlassen Sie das! Auch zu Ihrem eigenen Schutz.

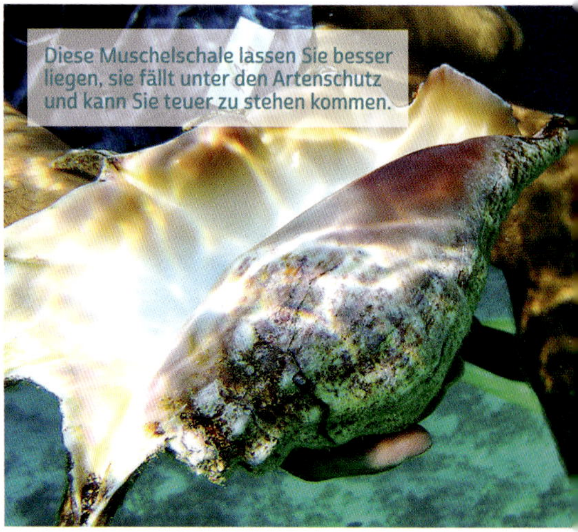

Diese Muschelschale lassen Sie besser liegen, sie fällt unter den Artenschutz und kann Sie teuer zu stehen kommen.

Das ist vielleicht gut gemeint, doch ganz sicher zu kurz gedacht. Denn mit den zerstörten Riffen schrumpfen auch die Fischbestände, denn sie finden nichts mehr zu fressen. Außerdem kann die Brandung ungebremster und mit zerstörerischer Kraft an den Stränden nagen. So gehen gleichzeitig natürliche Lebensgrundlage und touristische Attraktivität unwiederbringlich verloren. Die Naturzerstörung bricht diesen Ländern schlussendlich wirtschaftlich das Genick.

Es sind nicht nur gewerbliche Händler und fanatische Sammler, die Raritäten aus aller Herren Länder schmuggeln - solche gewieften Kriminelle umgehen den Zoll in der Regel auf eine andere Art und Weise. Auch sind es nicht allein die unbelehrbaren Touristen vom Typus »Ballermann«, die ihre Finger wider besseres Wissen noch immer nicht von Elfenbeinschmuck, Reptilienleder, schwarzen Korallen und Schildpatt lassen können. Leider ist es der ahnungslose Otto-Normalurlauber: Neben Steinkorallen hat er beispielsweise Fechterschnecken und Riesenmuscheln im Koffer. In ihren Herkunftsländern werden sie massenweise feilgeboten, freilich ohne Hinweis auf die Ungesetzlichkeit der Einfuhr. Vorsicht ist auch geboten, denn ohne artenschutzrechtliche Papiere ist auch die Einfuhr vieler Tiere und Pflanzen verboten, die man normalerweise überall im deutschen Fachhandel kaufen kann, wie zum Beispiel Griechische Landschildkröten oder Orchideen. Die Realität ist: In den achtziger Jahren des 19. Jahrhunderts machten indonesische Souvenir- und Schmuckproduzenten die schier unvorstellbare Menge von 650 Tonnen der Riesenmuschel zu Geld. Sie gilt heute in weiten Teilen Indonesiens und der Philippinen als fast ausgestorben. Ganz ähnlich ergeht es der an karibischen Stränden einst weit verbreiteten Fechterschnecke, ein Massenartikel der Souvenir-Industrie. Fechterschnecken-Salat gehört für viele Karibik-Touristen offenbar zum kulinarischen Pflichtprogramm, und Dank ihrer bunten Schale gilt die Meeresschnecke außerdem noch als Klassiker unter den Mitbringseln, obwohl auch sie geschützt ist. Der ungebremste Schmuggel ist Beweis dafür, dass selbst das WA, heute immerhin von drei Viertel aller Nationen anerkannt, das Artensterben nicht zu stoppen vermag. Zu viele verdienen am Ausverkauf der Arten gutes Geld, nicht einmal das Überleben von Elefanten, Meeresschildkröten und Walen ist langfristig gesichert. Es liegt daher allein in den Händen der Verbraucher, die für deren Ausrottung bezahlen oder nicht. Daher sollte man, wenn man Andenken kauft, bitte nur solche kaufen, deren Herkunft man kennt und von denen man sicher weiß, dass nichts an ihnen dem WA unterliegt.

Ausrüstungsteile

Durch lose herunterhängende Ausrüstungsteile können Lebewesen verletzt oder sogar getötet werden. Verantwortungsbewusste Schnorchler befestigen daher Instrumente, Tauchlampen, Unterwasserschreibtafeln, Shaker und andere lose Ausrüstungsteile immer so nah wie möglich an ihrem Körper. Gleichzeitig wird dadurch auch ein Zerkratzen der Instrumente verhindert, ganz zu schweigen von der Risikominderung des Hängenbleibens für den Schnorchler.

Engagement

Manchmal reicht es nicht, bloß über Umweltschutz zu reden. Deshalb sollte man sich auch aktiv für eine intakte Unterwasserwelt engagieren! Lokale Umweltaktivitäten sind beispielsweise gute Gelegenheiten, um sich für den Schutz der Unterwasserwelt stark zu machen. Man kann auch aktiv für die Erhaltung des Lebensraums Wasser mitwirken, bei konkreten Projekten wie beispielsweise der Säuberung von Gewässern, die Ansiedlungen von Fischen, oder man engagiert sich bei Diskussionsforen, Abstimmungen und anderen Aktionen. Es gibt so

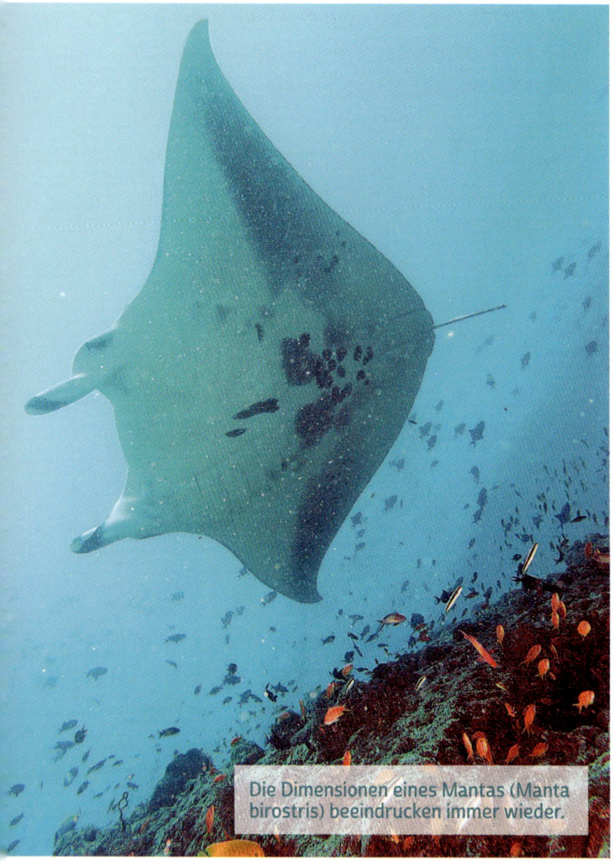

Die Dimensionen eines Mantas (Manta birostris) beeindrucken immer wieder.

viele hervorragende Gelegenheiten, bei denen man sich aktiv für eine intakte Unterwasserwelt einsetzen kann. Wenn Verantwortung für jemanden kein leeres Wort ist, dann engagiert er sich, denn Schnorchlern sollte die wichtige Funktion einer intakten Umwelt besonders bewusst sein.

Füttern

Jeder kann einen wertvollen Beitrag zum Schutz der Unterwasserwelt leisten, indem er rigoros auf das Füttern von Wasserlebewesen verzichtet. Das Füttern von Tieren aus dem Meer ist zwar sehr populär und wird leider auch vielerorts praktiziert, doch durch Fütterungen wird in den natürlichen Kreislauf der Tiere eingegriffen und die Tiere werden teilweise regelrecht aufdringlich. Außerdem bekommen sie Nahrung zugeführt, die normalerweise nicht in ihrem Lebensraum vorkommt. Oder wer hat schon einmal eine Bäckerei unter Wasser gesehen, bei der die Fische Brot einkaufen können? Wenn Tiere gefüttert werden verlieren sie außerdem ihre angeborenen Verhaltensweisen. So wird beispielsweise ihre natürliche Fluchtdistanz geringer und sie verlernen richtiges Futter zu suchen. Es ist deshalb mehr als angebracht, wenn man auf Fütterungen jeglicher Art verzichtet.

Informiert sein

Gut informiert sein heißt wissen, und wissen heißt verstehen. Sicherlich kennen wir heute nur einen Bruchteil der Vorgänge in den Weltmeeren. Ähnlich wie der Regenwald ist die Welt unter Wasser ein äußerst komplexes Ökosystem. Tagtäglich kommen wir zu neuen Erkenntnissen, entdecken neue Lebensformen und Zusammenhänge. Dies heißt aber auch, dass jeder einzelne von uns bereit sein sollte, seine Vorstellung von der Unterwasserwelt neu anzupassen. Jeder sollte daher die Welt unter Wasser kennen und verstehen lernen. Man kann auch seinen Res-

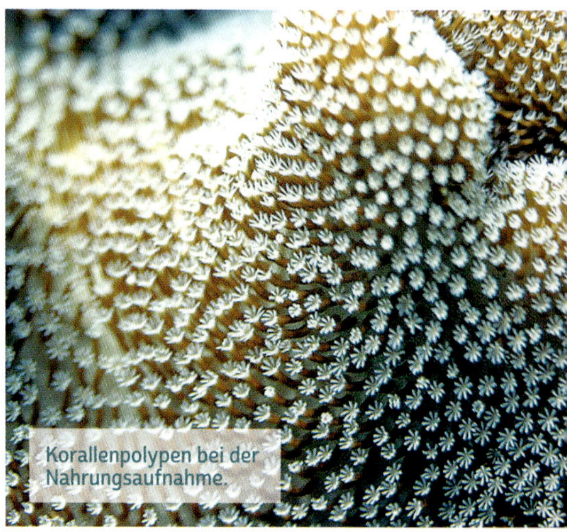

Korallenpolypen bei der Nahrungsaufnahme.

pekt zeigen indem man sich informiert und beispielsweise auf Produkte wie Schildkröten- oder Haifischflossensuppe, Souvenirs aus Haifischzähnen, Schildpatt usw. rigoros verzichtet. Gut informiert und engagiert für die Erhaltung des Lebensraums unter Wasser zu sein, sollte unser aller Anliegen sein!

Respekt

Indem man die Unterwasserwelt respektiert und mit ihr entsprechend rücksichtsvoll umgeht, leistest man einen wertvollen Beitrag für den Schutz des blauen Planeten. Man sollte nie vergessen, dass man nur Gast ist und sich in einer fremden Welt bewegt. Aus Respekt gegenüber dieser »anderen Welt« sollte man jede Störung, die ihr Gleichgewicht durcheinander bringen könnte, unterlassen. Zeigen Sie Respekt indem Sie beispielsweise auf den Kauf von Souvenirs, die aus dem Meer stammen, verzichten, oder indem Sie die Entsorgung des eigenen Mülls zu Hause anstatt im Wasser erledigen, oder indem Sie auf das perfekte Tarieren und die korrekte Platzierung der Schnorchel-Ausrüstung achten etc. Sie sehen, es gibt so viele Möglichkeiten, wie auch Sie einen wichtigen Beitrag zum Schutz der Unterwasserwelt leisten können.

Rücksicht

Nehmen Sie auf das empfindliche Ökosystem unter Wasser Rücksicht. Schäden, die Sie der Flora und Fauna zufügen, sind oft irreparabel. Darum achten Sie darauf, dass beispielsweise nicht der Anker vom Boot einfach so in die Korallen geworfen wird. Bewegen Sie sich immer langsam, überlegt und achten Sie darauf, dass Sie beispielsweise mit herunterhängenden Teilen Ihrer Schnorchel-Ausrüstung keine Gorgonien, Korallen und dergleichen berühren oder gar beschädigen. Wirbeln Sie auch keine Sand- oder

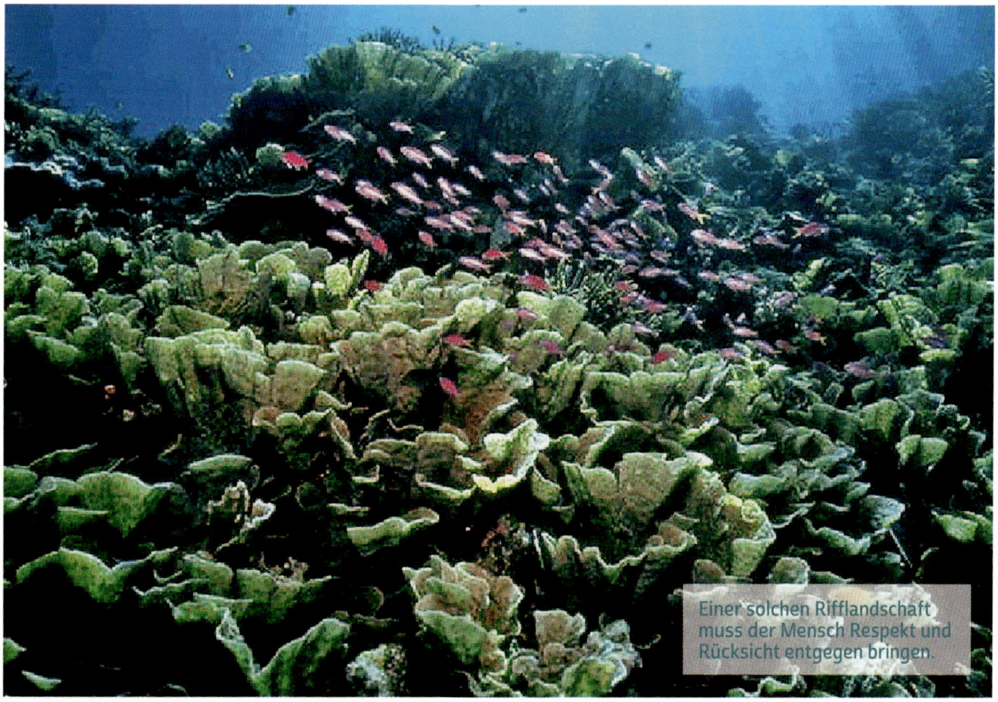

Einer solchen Rifflandschaft muss der Mensch Respekt und Rücksicht entgegen bringen.

Schlammwolken mit Ihren Flossen auf. Viele Schnorchler, die vom Ufer ins Wasser gehen, laufen im flachen Wasser so weit wie möglich, damit sie nicht so lange Strecken schwimmen müssen. Aber auch im Flachwasser tropischer Meere gibt es viele Korallen und andere empfindliche Organismen. Deshalb sollte man nicht zu weit hinaus waten, sondern möglichst frühzeitig das Schwimmen anfangen und vor allem sich nicht auf Korallen stellen. Aber auch beim Schnorcheln bei Nacht sollte man Rücksicht nehmen. Die ruhenden oder schlafenden Tiere werden zum Teil durch das Licht der Unterwasserlampen geweckt und taumeln dann schlaftrunken aus ihrem angestammten Schlafplatz heraus, den sie später teilweise nicht wiederfinden. Sie sind dadurch mehr gefährdet, weil sie erst am nächsten Tag ihr Versteck wieder aufsuchen können. Leuchten Sie daher die Tiere nicht direkt an und verwenden Sie keine zu starken Unterwasserlampen (10-Watt-Lampen genügen). Schauen Sie also immer wohin Sie schnorcheln und vergessen Sie nie, dass Sie nur ein Gast in einer für uns noch relativ fremden Welt sind. Und daher ist es Ihre Aufgabe Rücksicht zu nehmen.

Souvenirs

In allen Gewässern rund um den Erdball gibt es wunderschöne Muscheln, Schnecken und Korallen. Die Versuchung, einige davon mit nach Hause zu nehmen, ist sicherlich groß. Aber jedes Lebewesen sollte in seiner natürlichen Umgebung belassen werden. Selbst leere Muschelschalen haben beispielsweise noch eine wichtige Funktion, denn sie dienen u.a. Einsiedlerkrebsen als Behausungen. Sobald Muscheln zum Beispiel aus dem Wasser herausgenommen, und zum Trocknen in die Sonne gelegt werden, verlieren sie ihre Farbenpracht und fangen nach kurzer Zeit an zu stinken. Bitte versuchen Sie auch andere davon

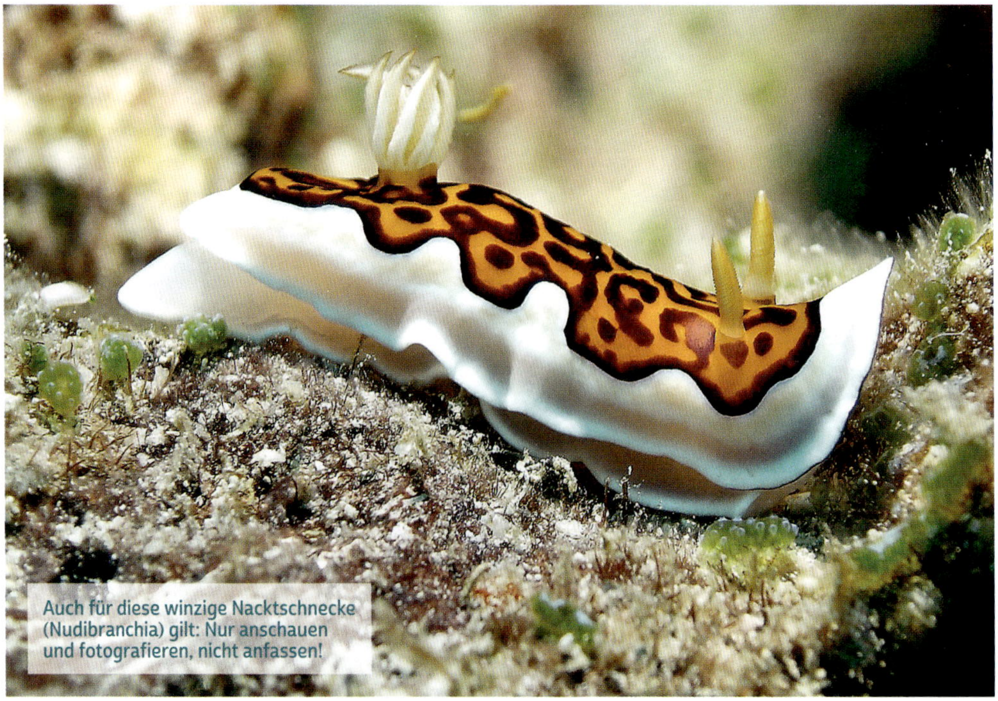

Auch für diese winzige Nacktschnecke (Nudibranchia) gilt: Nur anschauen und fotografieren, nicht anfassen!

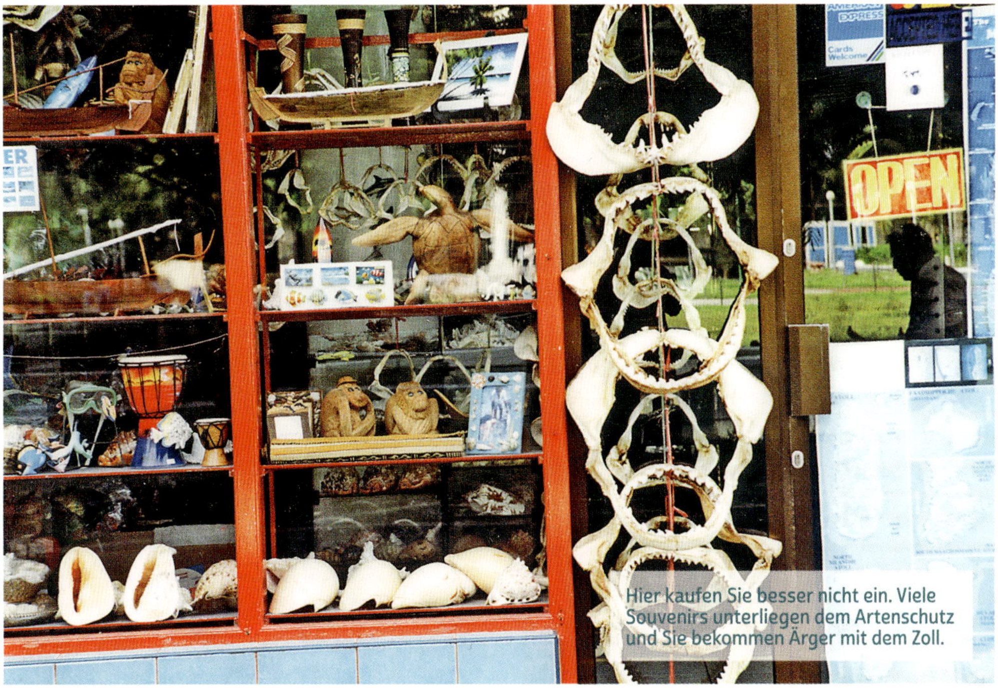

Hier kaufen Sie besser nicht ein. Viele Souvenirs unterliegen dem Artenschutz und Sie bekommen Ärger mit dem Zoll.

abzuhalten, Muschelschalen, Schneckengehäuse, Korallen, Seesterne, Haifischzähne, getrocknete Seepferdchen, Igelfische als Lampenschirme, Korallenfächer als Dekoration etc. zu kaufen, denn oft fallen ganze Populationen der Kauflust von Touristen zum Opfer. Der Kauf von toten Muscheln und Schnecken ist scheinbar nicht schädlich für das Meer, aber das trügt, denn die meisten Tiere werden nur wegen der Nachfrage getötet. Wenn keiner Muscheln kaufen würde, hätten sie zumindest eine viel größere Überlebenschance. Durch derartige Eingriffe wird das ökologische Gleichgewicht eines Riffs gestört, ja unter Umständen kann dies sogar zum Absterben des gesamten Riffs führen. Sammeln Sie daher keine Souvenirs aus der Unterwasserwelt. Verzichten Sie konsequent auf selbstgefundene oder aus Tieren beziehungsweise Pflanzen hergestellte Mitbringsel. Diese sollten für jeden verbotene Souvenirs sein. Erfreuen Sie sich lieber beim Schnorcheln an der natürlichen Schönheit der Unterwasserwelt und machen Sie zur Erinnerung beispielsweise lieber Fotos davon.

Tarierung

Wenn Sie schlecht austariert sind, dann wirbeln Sie häufig Sand- oder Schlammwolken auf, die sich ihrerseits wiederum auf den Korallen absetzen, wodurch die Polypen von der Nahrungszufuhr abgeschnitten werden und ersticken. Die Folge davon kann unter Umständen sein, dass der gesamte Korallenblock abstirbt. Die Beherrschung der Tarierung ist daher von elementarer Bedeutung für den Schutz der Unterwasserwelt. Durch korrektes Tarieren vermeiden Sie Schäden am Boden, an Riffen und Korallen.

Unterwasserjagd

Selbst Inhabern eines Angelscheins ist es nicht erlaubt, während des Schnorchel-Ausflugs Fische zu fangen. Wer dennoch fischt, der macht sich der Wilderei schuldig und wird dementsprechend bestraft. Unter Schnorchlern ist die Unterwasserjagd - egal ob nun mit Harpune, Speer, Gift, Netz oder Schnur - zu Recht verpönt, denn mit Sport hat dies überhaupt nichts zu tun, da es den Tieren einfach gar keine Chance lässt. Mit dem Messer in der Hand durch das Riff zu schwimmen, als wenn man sich gegen einen Feind verteidigen müsste, ist sicherlich auch nicht der richtige Weg. Durch die Unterwasserjagd findet außerdem eine unkontrollierte Selektion der Fischbestände statt, die zu einer empfindlichen Störung des sensiblen Ökosystems unter Wasser führen. Töten Sie keine Tiere, denn das ist ein Eingriff in das ökologische Gleichgewicht der Riffe, sondern erfreuen Sie sich lieber an den Tieren in ihrem natürlichen Lebensraum und beherzigen Sie den Grundsatz vieler Schnorchler: »Nimm nichts mit außer Erinnerungen - lasse nichts zurück außer Luftblasen.«

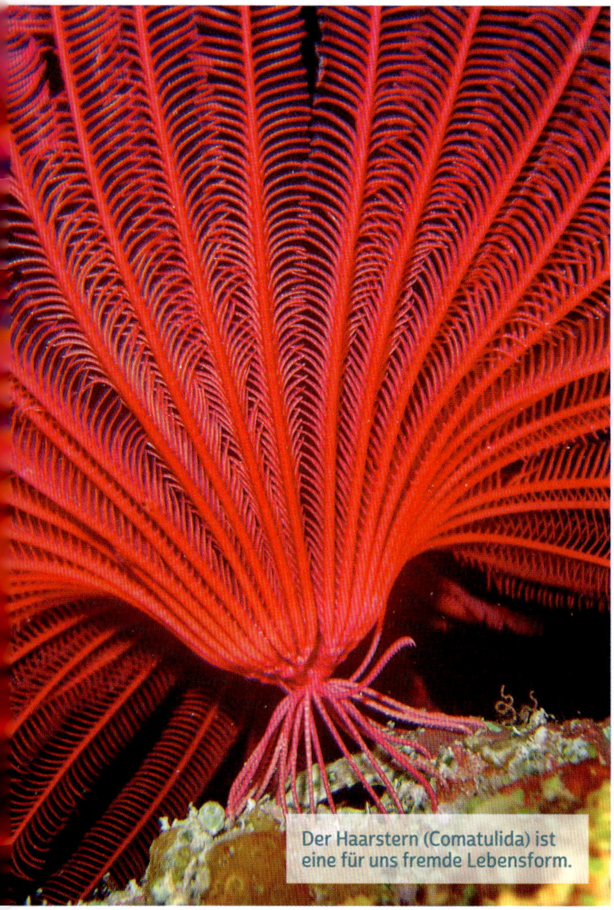

Der Haarstern (Comatulida) ist eine für uns fremde Lebensform.

Verantwortung

Beim Schnorcheln begegnet man fremden Lebewesen und Lebensformen. Oft sind diese nicht nur einem selbst fremd, sondern viele von ihnen geben auch der Wissenschaft heute noch Rätsel auf. Dieses Leben zu achten und durch rücksichtsvolle Zurückhaltung zu schützen, ist daher die Aufgabe jedes verantwortungsbewussten Schnorchlers. Man sollte also nichts anfassen und nichts mitnehmen. Die Welt unter Wasser hat eine Chance, wenn wir mit ihr verantwortungsvoll umgehen.

Vorbereitung

Wie bei so vielen Sachen im Leben, ist auch beim Schnorcheln eine gute Vorbereitung wichtig. Falls ein Hallenbad oder Pool zur Verfügung steht, kann man dort beispielsweise hervorragend die neue Schnorchel-Ausrüstung ausprobieren, oder seine Schnorchel- und Schwimmfertigkeiten trainieren und auf dem laufenden halten. Wenn man solch eine Möglichkeit nicht hat, dann sollte man bei seinem nächsten Schnorchel-Ausflug darauf achten, dass man nicht auf dem empfindlichen Korallenriff übt, sondern über Sandgrund. Damit verhindert man Beschädigungen an Korallen und anderen Lebewesen. Man sollte sich also immer gut auf seinen Besuch der Unterwasserwelt vorbereiten.

Vorbild

Als Schnorchler sollte man beispielsweise wissen, was ins Wasser geworfene Abfälle verursachen können. Ebenso sollte jedem bekannt sein, welche Auswirkungen das Berühren von Lebewesen und Korallen im Wasser hat, und welche Probleme durch den Kauf von Souvenirs, die aus dem Meer kommen, verursacht werden. Nicht zu vergessen sind die eigenen Fertigkeiten, um beispielsweise eine neutrale Tarierung zu erreichen, oder keinen Sand aufzuwirbeln. Als Schnorchler sollte man um die Zusammenhänge wissen. Seien Sie sich bewusst, dass was immer Sie sagen und was immer Sie tun, Sie für andere Menschen ein Repräsentant des Schnorchel-Sports sind. Daher sollte es jedem Schnorchler daran gelegen sein, seinen Mitmenschen in Sachen Umweltschutz ein Vorbild zu sein - und dies sowohl unter als auch über Wasser.

Wracks

Von einem gesunkenen Schiff geht ein ganz besonderer Reiz aus - gleichgültig um welche Art von Schiff es sich handelt und wann und unter welchen Umständen es gesunken ist. Es gibt kaum etwas Aufregenderes als die Entdeckung und Erkundung eines geheimnisvollen Wracks. Viele Schnorchler unterliegen jedoch leider gerade beim Schnorcheln an Wracks ihrer Sammelleidenschaft. Doch wenn jeder Schnorchler auch nur ein kleines Stückchen mitnimmt, bleibt von einem vormals faszinierenden Wrack nach einiger Zeit bald nur noch ein Haufen uninteressanter Schrott auf dem Meeresboden zurück. Selbst archäologisch wichtige Zusammenhänge können dann nicht mehr hergestellt werden und auch die besondere Atmosphäre, an der sich auch in Zukunft noch andere Schnorchler hätten erfreuen können, existiert nicht mehr. In vielen Gegenden ist es sogar strikt verboten, Dinge aus einem Wrack mitzunehmen. Wer gegen diese Vorschrift verstößt, kann seine gesamte Schnorchel-Ausrüstung verlieren und mit empfindlichen Geldbußen bestraft werden.

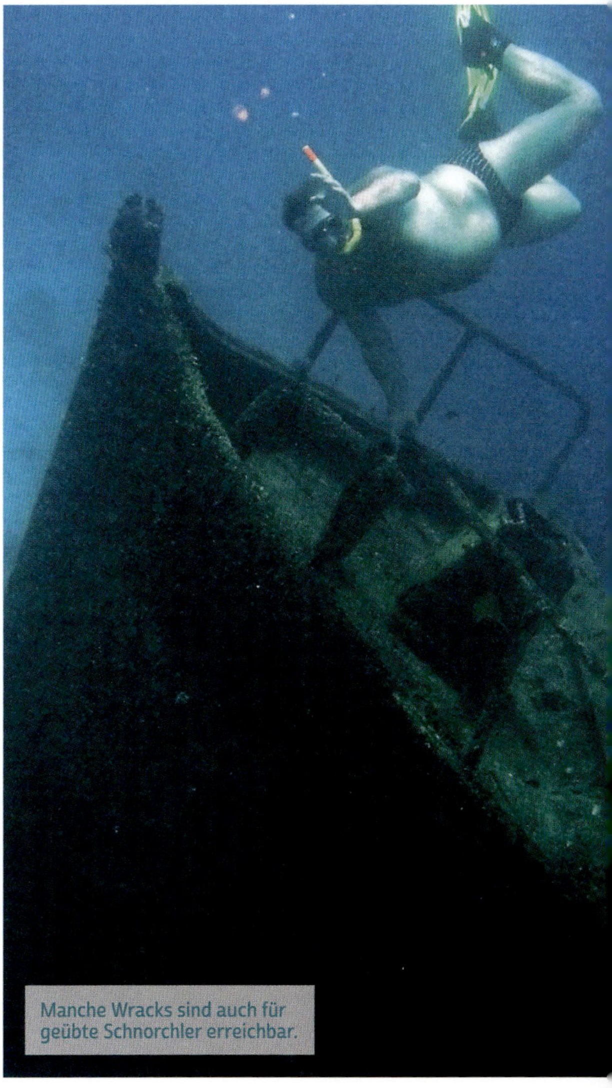

Manche Wracks sind auch für geübte Schnorchler erreichbar.

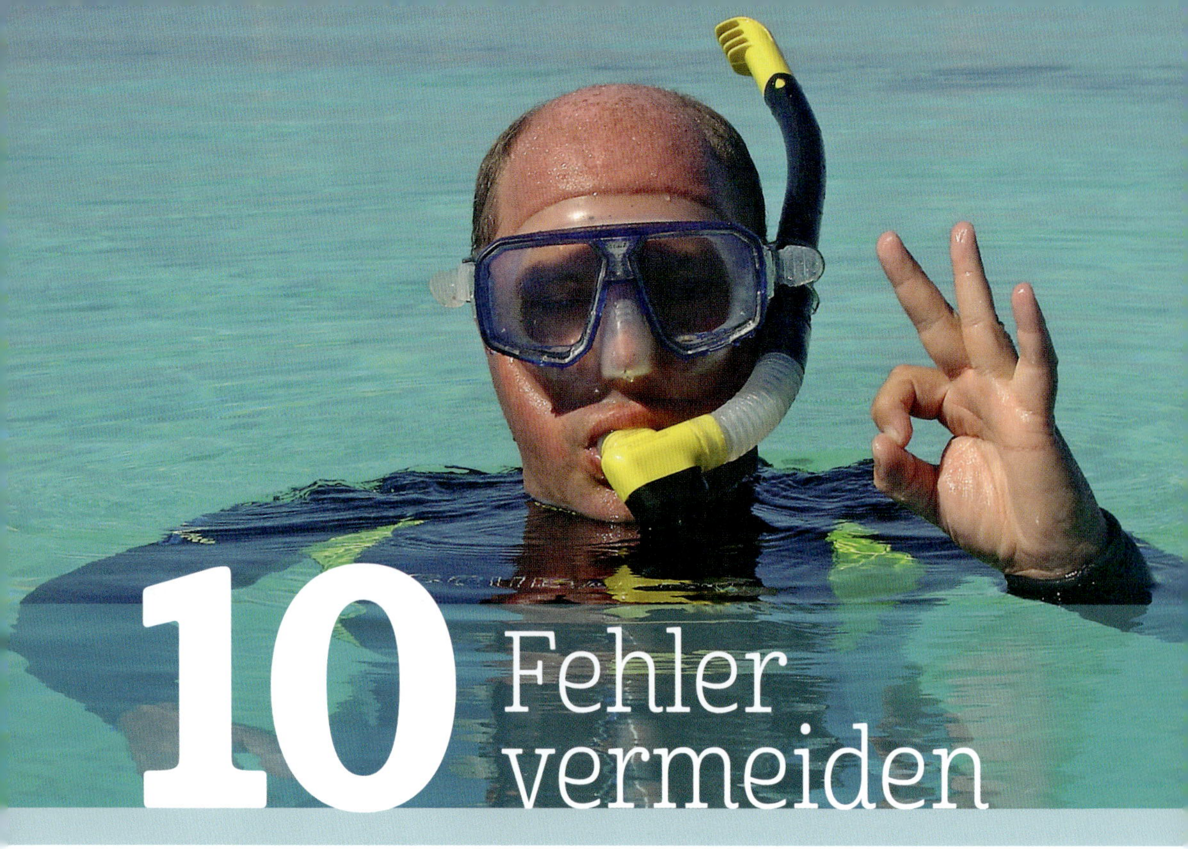

10 Fehler vermeiden

Wer sich für den Schnorchel-Sport begeistern kann, möchte gern mehr darüber erfahren. Das Wissen ist zwar wichtig, aber die Praxis auch. Über eine Sache zu sprechen oder zu lesen ist nicht dasselbe, wie sie zu tun. Allzu oft wird intellektueller Hintergrund mit Erfahrung verwechselt. Ein gesundes Risikobewusstsein, körperliche Fitness, Schnorchel-Training, sowie das Lernen durch Beobachtungen, können helfen mögliche Fehler zu vermeiden.

Damit Sie möglichst Fehler vermeiden, an dieser Stelle ein offenes Wort. Sie werden – wie bei so vielen anderen Dingen auch – aus dem Schnorcheln nur das herausholen können, was Sie auch hineingesteckt haben. Sollten Sie das Schnorcheln einmal langweilig finden, dann überlegen Sie bitte ganz genau, was Sie vom Schnorcheln erwarten, und was Sie dafür getan haben. Wenn Sie nicht mehr zufrieden sind, dann sollten Sie unbedingt eine neue Richtung einschlagen.

Schnorcheln besteht nicht nur aus einer einzigen Aktivität, sondern er ist eine Tür, durch die Ihnen eine Vielzahl an unterschiedlichsten Betätigungen und Herausforderungen unter Wasser eröffnet werden. Normalerweise erfordern die meisten Schnorchel-Ausflüge keine besonderen körperlichen Anstrengungen. Es gibt jedoch Situationen wie beispielsweise hohe Brandung, starke Strömung, kaltes Wasser etc., die den Schnorchler physisch und psychisch stark beanspruchen können. Überschätzen Sie sich daher bitte nie, und schnorcheln Sie immer innerhalb Ihrer Grenzen. Eine der größten Ängste von Schnorchel-Einsteigern resultiert aus der Annahme, dass dem Schnorchler eventuell die Luft unter Wasser ausgehen könnte. Richtig ist, dass die Zeit, die Schnorchler unter Wasser verbringen können, begrenzt ist. Mit zunehmendem Training und Erfahrung werden Sie sich Schritt für Schritt verbessern und somit Ihre persönlichen Grenzen nicht nur kennen lernen sondern auch immer wieder ausbauen. Wenn Sie also ein aufmerksamer Schnorchler sind, Ihren ganz normalen Menschenverstand walten lassen, und innerhalb Ihrer Grenzen schnorcheln, dann wird Ihnen die Luft auch niemals unter Wasser ausgehen.

Ein weiterer Angstfaktor bei vielen Schnorchel-Einsteigern ist, dass sie glauben, dass ihre Schnorchel-Ausrüstung nicht zuverlässig genug ist. Die Erfahrungen zeigen aber, dass eine ordnungsgemäß gepflegte und gewartete Schnorchel-Ausrüstung nie versagt. Gehen Sie auf Nummer sicher und gewöhnen Sie sich gleich von Anfang an, Ihre Schnorchel-Ausrüstung ordnungsgemäß zu pflegen und vor jedem Schnorchel-Ausflug zu überprüfen. Nicht nur Sie selbst sollten den Sitz und die Funktionstüchtigkeit Ihrer Schnorchel-Ausrüstung vor jedem Schnorchel-Ausflug überprüfen, sondern auch Ihr Schnorchel-Partner kann dies zusätzlich noch tun - das ist der sogenannte »Partner-Check«.

Kaufen Sie sich möglichst Schritt für Schritt Ihre eigene Schnorchel-Ausrüstung. Bitte kleiden Sie sich nicht gleich komplett von Kopf bis Fuß ein, denn Sie sind ja noch auf dem Weg Ihre Schnorchel-Fertigkeiten weiter zu entwickeln. Nehmen Sie bitte auch nicht gleich das erstbeste Fachgeschäft für Ihren Ausrüstungsverkauf ins Visier. Nicht immer sind die Fachgeschäfte mit der größten und buntesten Werbeanzeige auch die besten. Es gibt auch Tauchausbildungsverbände, die u.a. Schnorchel-Schulungen anbieten. Doch auch hier gilt das Gleiche: Eine Vielzahl von Tauchorganisationen, die Programme mit standardisierter Tauch- und Schnorchel-Ausbildung anbieten, machen es dem Einsteiger nicht gerade leicht, sich für den richtigen Ausbildungsverband zu entscheiden. Und dann sind da auch

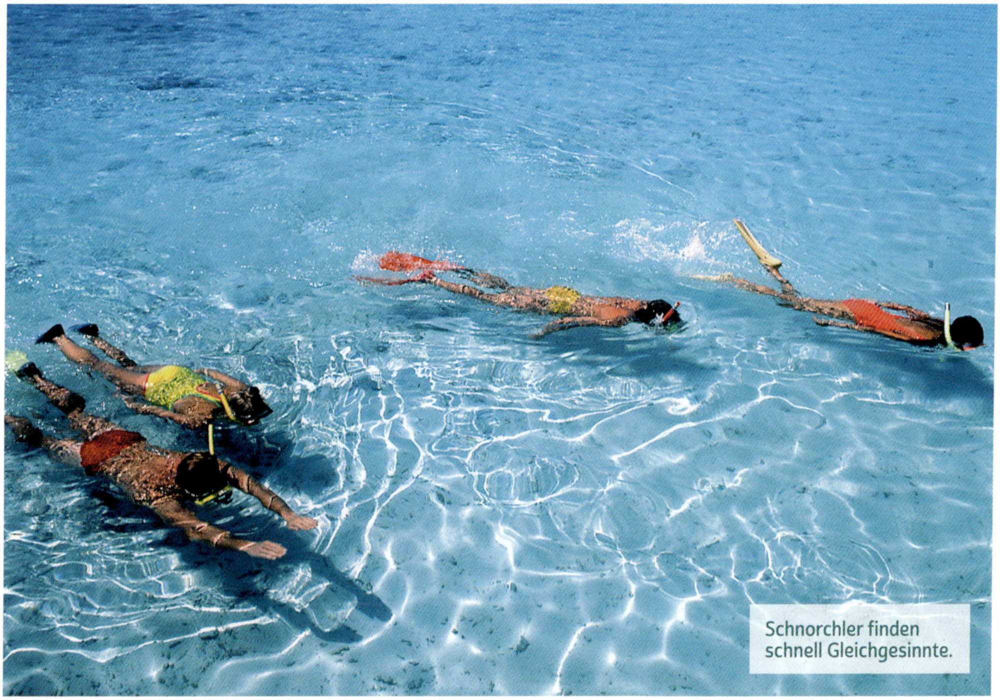

Schnorchler finden schnell Gleichgesinnte.

noch die Ausbilder oder Instruktoren. Nicht jeder von ihnen versteht seine Arbeit als Beruf (-ung!). Bevor Sie also Ihre Entscheidung treffen, verschaffen Sie sich einen Überblick, holen Sie möglichst viele Informationen ein, sprechen Sie mit Freunden und Bekannten über Ihr Vorhaben. Vielleicht findet sich bei der Gelegenheit ja auch gleich noch so ganz nebenbei ein geeigneter Schnorchel-Partner mit dem Sie zusammen in das Abenteuer Schnorcheln starten können. Es braucht seine Zeit, um die zu einem optimal passende Ausrüstung zu finden. Orientieren Sie sich am besten an Ihren eigenen Schnorchel-Aktivitäten und denen Ihres Schnorchel-Partners. Sie werden sehen, mit Ihrem eigenem Equipment schnorcheln Sie öfter und es ist auch viel bequemer, denn Sie sparen sich u.a. die Mühe, sich jedes Mal vor dem nächsten Schnochel-Ausflug mit der Leihausrüstung abzuplagen.

Seien Sie aktiv und bilden Sie sich fort. Weiterbildung ist wichtig und hat viele Vorteile. Sie werden vertrauter mit spezialisierten Schnorchel-Aktivitäten, schnorcheln unter verschiedenen Bedingungen in unterschiedlichen Umgebungen, probieren neue Schnorchel-Aktivitäten aus, entwickeln neue Fertigkeiten und erweitern dadurch Ihren Schatz an Erfahrungen. Gleichzeitig lernen Sie auch noch welche Ausrüstung am ehesten Ihren Vorstellungen und Interessen entspricht. Zusätzlich finden Sie auch noch heraus, welche Aspekte des Schnorchelns Ihnen am meisten bedeuten. Sie sehen also, Weiterbildung erhöht Ihre eigenen Schnorchel-Fertigkeiten, und damit auch Ihre Sicherheit.

Informieren Sie sich in einschlägigen Zeitschriften, Magazinen und anderen Publikationen. Halten Sie Ihr Wissen immer auf dem aktuellen Stand und besuchen Sie Wassersportmessen und -ausstellungen. Suchen Sie Kontakt zu anderen Schnorchlern und Sie werden sehen, wie viele nützliche Tipps und Anregungen Sie von Gleichgesinnten erhalten.

Sicherlich haben Sie Recht, wenn Sie der Meinung sind, dass das Schnorcheln selten so ist, wie es in Filmen dargestellt wird, oder wie Sie es vom Hörensagen aus dem Bekanntenkreis her kennen. Die wahren Unterschiede werden Sie selber schnell erkennen. Sie werden beispielsweise feststellen, dass die meisten Fische vor den Schnorchlern eher davon schwimmen, weil sie diese entweder als unbekannte Eindringlinge in ihren Lebensraum ansehen, oder weil sie durch die Geräusche, die ein Schnorchler verursacht, in die Flucht geschlagen werden. Haben Sie nicht auch schon einmal überlegt, dass ein weiterer Grund vielleicht sein könnte, dass Schnorchler überhaupt nicht auf der »Speisekarte« der Fische stehen? Und wie sieht es da jetzt bei Begegnung mit Haien aus? Nun, ein weiterer Irrglaube, dem Schnorchel-Einsteiger oftmals unterliegen, ist, dass jeder Schnorchel-Ausflug im Meer ganz automatisch immer auch die Gefahr eines Haiangriffs in sich birgt. Hier haben leider reißerische Kinofilme, Fernsehbeiträge und andere Publikationen ein falsches Bild von der Wirklichkeit entstehen lassen. Wahr ist, dass u.a. durch die Verbesserung der Fangmethoden in den letzten Jahren eine Überfischung in den Weltmeeren stattfindet, die einen Kollaps vieler Fischarten hervorruft, und die damit auch dem Hai indirekt seine Lebensgrundlage entzieht. Im Zuge dieser neuen Fangmethoden werden weltweit jedes Jahr tonnenweise Haie im so genannten Beifang (also als »unnützer« Abfall), getötet. Allein durch die Verunreinigung der Meere wird der Hai automatisch dezimiert, denn er steht am Ende der Nahrungskette und frisst die verunreinigten Fische. Schwermetalle wie z.B. Kadmium, Quecksilber, Blei, etc., sowie chemische Gifte wie beispielsweise PCB, DDT, TBT etc., wirken sich nachweislich negativ auf seine Fortpflanzungsrate, seine allgemeine Entwicklung, das Immunsystem, Herz- Kreislaufsystem und das zentrale und periphere Nervensystem aus. Hinzu kommt, dass Haie von Natur aus bereits schon eine niedrige Fortpflanzungsrate und ein langsames Wachstums im Vergleich zu anderen Fischen haben. Die Globalisierung, der Fischerei erhöht zusätzlich noch den Handel mit Haifischflossen, und steigert damit die Popularität und Nachfrage nach der bekannten Haifischflossensuppe. Doch wer weiß denn schon, dass nur um Profit zu machen, den Haien hierfür bei lebendigen Leib die Brust- und Rückenflossen abgeschnitten werden - das ist das so genannte »Finning« - und der restliche Körper wieder ins Meer geworfen wird, wo er dann elendig zu Grunde geht. Große, abgerissene und herumtreibende Netze und auch die Sportfischerei, durch ihre Jagd nach Trophäen, dezimieren ebenfalls die Population der Haie. Aus diesen Gründen bietet sich nur wenigen Schnorchlern jemals die Gelegenheit, Haie überhaupt zu sehen. Die Begegnung mit diesen einzigartigen Tieren ist derart ungewöhnlich, dass viele Schnorchler lange Reisen und Strapazen auf sich nehmen, nur um einmal Haie in ihrer natürlichen Umgebung zu beobachten und zu fotografieren. Und wenn man ihnen dann einmal wirklich begegnet, zeigen Haie meistens wenig oder kein Interesse an den Schnorchlern - es sei denn, sie werden »angefüttert«. Schnorchler, die ruhig bleiben und sich langsam fortbewegen, werden beispielsweise von einem vorbei schwimmenden Hai meist kaum oder gar nicht beachtet. So, wie auch die meisten anderen Tiere unter Wasser, lassen sie Sie in Ruhe, solange sie sich von Ihnen nicht belästigt fühlen. Zum Vergleich: Es ist 50 mal wahrscheinlicher durch einen Blitzschlag getötet zu werden, als einem Haiangriff zum Opfer zu fallen! Es kommen nachweislich mehr Menschen bei Verkehrsunfällen pro Tag ums Leben, als durch Haie in einem ganzen Jahr! Und wie ist es mit Ihnen? Lassen Sie deshalb etwa Ihr Auto heute stehen?

In Filmen und auf Bildern sieht das Schnorcheln oft einfach und leicht aus. Sicherlich ist das auch so, doch wo Sonne ist, da gibt es auch Schatten. Das ist nun einmal so. Auch Sie werden, wie jeder Schnorchler im Laufe seiner Zeit, die ein oder andere Erfahrung machen, die Ihnen nicht gefällt. So werden beispielsweise die Bedingungen manchmal schlecht sein, zu hoher Wellengang, zu schlechte Sichtweite, oder Sie werden einen Schnorchel-Partner haben, den Sie nicht leiden können, oder Sie werden Schnorchel-Plätze besuchen, die Ihnen nicht gefallen. Ihre Maske läuft immer wieder voll Wasser, Sie haben Probleme mit der Fortbewegung und der Neoprenanzug sitzt nicht perfekt. Doch kennen Sie solche kleinen Stolpersteine nicht auch von anderen Sportarten oder Aktivitäten? Nicht jeder Stürmer einer Fußballmannschaft schießt bei jedem Spiel ein Tor, nicht jeder Skifahrer kommt ohne Sturz in den Schnee den Berg hinunter, nicht mit jedem Wurf fallen beim Kegeln alle Neune, und Sie bringen auch nicht jeden Tag Höchstleistungen beim Joggen. Schmeißen Sie deshalb nicht gleich die Flinte ins Korn, sondern lernen Sie daraus. Der Schnorchel-Sport ist so vielfältig, dass jeder das finden kann, worin er wirklich gut ist und was ihm auch wirklich Spaß macht. Auch Sie. Wenn Sie mit dieser Einstellung an die Sache herangehen, kann nichts passieren und Sie werden sehen, Schnorcheln wird zu einer echten Leidenschaft. Sie stehen gerade erst am Anfang einer Welt voll neuer Abenteuer.

10.1 Fehlverhalten von Schnorchlern

Wasser ist für uns Menschen nun einmal eine eher feindliche Umgebung. Sobald wir den Kopf ins Wasser eintauchen, aktiviert unser Körper automatisch seine Überlebensmechanismen.

Wir können aber auch beim Schnorcheln selbst in gefährliche Situationen kommen, manchmal unverhofft, manchmal selbst verschuldet. Die meisten Schwierigkeiten können Sie überwinden, indem Sie Ruhe bewahren, nachdenken und ohne Hektik handeln. Solange Sie Luft zum Atmen haben, können Sie nahezu alle Schwierigkeiten meistern.

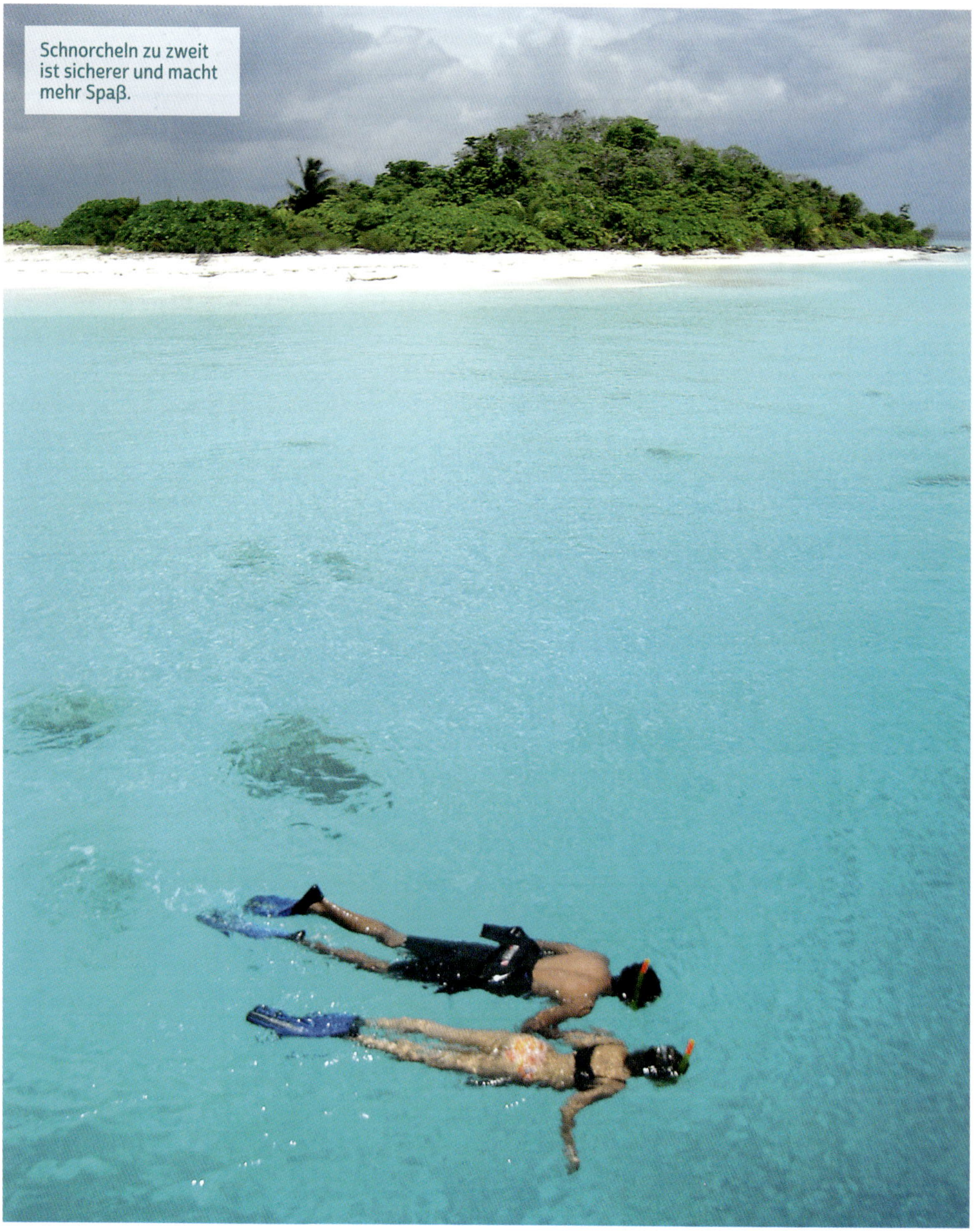

Schnorcheln zu zweit ist sicherer und macht mehr Spaß.

Um auf der sicheren Seite zu sein, halten Sie sich immer an die 3-P-Regel: Paarweise, Partner-System und Partner-Check.

Paarweise

Gehen Sie möglichst immer zu zweit (mit einem Partner) schnorcheln. Schnorcheln zu zweit hat u.a. praktische Gründe, denn man kann sich gegenseitig beim Anlegen der Ausrüstung behilflich sein. Außerdem sehen bekanntlich vier Augen mehr als zwei, und der erhöhte Sicherheitsaspekt sollte auch nicht vergessen werden, falls einmal Hilfe benötigt wird.

Partner-System

Einigen Sie sich mit Ihrem Partner vor dem Schnorchel-Ausflug auf eine Position zueinander. Wenn Sie mit Ihrem Schnorchel-Partner beispielsweise verabredet haben, dass Sie rechts von ihm schnorcheln, dann sollten Sie während des gesamten Schnorchel-Ausflugs auch auf der rechten Seite bleiben. Gleiches gilt für die gemeinsame Richtung. Die Schnorchler müssen den einmal vereinbarten Kurs solange beibehalten, bis einer von beiden einen Richtungswechsel anzeigt und der andere zustimmt. Wenn Sie Ihren Schnorchel-Partner aus den Augen verlieren sollten, dann müssen Sie nach ihm suchen. Auch hier gilt, nur wenn beide sich an den vereinbarten Kurs halten, weiß jeder, wo der andere zu finden ist. Sie werden sehen, je öfter Sie mit Ihrem Partner zusammen schnorcheln, desto weniger werden sie sich aus den Augen verlieren. Jeder lernt den Schnorchel-Stil des anderen kennen, passt sich dem anderen mit der Zeit an und wächst mit ihm zu einem Team zusammen.

Partner-Check

Stimmen Sie sich so mit Ihrem Schnorchel-Partner ab, dass Sie beide möglichst gleichzeitig fertig angezogen sind. Nehmen Sie sich dann Zeit, um gegenseitig die Ausrüstung zu checken (kontrollieren). Überprüfen Sie, ob alle Teile ordnungsgemäß vorhanden, und funktionstüchtig sind. Nehmen Sie sich Zeit für diesen Check, denn ein Problem lässt sich vor einem Schnorchel-Ausflug leichter beheben, als während des Schnorchelns.

Um möglichst sorgenfrei schnorcheln zu können, sollte man außerdem noch bei normaler Gesundheit sein und über eine ausgewogene Selbstdisziplin verfügen. Wichtig ist die realistische Einschätzung eigener Kräfte und Grenzen. Wenn Sie das Gefühl haben sollten, dass Sie mit Ihrer Ausrüstung »kämpfen« müssen, dann ist dies ein Zeichen dafür, dass Sie mit ihr noch nicht sicher umgehen können. Versuchen Sie immer ruhig und gezielt vorzugehen. Überlegen Sie sich die einzelnen Schritte und führen Sie dann einen nach dem anderen durch. Nachfolgend sind in eher ungezwungener Reihenfolge einige wesentliche Fehler und problembehaftete Situationen aufgeführt, die Sie möglichst vermeiden sollten.

10.1 Vorfälle - was ist zu tun?

Abtauchen

Falls Sie zu tief abtauchen, kann es sein, dass Sie mit zunehmender Tiefe immer einfacher und schneller absinken. Hierbei wird aber leider oft der Weg zurück zur Wasseroberfläche falsch eingeschätzt und es kommt dann Panik auf. Tasten Sie sich daher langsam, Schritt für Schritt vor. Strapazieren Sie Ihre persönlichen Grenzen nicht zu sehr. Planen Sie für Ihren Weg zurück zur Oberfläche immer etwas mehr Zeit ein, dann befinden Sie sich auf der sicheren Seite.

Ausrüstungsprobleme

Probleme mit der Ausrüstung entstehen u.a. dadurch, dass Teile der Ausrüstung nicht richtig eingestellt worden sind und sich während des Schnorchelns verstellen, oder nicht mehr richtig funktionieren, ungewohnt sind, sich lösen oder verloren gehen, von Anfang an nicht passen oder unzureichend sind, oder eventuell sogar ganz fehlen. Jeder Schnorchler sollte solche Unzulänglichkeiten erkennen und damit umgehen können. Glücklicherweise kann nahezu jedes Ausrüstungsteil im Wasser eingestellt werden. Sollten Sie einmal in solch eine Situation kommen, dann überlegen Sie zuerst, wie Sie vorgehen wollen, und fangen Sie dann in aller Ruhe an das entsprechende Teil der Ausrüstung richtig einzustellen. Sobald Sie spüren, dass Sie nervös oder hektisch werden, unterbrechen Sie Ihre Tätigkeit. Versuchen Sie sich zu beruhigen, indem Sie beispielsweise ganz bewusst und tief atmen. Überdenken Sie Ihr Vorgehen noch einmal, vielleicht gibt es eine einfachere Möglichkeit, und fahren Sie erst dann in aller Ruhe fort. Bedenken Sie bitte, es besteht immer die Möglichkeit, dass Sie Ihre Maske, Flossen, oder den Schnorchel, oder Bleigurt verlieren. Alles sind wichtige Ausrüstungsteile. Trotzdem müssen Sie solange ohne sie auskommen, bis Sie sie wieder gefunden haben. Üben Sie daher, ohne diese Ausrüstungsteile zu schnorcheln, und entwickeln Sie Fähigkeiten, um in solch einer Situation ruhig zu bleiben.

Außer Atem

Wenn Sie an der Wasseroberfläche merken, dass Sie außer Atem sind (also einen so genannten Lufthunger bzw. Luftmangel verspüren), oder das Gefühl haben, dass Sie durch den Schnorchel nicht genug Luft bekommen, dann müssen Sie Ihre Tätigkeit unterbrechen, an Ort und Stelle verweilen, und sich entspannen. Atmen Sie langsam und tief ein und aus. Das Gefühl des Lufthungers geht vorüber, sobald Sie Ihre Atmung wieder unter Kontrolle haben.

Bleigurt

Ein Bleigurt kann verrutschen, oder die Schnalle kann sich versehentlich öffnen. Ein geöffneter Bleigurt ist im Wasser jedoch nicht einfach zu handhaben. Wenn Sie den Gurt beispielsweise lösen, dann schwingen die Gewichte nach unten. Halten Sie daher den Bleigurt immer am offenen Ende ohne Schnalle fest, damit die Bleistücke, falls sie herunterrutschen sollten, von der Schnalle am anderen Ende aufgehalten werden. Achten Sie dabei auf Ihr Gleichgewicht, denn sobald der Bleigurt nicht mehr an Ihrem Körper anliegt, verschiebt sich Ihr Gewichtsmittelpunkt. Den Bleigurt im Wasser wieder anzulegen, bedarf u.a. aufgrund der Schwerkraft etwas Übung. Stehen Sie nicht senkrecht im Wasser, sondern legen Sie sich wenn möglich auf den Bauch, und den Gurt in Hüfthöhe über den Rücken. So steht die Schnalle nicht unter Spannung, und Sie können den Gurt mühelos vor sich schließen. Prüfen Sie, ob der Gurt auch wirklich geschlossen ist und hält. Achten Sie darauf, dass er nicht verdreht ist und dass die Bleistücke richtig liegen, denn die Position der Bleistücke auf dem Gurt sollte Sie nicht aus der Balance bringen.

Den Bleigurt in einem Notfall abzuwerfen, erscheint oft einfacher als es ist. Daher den Bleigurt immer über mögliche Bänder von Schnorchel-Westen anlegen. Damit er sich nirgendwo verfangen kann, halten Sie ihn beim Abwurf möglichst weit von sich weg, und achten Sie darauf, dass er auch wirklich frei ist.

Druckausgleich

Der Druckausgleich in den Ohren wird während des Abstiegs normalerweise durch das Valsalva-Manöver durchgeführt. Der hierdurch von innen erzeugte Überdruck strömt über die Eustachische Röhre vom Nasen-Rachenraum in die Mittelohrhöhle, und kann so das, durch den Außendruck nach innen gewölbte Trommelfell wieder in seine normale Lage zurückbringen. Ist man jedoch verschnupft bzw. erkältet, ist die Eustachische Röhre verstopft, was zur Folge hat,

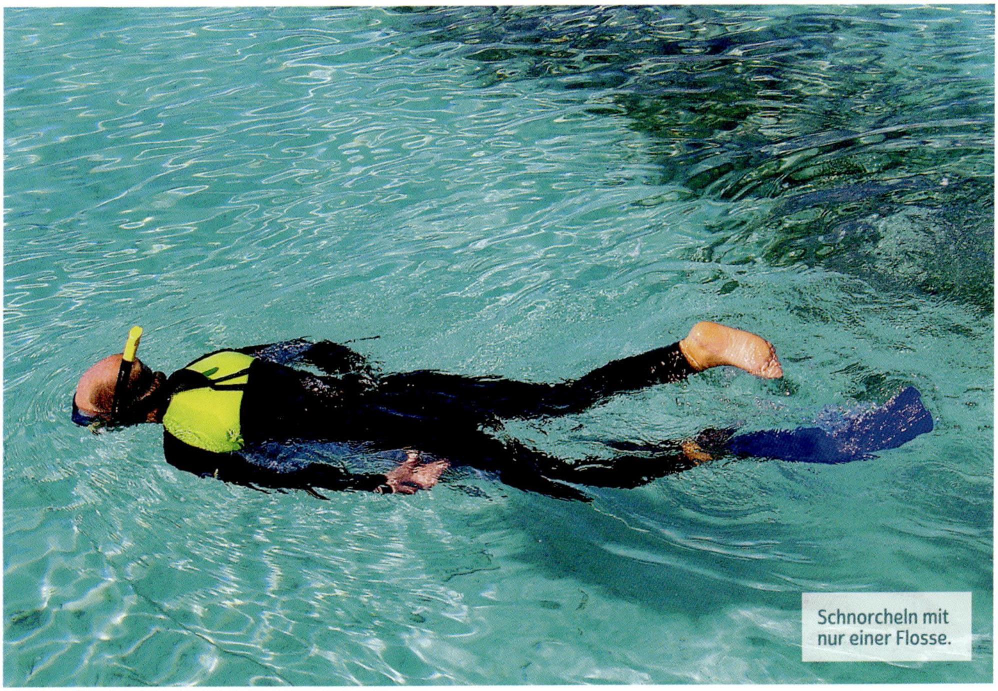

Schnorcheln mit nur einer Flosse.

dass man nur schwer oder sogar gar nicht den Druckausgleich durchführen kann. Tauchen Sie daher langsam und kontrolliert ab, gleichen Sie kontinuierlich den Druck aus. Warten Sie nicht, bis sich das Druckgefühl in Ihren Ohren zu einem Stechen oder Schmerz gesteigert hat. Treten die Beschwerden während des Abtauchens auf, stoppen, langsam ein Stück höher (flacher = geringerer Druck) gehen und erneut versuchen den Druckausgleich herzustellen.

Der Druckausgleich darf auf keinen Fall gewaltsam, d.h. durch übertrieben starkes Pressen herbeigeführt werden. Dadurch könnte das Trommelfell nach außen hin gedehnt und überdehnt werden, und möglicherweise reißen.

Falsche Planung

Eine falsche Planung kann einem nicht nur das schönste Schnorchel-Gebiet verleiden, sondern auch sehr gefährlich sein. Haben Sie beispielsweise keine Vorabinformationen eingeholt, kann es sein, dass Sie in einer befahrenen Schifffahrtsstraße schnorcheln. Oder aber, da Sie kein Ausweichgebiet eingeplant haben, werden Sie eventuell dazu verleitet, auch bei erheblichem Wellengang, oder bei Gewitter zu schnorcheln. Oder Sie sind beim Auftauchen viel zu weit von Ihrem Boot bzw. Ausstiegspunkt entfernt. Zur Planung gehört aber auch die Ausrüstung. So kann es sein, dass Sie durch einen defekten Schnorchel permanent Wasser schlucken, was sicherlich auch zu einem unvergesslichen Erlebnis werden kann. Nehmen Sie sich daher Zeit, planen Sie Ihren Schnorchel-Ausflug und versuchen Sie möglichst alle relevanten Eventualitäten mit einzuplanen.

Flossen

Wenn sich im Wasser beispielsweise ein Flossenband (Geräteflosse) lockert oder löst, dann müssen Sie in der Lage sein, die Flosse auszuziehen, das Band zu befestigen, die Flosse wieder anzuziehen und weiter zu schnorcheln. Wenn Sie in kaltem Gewässer schnorcheln, dann ist es natürlich hilfreich, einen Handschuh auszuziehen, um Band und Schnalle besser greifen zu können. Sie sollten auch lernen mit nur einer Flosse zu schnorcheln, damit Sie sich auch dann noch vorwärts bewegen können, wenn die andere Flosse defekt ist oder gar verloren geht.

Gesundheitszustand

Wenn die gesundheitlichen Voraussetzungen nicht stimmen, kann es sein, dass man beispielsweise beim Herausschwimmen aus einer Strömung sehr schnell ermüdet, den Ausstieg in ein Boot hinein nicht schafft, bei Erkältung den Druckausgleich beim Abtauchen nicht herstellen kann etc. Schnorcheln Sie daher nur, wenn Sie sich fit fühlen, und die gesundheitlichen Voraussetzungen stimmen.

Hilfe leisten

Sie sollten gelernt haben, eigene Probleme nicht nur selbst zu bewältigen, sondern am besten erst gar nicht aufkommen zu lassen. Darüber hinaus haben Sie aber auch Ihrem Schnorchel-Partner gegenüber die Verpflichtung, ihm bei der Lösung seiner Probleme behilflich zu sein. Wenn Ihr Schnorchel-Partner an der Wasseroberfläche in Not sein sollte, helfen Sie ihm dabei, Auftrieb herzustellen. Wenn er beispielsweise einen Krampf hat, helfen Sie ihm dabei, ihn zu lösen. Seien Sie ihm auch bei Problemen mit der Ausrüstung behilflich. Wenn nötig, unterstützen Sie ihn dabei, zum Ausstiegspunkt zurück zu gelangen. Bleiben Sie auf alle Fälle in seiner Nähe, beruhigen Sie ihn wenn nötig.

Husten und verschlucken

Wasser im Schnorchel kann dazu führen, dass Sie es versehentlich einatmen, sich verschlucken und dann möglicherweise husten müssen. Um dem vorzubeugen, atmen Sie beispielsweise nach dem Ausblasen des Schnorchels immer möglichst vorsichtig und flach ein. Zusätzlich können Sie mit der Zunge noch eine Barriere aufbauen, indem Sie sie an den Gaumen anlegen. Dadurch schaffen Sie eine Art Spritzschutz, der verhindert, dass Wasser direkt in die Luftröhre gelangen kann.

Wenn Sie husten müssen, dann husten Sie ruhig in den Schnorchel hinein. Halten Sie den Schnorchel fest und behalten Sie das Mundstück im Mund, damit Sie nicht noch mehr Wasser einatmen. Versuchen Sie mehrmals zu schlucken, dadurch erholt man sich in der Regel schneller. Vertrauen Sie auf die Funktionstüchtigkeit Ihres Schnorchels. Wenn es doch einmal passieren sollte, dass Wasser in die Luftröhre gelangt, dann verschließt sie sich kurzzeitig durch einen automatischen Schutzreflex des Körpers. In dieser Situation ist es unmöglich, ohne große Anstrengung ein- und auszuatmen. Versuchen Sie sich daher am besten zu entspannen und warten Sie ab, bis Sie wieder normal atmen können. Schnorcheln ohne Maske ist ein gutes Training zur Vermeidung dieser Situation, denn Sie lernen dabei, das Einatmen von Wasser möglichst zu vermeiden.

Hyperventilation

Der Schnorchler atmet zu hastig. Dies kann bewusst oder unbewusst durch beispielsweise Angst, Stress oder Überanstrengung geschehen. Die Folge kann sein, dass in den Schnorchel eingedrungenes Wasser unkontrolliert in die Atemwege gelangt, und zu einem Hustenreiz führt. Außerdem kann es bei zu hastiger Atmung über einen längeren Zeitraum hinweg zu einem Schwindelgefühl, oder zu einem krampfähnlichen Zustand, bis hin zu einer Ohnmacht (Bewusstlosigkeit) kommen. Der Schnorchler kann ertrinken. Die Ohnmacht kann auch plötzlich eintreten, ohne vorhergehende Anzeichen. Meiden Sie daher übertriebene Hyperventilation, verwenden Sie lieber andere Atemtechniken.

Krampf

Waden- und Muskelkrämpfe während des Schnorchelns können u.a. aufgrund von Kälte, Überanstrengung oder mangelnder Blutzirkulation auftreten. Ein Krampf in der Muskulatur kann sehr schmerzhaft sein und zieht manchmal auch noch weitere Unannehmlichkeiten nach sich. Beugen Sie dem vor, in dem Sie beispielsweise möglichst vermeiden, dass Sie auskühlen, sich überanstrengen oder zu enge Tauchanzüge bzw. Flossen tragen.

Um einen Krampf zu lösen, sollten Sie den betroffenen Muskel dehnen und massieren. Eine Längsdehnung der Muskeln zieht die verkrampften Fasern wieder auseinander. Wenn Sie einen Krampf im Bein haben sollten, dann ziehen Sie die Flossenspitze zu sich an den Körper und strecken Sie gleichzeitig das Bein durch. Wenn der Krampf gelöst ist, dann müssen Sie dem Muskel etwas Erholung gönnen, indem Sie das Tempo verringern, das andere Bein mehr belasten, oder einen anderen Flossenschlag benutzen. Treten Krämpfe häufiger auf, kann dies u.a. an einem Magnesium-Mangel (Elektrolyt-Haushalt) liegen.

Maske

Unter Wasser kann Ihr Partner Ihnen beispielsweise, ohne es zu merken, mit seinen Flossen Ihre Maske verschieben oder sogar herunterreißen. Sicherlich können Sie ohne Maske unter Wasser nur verschwommen sehen. Doch Sie werden erstaunt sein, wie viel Sie unter diesen Umständen trotzdem mit geöffneten Augen noch erkennen können. Trainingseinheiten ohne

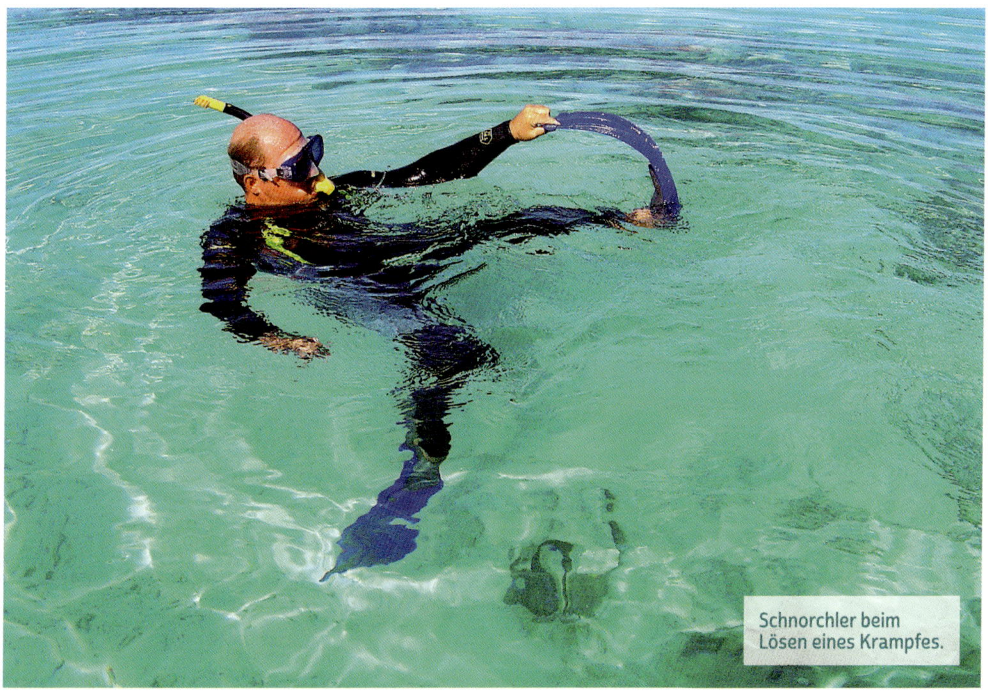

Schnorchler beim Lösen eines Krampfes.

Maske helfen hier sich an solch eine Situation zu gewöhnen. Wenn Sie Kontaktlinsen tragen, lassen Sie die Augen am besten zu, oder öffnen Sie sie zumindest solange nicht, bis Sie die Maske wieder aufgesetzt und vom Wasser geleert haben, da die Kontaktlinsen aus den Augen gespült werden könnten.

Maskenband

Wenn das Maskenband einmal reißt, muss man nicht gleich in Panik geraten. Setzen Sie die Maske einfach wieder auf, entleeren Sie das Wasser wie gewohnt, und pressen Sie sie leicht mit der Hand ans Gesicht. Man kann auch leicht durch die Nase einatmen und so einen Unterdruck in der Maske erzeugen, der die Maske an das Gesicht presst. Auch wenn es nicht unbedingt bequem ist, der Schnorchel-Ausflug kann so noch recht ordentlich zu Ende geführt werden.

Ohrenstöpsel

Beim Schwimmen und Schnorcheln an der Oberfläche können Ohrenstöpsel sicherlich gegen das Eindringen von Wasser schützen, beim Abtauchen dürfen sie jedoch niemals verwendet werden! Durch Ohrenstöpsel wird der äußere Gehörgang nahezu hermetisch verschlossen, wodurch es beim Abtauchen zu einem relativen Unterdruck zwischen Trommelfell und Ohrenstöpsel kommt, der das Trommelfell entweder nach innen oder außen reißen lassen kann. Außerdem können die Ohrenstöpsel durch den erhöhten Umgebungsdruck beim Abtauchen gegen das Trommelfell gepresst werden, wodurch schwere Verletzungen entstehen können.

Orientierungsverlust

Sie können während des Schnorchelns auf unterschiedlichste Weise die Orientierung verlieren. Unzureichende Planung, unbekanntes Gewässer, schlechte Sicht, gleichförmige Unterwasserformationen, Ablenkung, unbedachtes Nachschwimmen und Verfolgen von Tieren, und vieles mehr, können Sie von Ihrem Kurs abbringen. Sie können auch aufgrund mangelnden Druckausgleichs beim Auftauchen die Orientierung verlieren. Hierbei erfolgt während des Aufstiegs der Druckausgleich in einem Ohr schneller als in dem anderen, wodurch ein Schwindelgefühl hervorgerufen wird. Dieser Schwindel vergeht zum Glück aber recht schnell. Sie müssen deshalb nicht gleich nervös werden.

Zur Vermeidung von Orientierungsverlust sollten Einsteiger Schnorchel-Ausflüge bei eingeschränkter Sicht solange unterlassen, bis sie bei normalen Ausflügen (mit guter Sicht) genug Erfahrungen gesammelt haben. Orientierungsverlust stellt in der Regel nur selten ein ernstes Problem dar. Es bedeutet meistens nur, dass der Schnorchler nicht weiß, wo er sich im Verhältnis zum Ausstiegspunkt befindet. Im schlimmsten Fall steht ihm ein langer Rückweg bevor. Natürliche Navigation ist immer sehr hilfreich. Orientieren Sie sich beispielsweise an Licht, Schatten (Sonnenstand), Wasserbewegungen (Strömungen), Brandung, Bodenkompositionen und Bodenformationen. Sandriefen verlaufen immer parallel zum Ufer. Indem Sie sie im rechten Winkel schneiden, bewegen Sie sich entweder in Richtung Ufer oder von diesem weg. Aber auch Unterwasserpflanzen, Tiere, und Geräusche geben eine gute Orientierung. Neben der natürlichen Navigation hilft selbstverständlich auch die Kompassnavigation. Einen guten Schnorchler zeichnet aus, dass er nicht in Panik gerät und mit einem solchen Ärgernis, wie dem zeitweiligen Orientierungsverlust, umgehen kann.

Seegang

Gerade bei hohem Seegang kann Wasser in den Schnorchel gelangen. Daher seien Sie bei rauer See immer darauf vorbereitet den Schnorchel auch unverhofft ausblasen zu müssen. Schnorcheln Sie auch nicht zu nah am Riff, denn die Wellen könnten Sie unvermittelt gegen bzw. auf die Korallen drücken.

Seekrankheit

Seekrankheit ist ein sehr unangenehmer Zustand. Beugen Sie der Seekrankheit mit Hilfe von Medikamenten vor. Nehmen Sie die entsprechenden Medikamente mindestens eine Stunde vor der Abfahrt ein. Achten Sie darauf, dass keines dieser Medikamente Nebenwirkungen wie zum Beispiel Müdigkeit oder Schwindel hervorruft, wodurch eventuell Ihre Sicherheit im Wasser gefährdet würde. Probieren Sie im Zweifelsfall das Medikament vorher aus. Bei Seekrankheit kann es oft hilfreich sein, an die frische Luft zu gehen. Suchen Sie die Bootsmitte auf, dort wackelt es nicht ganz so stark und fixieren Sie den Horizont. Es kann auch helfen sich hinzulegen und die Augen zu schließen. Viele Schnorchler erholen sich wieder, sobald sie im Wasser sind. Schnorcheln Sie auf keinen Fall, wenn Ihnen so übel ist, dass Sie erbrechen müssen. In diesem Fall besteht die Möglichkeit, dass Sie sich im Wasser übergeben müssen, durch den Schnorchel Erbrochenes einatmen, sich verschlucken oder Ihre Lunge durch die Magensäure geschädigt wird. Wenn Ihnen also übel ist, dann sollten Sie möglichst nicht schnorcheln.

Strömung

Wenn man während eines Schnorchel-Ausflugs unbemerkt abgetrieben wird, sollte man Ruhe bewahren. Schwimmen Sie nicht gegen starke Strömungen an. Am ehesten ist man aus einer Strömung heraus, wenn man versucht sie im rechten Winkel zu verlassen.

Unterkühlung

Schnorcheln Sie zu lange, oder ohne ausreichenden Kälteschutz in zu kaltem Wasser, kann es zu

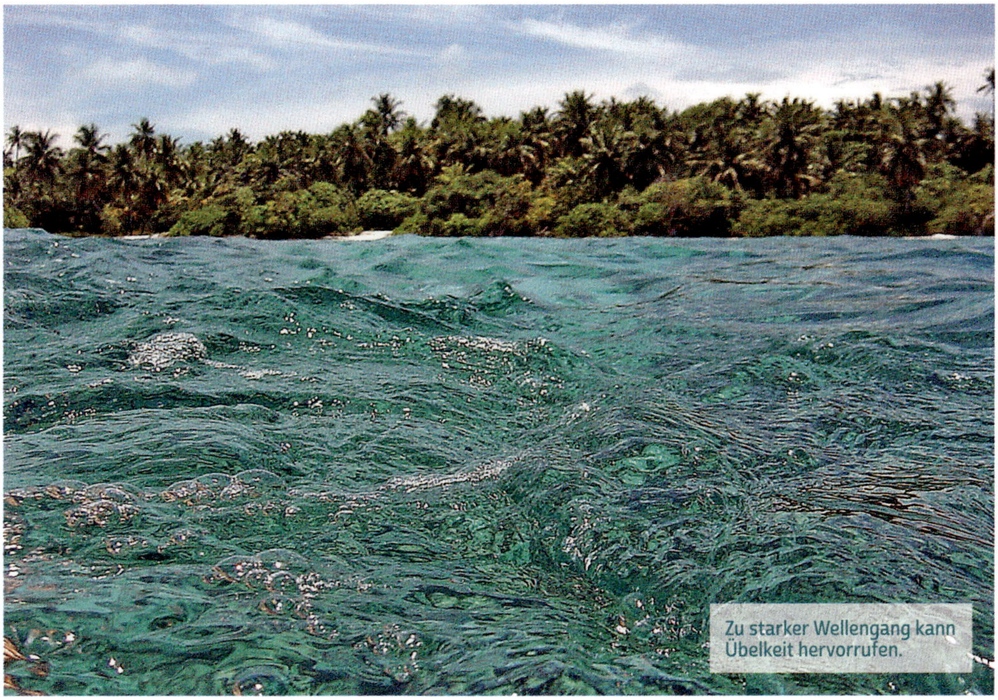

Zu starker Wellengang kann Übelkeit hervorrufen.

einer Unterkühlung kommen. Anzeichen gehen über Zittern, blasse Haut, vertiefte Atmung, bis hin zu Bewusstseinsstörungen, Muskelsteife, und starker Verzögerung aller Vorgänge. Bei Unterkühlung heißt es sofort raus aus dem Wasser. Suchen Sie eine warme, geschützte Umgebung auf, entfernen Sie feuchte Kleidung, hüllen Sie sich in Decken, und nehmen Sie eine flache Rückenlage ein.

Überhitzung

Gerade in sonnigen Gebieten sollte man vor dem Schnorchel-Ausflug darauf achten, dass man sich nicht zu lange im Tauchanzug außerhalb des Wassers aufhält. Machen Sie sich möglichst immer gleichzeitig mit Ihrem Schnorchel-Partner fertig. Sollte Ihnen doch einmal zu warm werden, gehen Sie einfach kurz ins Wasser und lassen Sie Wasser in Ihren Nasstauchanzug, das kühlt. Halten Sie sich vor dem Schnorchel-Ausflug möglichst im Schatten auf.

Verfangen

Sollten Sie sich einmal beispielsweise in Unterwasserpflanzen, Angelleinen oder Fischernetzen verfangen haben, keine Panik, bewahren Sie Ruhe, keine hektischen Bewegungen, denn sonst verheddern Sie sich noch mehr. Denken Sie nach und handeln Sie ohne Hektik, indem Sie sich beispielsweise mit Hilfe eines Messers herausschneiden. Eventuell können Sie sich auch mit Hilfe Ihres Schnorchel-Partners befreien. »Benutzen« Sie seine Augen und Hände, lassen Sie sich helfen. Wenn Ihr Schnorchel-Partner jedoch nicht in der Nähe ist, dann müssen Sie sich selbst befreien. Manchmal reicht es schon aus, einfach etwas zurück zu schwimmen. Machen Sie nicht den Fehler und drehen Sie sich, denn das würde Ihnen keinen Erfolg bringen, im Gegenteil, Sie würden sich nur noch mehr verheddern.

10.3 Sicherheit beim Schnorcheln

Ein guter Schnorchler zu sein, ist u.a. auch eine Sache der Einstellung. Um im Wasser wirklich Spaß zu haben, sollten Sie bestimmte gesundheitliche und konditionelle Voraussetzungen erfüllen. Aber nicht nur gegenüber sich selbst tragen Sie Verantwortung, sondern auch Ihrem Schnorchel-Partner und anderen gegenüber haben Sie bestimmte Pflichten. Um möglichst unbeschwerte Schnorchel-Erfahrungen machen zu können, sollten Sie folgende Punkte beachten:

- Halten Sie sich körperlich und geistig fit. Entspannen Sie sich im Wasser. Schnorcheln Sie nur, wenn Sie sich wohl fühlen.
- Erhalten Sie Ihr schnorchlerisches Können, indem Sie so oft wie möglich schnorcheln gehen.
- Beachten Sie immer Ihre eigenen Grenzen sowie die Ihres Schnorchel-Partners und Ihrer Ausrüstung. Setzen Sie bei der Planung jedes Schnorchel-Ausflugs Ihr Urteilsvermögen und Ihren gesunden Menschenverstand ein. Planen Sie einen Schnorchel-Ausflug immer mit einem ausreichenden Sicherheitsspielraum, um auch in Notsituationen handlungsfähig zu bleiben. Achten und horchen Sie auf mögliche Gefahren. Setzen Sie sich keine überzogenen Ziele bezüglich Schnorchel-Strecken, -Distanzen, -Zeiten, und Tauchtiefen.
- Machen Sie sich mit Ihrem Schnorchel-Gebiet vorab vertraut. Meiden Sie gefährliche Plätze, Strömungen und andere schlechte Bedingungen. Unternehmen Sie keinen Schnorchel-Ausflug, dessen Bedingungen Sie überfordern, und brechen Sie einen Schnorchel-Ausflug sofort ab, wenn sich die Bedingungen entsprechend verschlechtern.
- Benutzen Sie nur vollständige, intakte und den jeweiligen Bedingungen angemessene Schnorchel-Ausrüstung. Überprüfen Sie Ihre Ausrüstung und die Ihres Partners vor jedem Schnorchel-Ausflug.

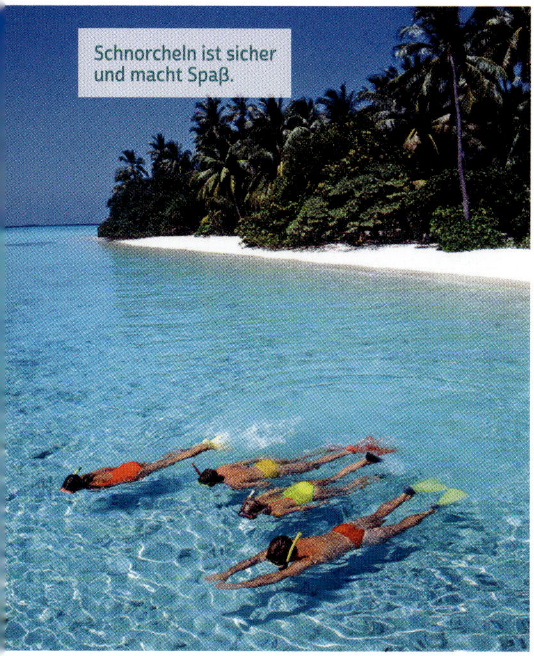

Schnorcheln ist sicher und macht Spaß.

- Nehmen Sie keinesfalls vor einem Schnorchel-Ausflug Alkohol, Medikamente (außer in Absprache mit einem Mediziner) oder Drogen zu sich.
- Gehen Sie nicht kurz nach den Mahlzeiten zum Schnorcheln, Ihr Kreislauf wird dadurch nur unnötig mehr belastet.
- Nehmen Sie - wenn überhaupt - nur so viel Blei mit, wie Sie gerade benötigen. Vermeiden Sie unbedingt, dass Sie überbleit sind.
- Verwenden Sie möglichst eine Schnorchel-Weste.
- Benutzen Sie als Oberflächenunterstützung ein Auftriebsmittel. Dies dient nicht nur zum Ausruhen und als Ablage, sondern vor allem auch Ihrer eigenen Sicherheit, da z.B. Boote, Surfer und andere Wassersportler eher darauf aufmerksam werden, dass Schnorchler im Wasser sind. Schnorcheln Sie in der Nähe des Auftriebsmittels und tauchen Sie auch immer in seiner Nähe auf.
- Schnorcheln Sie nie allein, sondern immer mit einem Partner. Bleiben Sie in unmittelbarer Reichweite Ihres Partners. Machen Sie sich gegenseitig mit der Ausrüstung des anderen vertraut. Sprechen Sie Handzeichen ab und bleiben Sie während des gesamten Schnorchel-Ausflugs zusammen. Sprechen Sie gemeinsam ab, wie sie wieder zusammenfinden, falls sie sich einmal getrennt haben sollten.
- Sagen Sie in jedem Fall jemandem Bescheid, wann, wo und mit wem Sie zum Schnorcheln gehen.
- Beginnen Sie einen Schnorchel-Ausflug immer gegen die Strömung, oder berücksichtigen Sie den Effekt, den die Strömung während des Schnorchel-Ausflugs haben wird. Planen Sie den Schnorchel-Ausflug so, dass Sie nicht gegen die Strömung ankämpfen müssen, um Ihren Ausstiegspunkt zu erreichen.
- Schwimmen Sie nicht zu schnell. Vermeiden Sie Überanstrengung und dass Sie außer Atem kommen. Strengen Sie sich an der Oberfläche und unter Wasser nicht zu sehr an. Atmen Sie richtig, langsam, tief und ohne Unterbrechungen. Vermeiden Sie übermäßiges Hyperventilieren, speziell vor dem Abtauchen.
- Beginnen Sie beim Abtauchen mit dem Druckausgleich frühzeitig und führen Sie ihn oft durch. Empfinden Sie in den Ohren oder anderen luftgefüllten Hohlräumen Ihres Körpers den Druck als unangenehm, dann tauchen Sie soweit auf, bis Sie dieses Empfinden nicht mehr verspüren. Falls Sie keinen Druckausgleich erzeugen können, brechen Sie den Abstieg umgehend ab. Beim Schnorcheln - wenn überhaupt - nie zu tief abtauchen. Kontrollieren Sie Ihren Tiefenmesser. Seien Sie darauf vorbereitet, im Notfall den Bleigurt abzuwerfen und einen Notaufstieg zur Oberfläche zu machen. Vermeiden Sie beim Abstieg Luftmangel, kontrollieren Sie stets Ihren Auftrieb und steigen Sie zum Schluss hin ordnungsgemäß auf.

- Schnorcheln und verhalten Sie sich umweltbewusst. Vermeiden Sie den Kontakt mit unbekannten Pflanzen und Tieren im Wasser.
- Bei einem Notfall heißt es für Sie: stopp, anhalten - nachdenken - und erst dann handeln. Handeln Sie möglichst aktiv und reagieren Sie nicht nur.
- Halten Sie beim Auftauchen einen Arm nach oben, drehen Sie sich langsam um die eigene Achse und schauen Sie dabei stets nach oben. Achten Sie auf Bootsgeräusche beim Auftauchen.
- Beenden Sie den Schnorchel-Ausflug wenn Ihnen kalt wird oder Sie ermüden. Übernehmen Sie sich nicht. Verlassen Sie das Wasser, wenn Sie sich nicht wohl fühlen. Bleibt das Unbehagen bestehen, kontaktieren Sie einen Arzt.
- Halten Sie sich an Ihren Ausgangsplan. Ändern Sie ihn nicht, und wenn, dann nur mit Wissen Ihres Schnorchel-Partners.
- Seien Sie Bootsfahrern, Fischern, Schwimmern, anderen Wassersportlern und der Allgemeinheit gegenüber höflich, und verhalten Sie sich kooperativ.
- Seien Sie ein aktiver Schnorchler. Schnorcheln Sie häufig und erhalten Sie Ihr schnorchlerisches Können.
- Sammeln Sie unter sicheren Bedingungen Schritt für Schritt weitere Erfahrungen und erwerben Sie weitere Fertigkeiten. Bleiben Sie aktiv.

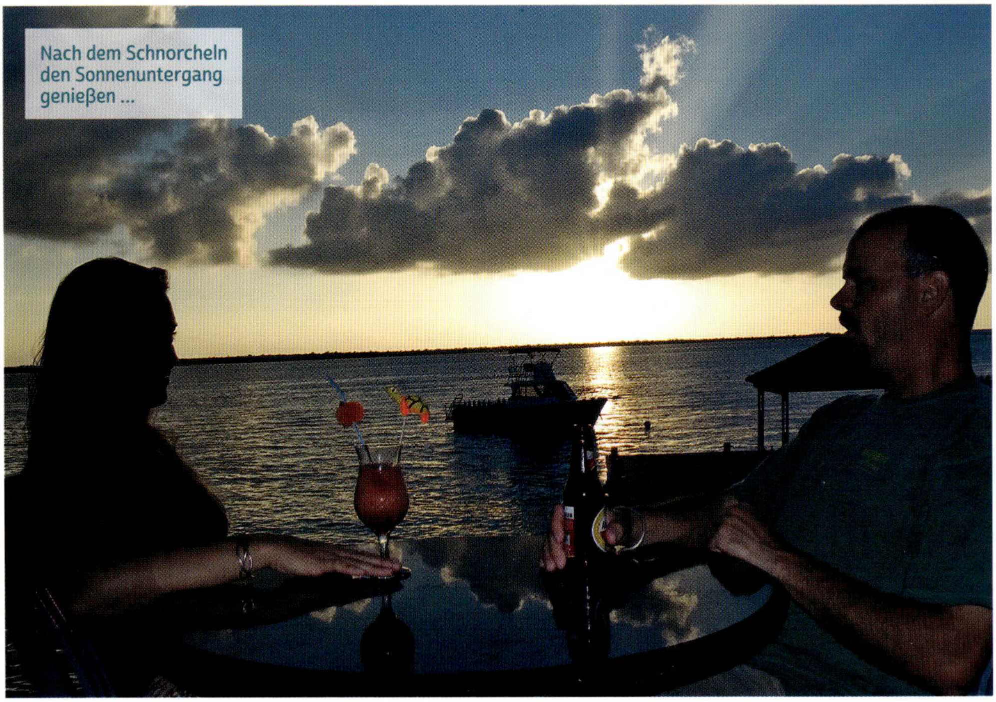

Nach dem Schnorcheln den Sonnenuntergang genießen ...

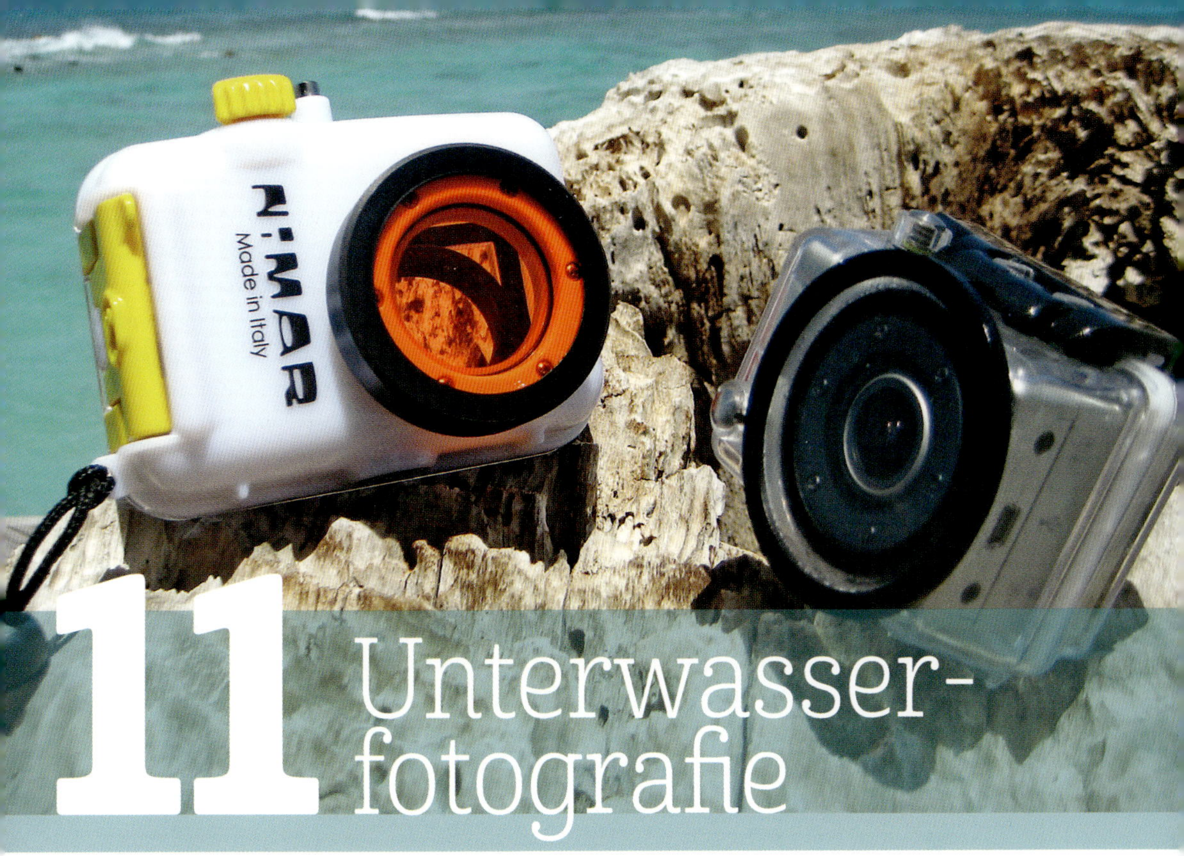

11 Unterwasserfotografie

Die Unterwasserfotografie galt früher als ein teures und schwer erlernbares Hobby. Doch das war einmal. Digitalkameras mit ihrer einfachen Handhabung bieten eine preisgünstige Alternative und sind auch bereits für Einsteiger leicht zu bedienen. Es gibt mittlerweile eine sehr umfangreiche Literatur über die Unterwasserfotografie, deshalb sollen an dieser Stelle nur einige Tipps gegeben werden, was man bei den ersten Versuchen unbedingt beachten, und was man vermeiden sollte.

Wassertauglichkeit

Bevor man mit der Unterwasserfotografie beginnt, sollte man vor allem sicher schnorcheln, abtauchen und tarieren können. Das daraus resultierende Ruhighalten der Kamera, garantiert verwackelungsfreie Bilder.

Umgebungsbedingungen

Klares Wasser und Sonnenschein sind die besten Voraussetzungen für gute Bilder. Gute Resultate wird man bereits schon am Anfang erzielen, wenn man möglichst dicht an das Objekt heran geht, was nicht immer einfach ist, gerade bei Lebewesen. Da heißt es ganz einfach Ruhe bewahren.

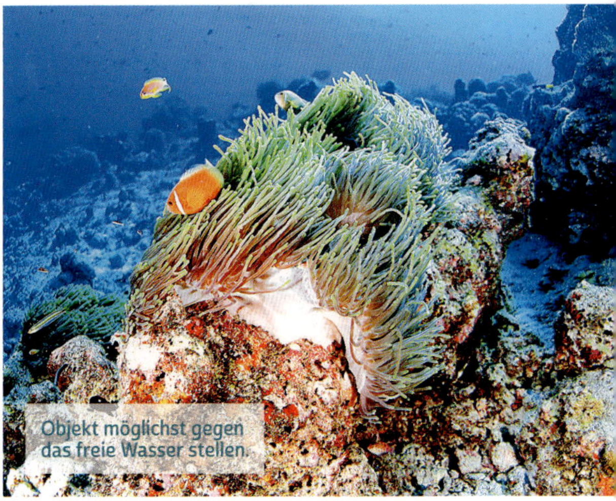

Objekt möglichst gegen das freie Wasser stellen.

Bildaufbau

Vermeiden Sie den Fehler, und halten Sie die Kamera nicht einfach gegen das Riff, um beispielsweise einen Fisch zu fotografieren. Tiefenwirkung erzielen Sie nur, wenn Sie die Kamera in einem leichten Aufwärtswinkel von unten nach oben zur Oberfläche ausrichten. Nutzen Sie das tiefe Blau des Ozeans als Hintergrund und stellen Sie, wo immer möglich, ihr Objekt gegen das freie Wasser. Sie werden sehen, die Farben kontrastieren wunderbar mit dem Blau des Meeres.

Farben

Das Wasser absorbiert und reflektiert Licht. Je tiefer man abtaucht, desto mehr werden die Farben durch das Wasser herausgefiltert, und je schräger das Licht auf die Wasseroberfläche trifft, umso mehr Licht wird reflektiert. Die beste Zeit für Tageslichtaufnahmen ist daher die Mittagszeit, wenn die Sonne am höchsten steht. Das Tageslicht, und damit die Helligkeit, reduziert sich beträchtlich, sobald man tiefer abtaucht. Schwebeteilchen streuen das Licht zusätzlich und es entsteht ein diffuses Licht mit wenig Kontrast. Ein Blitzgerät kann diese Nachteile weitgehend ausgleichen. Doch kein noch so starker Blitz kann mehr als 2 m Wasserdistanz überwinden. Hier können Unterwasserlampen helfen, die natürlichen Farben wieder hervorzuzaubern.

Bei kompakten Unterwasserkameras ist der Blitz bereits im Gehäuse integriert. Er ist jedoch oft untauglich, denn er ist teilweise leider so platziert, dass er im Wasser befindliche Schwebeteilchen so anblitzt, dass es zu einem eher flauen Bild mit vielen hellen Punkten (Reflexionen) kommen kann. Versuchen Sie daher, wenn möglich, den Blitz gleich von Anfang an komplett auszuschalten, oder wenn dies nicht möglich ist, einfach den Finger darüber zu legen. Einige Her-

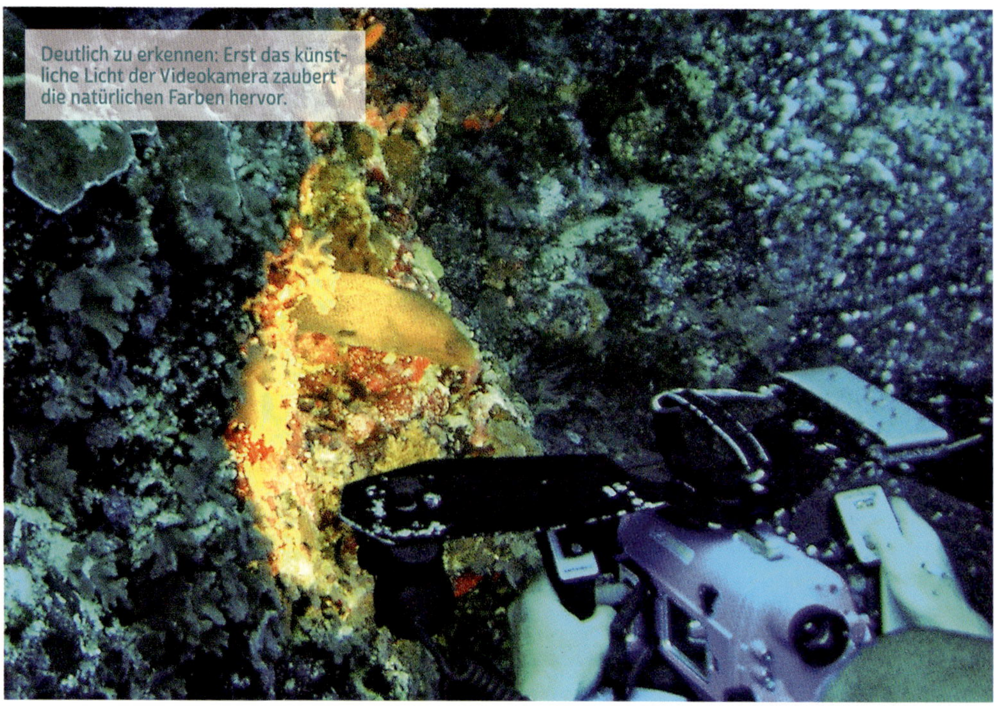

Deutlich zu erkennen: Erst das künstliche Licht der Videokamera zaubert die natürlichen Farben hervor.

steller bieten auch so genannte Diffusor an, die das Blitzlicht streuen. Hochwertige Unterwasserkameras haben eher einen externen Blitzanschluss, mit dem man einen Blitz außerhalb des Gehäuses positionieren kann, um so Reflexionen weitgehend zu vermeiden. Schwebeteilchen und Reflexionen sind selbst für Profis eine echte Herausforderung.

Filmmaterial

Heutzutage wird sicherlich überwiegend digital fotografiert, doch vielleicht möchte der ein oder andere noch auf alt hergebrachte Art und Weise fotografieren. Um hier gute Ergebnisse bei Unterwasseraufnahmen zu erzielen, benötigen Sie kein hochempfindliches Filmmaterial. Die Lichtverhältnisse bis in Tiefen von bis zu 10 m sind bei Sonnenschein so gut, dass Filmempfindlichkeiten von 21-DIN absolut ausreichend sind. Bei Nahaufnahmen sollten Sie höherempfindliche Filme verwenden, da sie eine stärkere Abblendung und damit eine größere Tiefenschärfe erlauben. Benutzen Sie, wenn irgendwie möglich, auch ein Blitzgerät (möglichst extern), auch im Flachwasser, denn ohne Kunstlicht verwandelt sich die Farbe Rot bereits in geringer Tiefe in ein schmutziges Braun. Wer ebenfalls versucht, Fische aus einer Distanz von mehr als 1 m und zudem noch ohne Blitz abzulichten, wird vom Ergebnis unweigerlich enttäuscht sein. Lassen Sie belichtete Filme sofort entwickeln, oder lagern Sie sie zumindest kühl (z.B. Kühlschrank).

Objektive

Die veränderte Lichtbrechung unter Wasser kann man beispielsweise durch die Verwendung eines Weitwinkelobjektives ausgleichen. Ein mittlerer Wert von ungefähr 1,20 m genügt, um nahezu alle Korallenfische gut ins Format zu bringen. Ein Weitwinkelobjektiv bringt auch die notwendige Tiefenschärfe, die bei den üblichen Schnappschüssen von großem Wert ist.

Tieraufnahmen

Jeder Unterwasserfotograf kennt das: Auf den ersten Bildern sind Schwanzenden, Sandwolken oder oft sogar rein gar nichts zu entdecken. Das geht jedem Einsteiger so. Der Fehler ist, wenn man erst auslöst, wenn sich der zu fotografierende Fisch schon in der Idealposition befindet, kann er sich bis zum wirklichen Auslösen bereits umgedreht haben, oder sogar schon ganz aus dem Bildausschnitt verschwunden sein.

Das Fotografieren von Tieren wird oft als Foto-Jagd bezeichnet. Leider verhalten sich auch viele Fotografen so, und wundern sich dann, warum sie keine gelungenen Aufnahmen zustande bekommen. Nun, sie machen u.a. den Fehler, dass sie ihr Fotoobjekt genauso anvisieren wie ein Raubfisch seine Beute. Dies empfindet das Tier naturgemäß als eine Gefahr und geht dem Fotografen aus dem Weg. Je länger er es teilweise verfolgt, umso scheuer wird es. Schwimmen Sie daher nie direkt auf das Tier zu, sondern nähern Sie sich ihm eher wie zufällig, und beobachtet Sie es nur gelegentlich aus den Augenwinkeln. Scheue Tiere ergreifen die Flucht, und neugierige kommen von selbst nahe genug. Studieren Sie auch Ihre Fotoobjekte, lernen Sie, wo sie am Riff zu finden sind, wie ihr Verhalten ist. Je mehr Sie über sie wissen, desto besser können Sie die Situation einschätzen und eine mögliche Reaktion voraussehen. So gelingen auch gute Aufnahmen von Tieren mit einer großen Fluchtdistanz.

Das Leben am Riff ist vielfältig. Es gibt ortsgebundene Arten, die zwar nicht fliehen, sich aber gerne abwenden. Daneben gibt es auch die Arten, die bei unserer Annäherung Schutz in einer Höhle suchen, wie z.B. Barsche oder Wächtergrundeln. Da heißt es oft Geduld bewahren und warten bis sie wieder heraus kommen. Nicht zu vergessen die schnellen Schwimmer, die gelegentlich am Riff vorbeikommen, auch sie können sehr fotogen sein. Beliebte Tiermotive für den Einstieg in die Unterwasserfotografie sind u.a. Rotfeuerfische, Fledermausfische, Schildkröten, Papageienfische und Anemonenfische.

Digitale Fotografie

Früher galten Unterwasserfotografen als eher seltene Spezies. Nur wenige wagten sich mit meist schweren und unförmigen Gehäusen in das Wasser. Aus den damals üblichen 36 Aufnahmen (eines Kleinbildfilms), waren meist nur zwei bis drei brauchbare Bilder dabei. Digitalkameras haben die Unterwasserfotografie revolutioniert. Heute springen die meisten Urlauber mit einer handlichen Kompaktkamera ins Wasser. Speicher mit Gigabyte-Kapazität erlauben nahezu unbegrenztes Experimentieren, Ergebnisse sind sofort überprüfbar und können entweder gleich optimiert werden, oder später in der Nachbearbeitung am Computer.

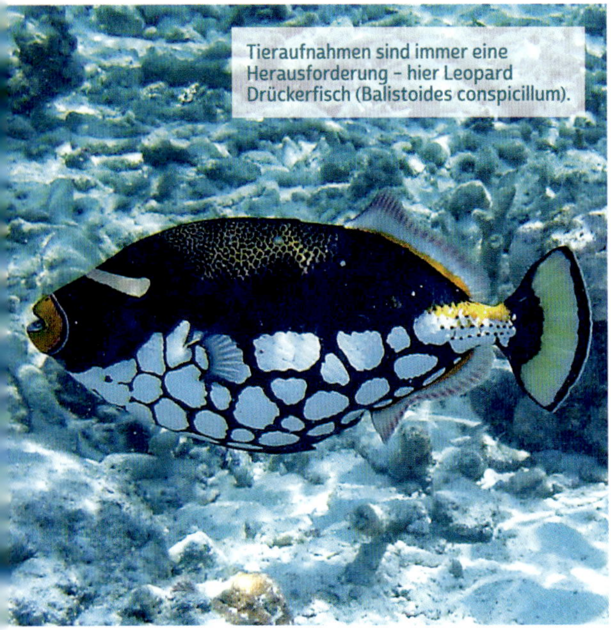

Tieraufnahmen sind immer eine Herausforderung – hier Leopard Drückerfisch (Balistoides conspicillum).

Eine bereits vorhandene Kompaktkamera kann mit einem robusten und wasserdichten Unterwasser-Gehäuse ausgestattet werden. Diese Kombination ist handlich und einfach zu bedienen. Das kann gerade im Wasser ein bedeutender Vorteil gegenüber den größeren (D) SLR-Kameras sein. Unterwasserfotografie läuft aber immer mehr nach dem Schema »Point and Shoot« ab, und erst der Ausschnitt bei der Nachbearbeitung am Computer macht aus dem Foto ein Bild. Aus diesem Grund sind megamäßig viele Pixel von Vorteil. (D)SLR-Kameras haben diesen besagten Vorteil gegenüber Kompaktkameras, da sie oft auch die Option haben, Bilder im RAW-Format aufzunehmen. Einen regelrechten Boom erleben aber auch die kleinen, leichten und robusten Spezial-Kameras (Action-Cams). Vergleicht man Action-Cams mit klassischen Digitalkameras, so findet man auf der einen Seite die Digitalkamera mit optischem Zoom und Display, und auf der anderen Seite Action-Cams mit Festbrennweite und ausgeprägter Weitwinkelwirkung. Wenn von Action-Cams die Rede ist, fällt meist der Name »GoPro«. Dieser Hersteller hat mit seiner »Hero-Serie« die Gattung der Action-Cam geprägt wie kein anderer. Deren Erfolg rief viele Nachahmer auf den Plan; sie brachten erfreulich viele Konkurrenzmodelle samt Zubehör auf dem Markt. Action-Cams sind noch vergleichsweise neu, und man darf gespannt sein, was da in den nächsten Jahren noch so alles auf uns zukommt.

Man kann sagen, dass Dank der Digitaltechnik die Unterwasserfotografie deutlich einfacher geworden ist, und die Möglichkeit der Nachbearbeitung der Bilder am Computer dazu führt, dass man seine Erlebnisse unter Wasser sehr viel besser und leichter mit Freunden und Familie teilen kann.

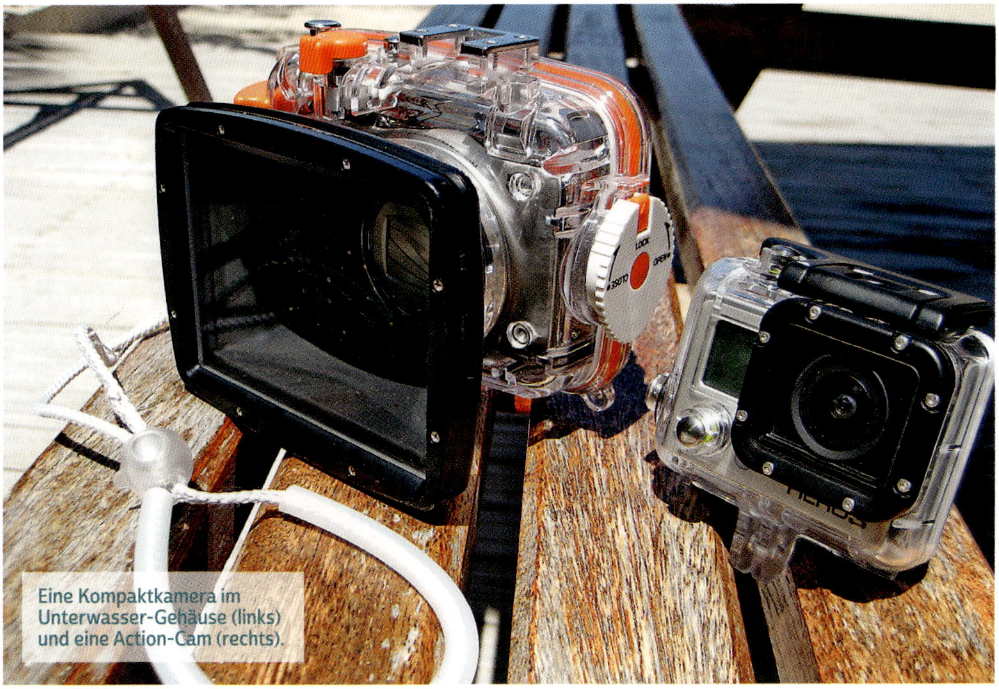
Eine Kompaktkamera im Unterwasser-Gehäuse (links) und eine Action-Cam (rechts).

11.1 Tipps

Erfahrung sammeln

Wenn Sie beispielsweise eine neue Kamera haben, oder ein neues Unterwassergehäuse bzw. Lichtsystem etc., dann üben Sie die richtige Handhabung damit doch einfach im Schwimmbecken (Hallenbad). Plastikblumen, farbiges Spielzeug etc. helfen Ihnen dabei, den richtigen Umgang zu erlernen. Aber auch um allein nur zu trainieren, oder sich auf den nächsten Schnorchel-Urlaub vorzubereiten, ist der Gang ins Hallenbad empfehlenswert.

Filmmaterial

Wenn Sie Filme im Kühlschrank lagern, bitte nicht aus dem Kühlschrank nehmen und gleich in die Kamera einlegen. Der Film muss sich erst der Umgebungstemperatur anpassen, damit sich keine Feuchtigkeit niederschlagen kann.

Schnorchel-Kameras

Es gibt vier unterschiedliche Kategorien: Einweg-Unterwasserkameras, Kompaktkameras, (D)SLR-Kameras bzw. Spiegelreflexkameras und Action-Cams. Preisgünstige Einweg-Unterwasserkameras aus dem Handel sind nur bis zu einer bestimmte Wassertiefe einsetzbar (3 m bis 10 m). Taucht man mit ihnen tiefer ab, lösen sie durch den erhöhten Wasserdruck oft selber aus oder blockieren komplett. Achten Sie deshalb immer auf die maximale Tiefenangabe und halten Sie sie auch ein. Zum Einstieg in die Unterwasserfotografie sind sie allemal ausreichend, auch wenn sie mit 24 bzw. 36 Aufnahmen (Kleinbildfilm) begrenzt sind. Falls eine Kompaktkamera bereits vorhanden ist, sollte man sich das dazu passende Unterwassergehäuse zulegen (wasserdicht bis ca. 50m). Ist keine Kompaktkamera vorhanden, dann wäre zu überlegen, sich eine Action-Cam anzuschaffen (wasserdicht bis ca. 60 m). (D)SLR-Kameras bzw. Spiegelreflexkameras sind die kostenintensivste Variante in der Unterwasserfotografie (wasserdicht bis ca. 150 m).

Pflege

Die Außenhülle der Unterwasserkamera vor dem Öffnen sorgfältig nach dem Schnorchel-Ausflug mit Süßwasser abwaschen und mit einem weichen Lappen trocknen. Beim Verschließen der Kamera besonders auf den Sitz des abdichtenden O-Rings achten. Diesen immer nur leicht einfetten, niemals zu viel. Vor dem Schnorchel-Ausflug die Funktionen testen, damit später im Wasser auch alles funktioniert, und nicht beispielsweise die Batterie leer ist, oder vergessen wurde einen Film einzulegen, oder die Speicherkarte voll ist etc. Beachten Sie auch immer die mitgelieferte Pflegeanleitung der jeweiligen Unterwasserkamera.

Für viele Digitalkameras gibt es preiswerte Unterwassergehäuse – nachfragen im Fachhandel lohnt sich.

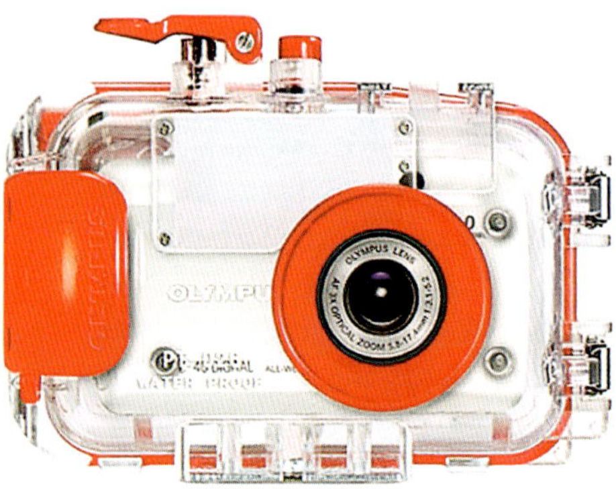

Fotografen nehmen Rücksicht

Filmen und Fotografieren ist ein sehr schönes Hobby und vermittelt anderen, die nicht selbst die faszinierenden Korallenriffe unter Wasser sehen können, die Vielfalt dieses einzigartigen Lebensraumes. Es erfordert aber auch eine hohe Konzentration, die teilweise von dem ablenkt, was um einen herum vorgeht. Den Bildern kann man leider nicht ansehen, wie sie entstanden sind. Manche Fotografen klammern sich beispielsweise mit ihren Beinen an Korallenstöcken fest, um ein möglichst verwackelungsfreies Foto zu bekommen, und brechen dabei Korallen ab, die Jahrzehnte zum Wachsen gebraucht haben. Andere fingern mit ihren behandschuhten Händen in Ritzen und Spalten, um auch die letzte Kreatur aufzustöbern und vor die Linse zu bekommen. Beliebt ist es auch, sich bei Wellengang an Korallen festzuhalten, um an Ort und Stelle zu bleiben. Um bessere Aufnahmen zu bekommen, füttern Sie bitte auch keine Fische an – es schadet den Tieren, außerdem wirkt es auf den Bildern unnatürlich. Für manche Fotografen existiert die Welt unter Wasser oft leider nur durch den Kamerasucher, und sie vergessen alles andere um sich herum. Daher vergessen Sie auf der Jagd nach Bildern nicht die einzigartige Umgebung, nehmen Sie bitte Rücksicht auf die Unterwasserwelt und verhalten Sie sich korrekt. Denn wer die Schönheit der Natur im Bild festhalten möchte, sollte auch bemüht sein, so wenig wie möglich zu zerstören. Daher ist es angeraten, erst mit der Unterwasserfotografie zu beginnen, wenn man genügend Erfahrung im Schnorcheln besitzt, damit auch nach Ihnen noch andere Unterwasserfotografen schöne Aufnahmen machen können.

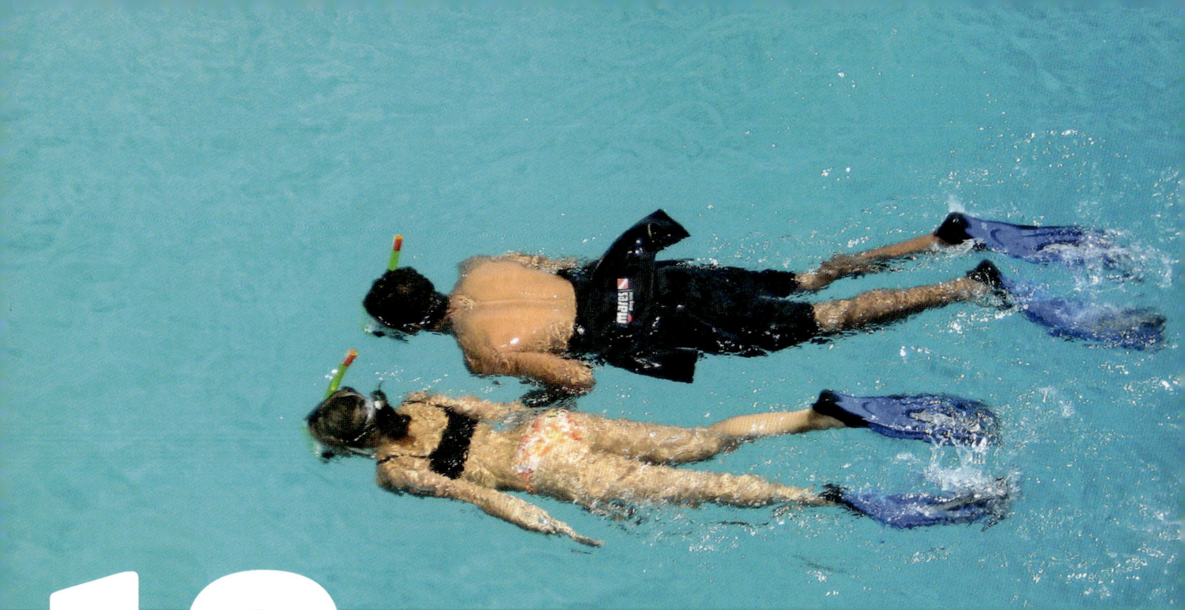

12 Tipps und Tricks beim Schnorcheln

Es gibt so manchen Kniff, der einem das Schnorchel-Leben erleichtern kann. Nachfolgend sind in eher ungezwungener Reihenfolge einige Tipps und Tricks aufgeführt, die Ihnen das Schnorcheln sicherlich vereinfachen werden.

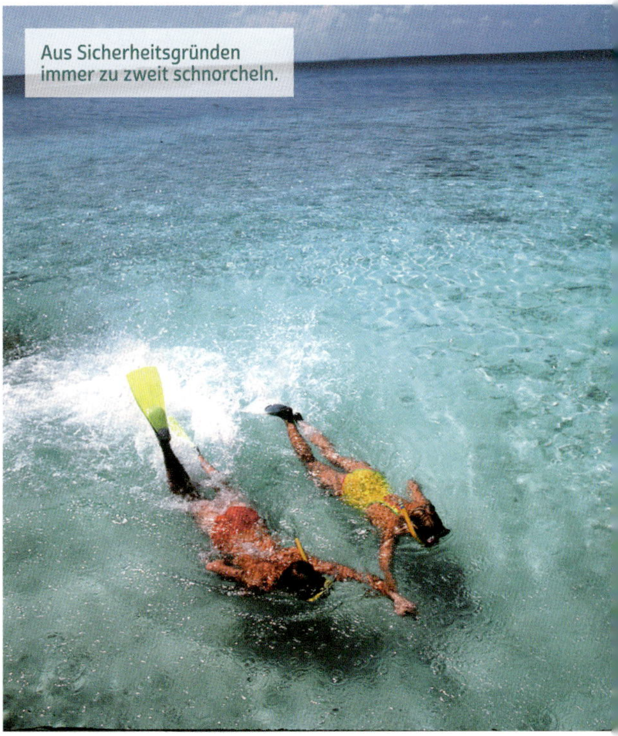

Aus Sicherheitsgründen immer zu zweit schnorcheln.

Beine

Vergessen Sie bitte nicht Ihre Waden und Oberschenkel mit wasserfester Sonnencreme einzureiben, ganz besonders hinten. Gerade die Beine werden beim Schnorcheln immer wieder aus dem Wasser gehoben, und werden somit vermehrt den Sonnenstrahlen ausgesetzt.

Buddy-Team

Man sollte möglichst immer zu zweit schnorcheln gehen. Zum einen hat es praktische Gründe, denn man kann sich gegenseitig beim Anlegen der Ausrüstung behilflich sein (gerade beim Anziehen der Flossen braucht man ab und zu jemanden zum Abstützen), zum anderen sehen vier Augen bekanntlich mehr als zwei. Außerdem sollte man den Sicherheitsaspekt nicht vergessen, gerade beim Abtauchen, bei Strömungen, in einem unbekannten Gebiet, bei rauer See etc.

Geräteflossen

Bekanntlich werden Geräteflossen (Flossen mit offenem Fußfach) zusammen mit Füßlingen getragen. Im Vergleich zu Schnorchel-Flossen (Flossen mit geschlossenem Fußfach) sind sie oft breiter und härter. Wenn man sie benutzen möchte, sollte man bereits Erfahrung im Schnorcheln haben und eine trainierte Beinmuskulatur, ansonsten ist nicht nur ein Muskelkater vorprogrammiert.

Haare

Bei langen Haaren ist es oft schwierig das Maskenband optimal am Hinterkopf zu platzieren, es verrutscht sehr leicht. Gummierte Haarbänder können hier helfen, oder ein Neoprenüberzug auf dem Silikonmaskenband. Aber auch Bandanas (Kopftücher) haben sich in solch einem Fall bereits gut bewährt.

Maske

Das im Fachhandel erhältliche Antibeschlagmittel für Masken kann auch durch kostengünstigeres Geschirrspülmittel ersetzt werden. Ein paar Tropfen Geschirrspülmittel auf die trockenen (!) Maskengläser geben, verreiben, und dann mit Wasser abspülen - fertig.

Maskenband

Wenn das Maskenband beim Aufsetzen der Maske reißt, ist dies äußerst ärgerlich. Halten Sie deshalb beim Anlegen die Maske an das Gesicht, und schieben Sie das Maskenband über den Kopf. Damit überdehnen Sie es nicht unnötig, und die Wahrscheinlichkeit, dass es reißt, ist eher gering.

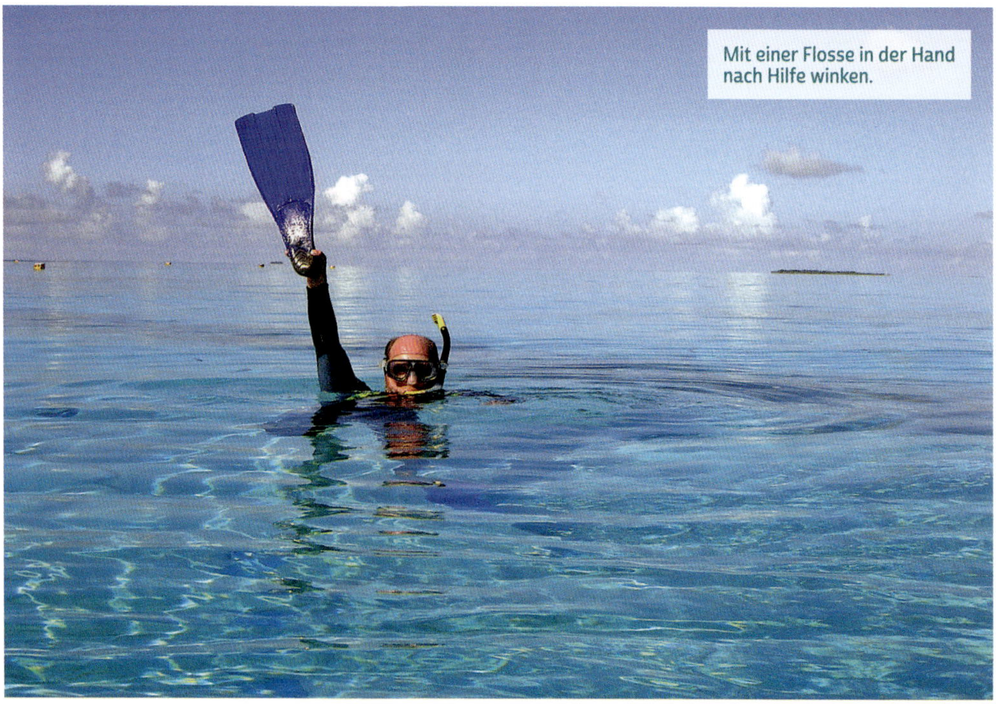

Mit einer Flosse in der Hand nach Hilfe winken.

Nicht-Schnorchler

Sagen Sie jemandem Bescheid, hinterlassen Sie bei einer zuverlässigen Person Angaben darüber, wo Sie schnorcheln und wann Sie voraussichtlich zurück sein werden. Am besten nehmen Sie die Person gleich mit, denn sie kann Ihnen u.a. beim Ein- und Ausstieg helfen, oder sie von Land aus beobachten, und somit zusätzliche Sicherheit geben.

Notsituation

Sollte man einmal in eine Notsituation geraten, kann man eine Flosse ausziehen und mit ihr über Wasser winken. So macht man auf sich aufmerksam bzw. holt auf diese Art und Weise Hilfe herbei.

Sand

Achten Sie bitte darauf, dass Sie beim Anziehen der Flossen keinen Sand in die Flossen bekommen. Schürfwunden an den Füssen könnten die unangenehme und schmerzhafte Folge sein. Wenn Sie auf Nummer sicher gehen wollen, ziehen Sie einfach Socken oder Strümpfe an, bevor Sie in die Flossen steigen.

Sonnencreme

Die Maske nicht auf das mit Sonnencreme eingeriebene Gesicht setzen. Während des Schnorchelns schwitzt man unter der Maske oder Wasser dringt ein. Zusammen mit der Sonnencreme bildet sich eine Emulsion (Mischung), die in den Augen brennt. Schweiß bzw. Salzwasser allein ist weitaus weniger schmerzhaft für die Augen. Daher heißt es beim Schnorcheln: Sonnencreme raus aus dem Gesicht!

Sonnenschutz

Gerade die Bildung von Wassertropfen auf der Haut, und deren Linseneffekt, ist im Wasser gefährlich. Anstelle eines Tauchanzugs kann man den Oberkörper auch beispielweise durch ein T-Shirt schützen. Der Kopf kann mit Bandanas (Kopftücher) gut vor Sonnenbrand geschützt

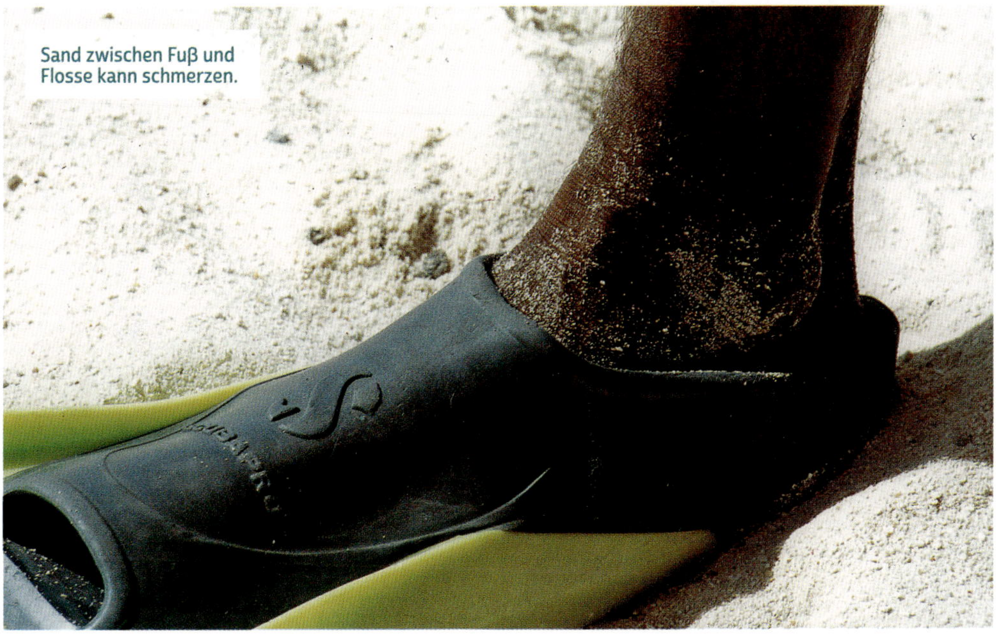

Sand zwischen Fuß und Flosse kann schmerzen.

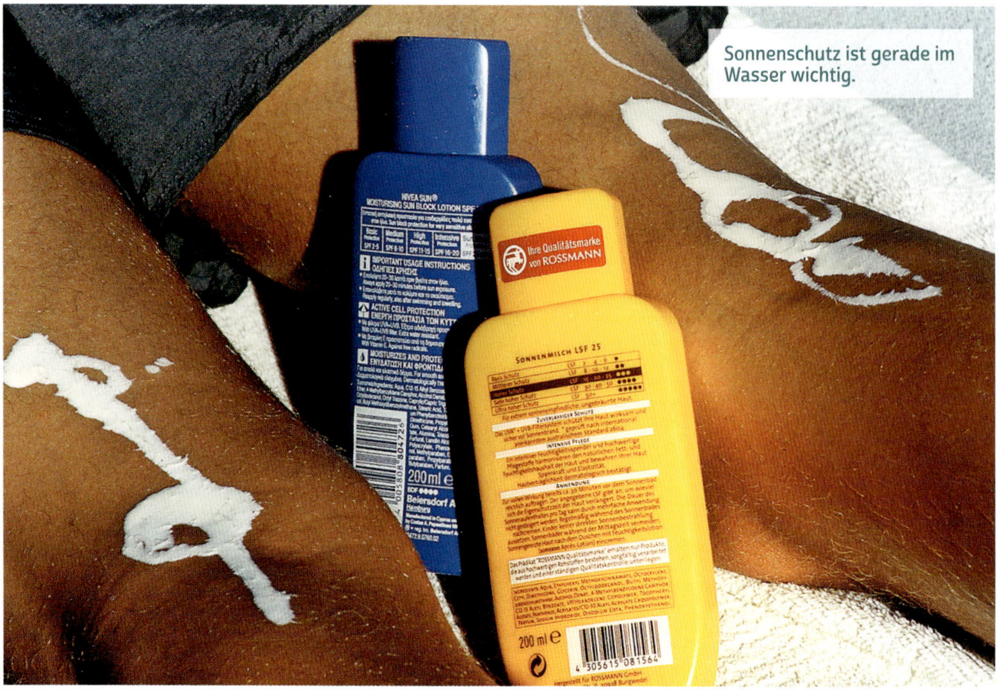

Sonnenschutz ist gerade im Wasser wichtig.

werden. Nicht durch Kleidung bedeckte Stellen, außer den von der Schnorchelmaske bedeckten Gesichtspartien, unbedingt mit wasserfester Sonnencreme einreiben.

Tageszeit

Die bequemste Zeit zum Schnorcheln ist sicherlich der Gezeitenstillstand (egal ob nun bei Ebbe oder Flut). Es ist aber nicht unbedingt der attraktivste Zeitpunkt. Je nach Jahreszeit sollten Schnorchler den Vorteil des klaren Wassers nutzen, das bei Flut auf die Riffe aufläuft.

Tauchanzug

Generell kann man Tauchanzüge leichter anziehen, wenn man sie vorher nass macht. Tauchanzüge mit langem Arm und langen Beinen kann man am besten anziehen, wenn man sich eine Plastiktüte über die Hand (bzw. den Fuß) stülpt, und dann in die Anzugsärmel (bzw. -beine) rein schlüpft.

Transport von Schnorchel-Ausrüstung

Vor dem Schnorchel-Ausflug ist der Transport der trockenen Ausrüstung oft kein Problem. Doch was ist danach wenn sie nass ist? Nasse Schnorchel-Ausrüstung passt hervorragend in so genannte Mörteltonnen, die es nicht nur in runder Form, sondern auch eckig in jedem Baumarkt gibt. Diese passen beispielsweise in den Kofferraum, und verhindern, dass der PKW durch die nasse Schnorchel-Ausrüstung von innen durchnässt wird.

Wasserbewegungen

Achten Sie auf Wellen und Brandung, aber auch auf mögliche Strömungen. Sind Sie sich nicht ganz im Klaren wie sie verlaufen, werfen Sie beispielsweise etwas Sand in das Wasser und beobachten Sie, wie schnell und wohin er treibt.

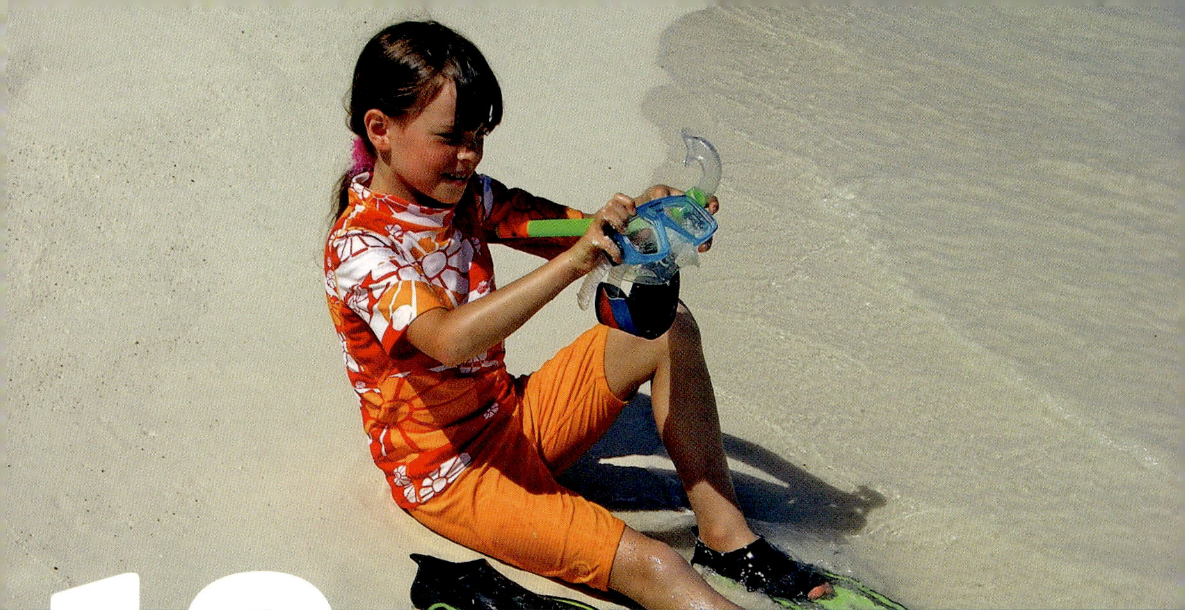

13 Kinder und Schnorcheln

Was die Großen können, wollen die Kleinen erst recht. Dazu kommt, dass das Schnorcheln ganz hervorragend zum modernen Freizeitverhalten unserer Gesellschaft passt, da gerade in unserer heutigen Zeit nicht nur allein von Erwachsenen, sondern vor allem auch von Kindern und Heranwachsenden, das Besondere und Außergewöhnliche gesucht wird. Das Schnorcheln eröffnet hierbei gerade für Kinder aufgrund der Bewegung im dreidimensionalen Raum vielfältige Bewegungserfahrungen. Zudem trainieren die nahezu uneingeschränkten Bewegungsmöglichkeiten auch u.a. die Geschicklichkeit und Kondition der Heranwachsenden. Doch wer Kinder einmal dabei beobachtet hat, wie sie beispielsweise bei einem Strand- oder Badeausflug mit dem Element Wasser umgehen, kann sicherlich erahnen, dass das Schnorcheln mit Kindern nicht ganz problemlos ist. Einmal im Wasser sind schnell Zeit und Umgebung vergessen, und erst nach etlichen Aufforderungen und Ermahnungen

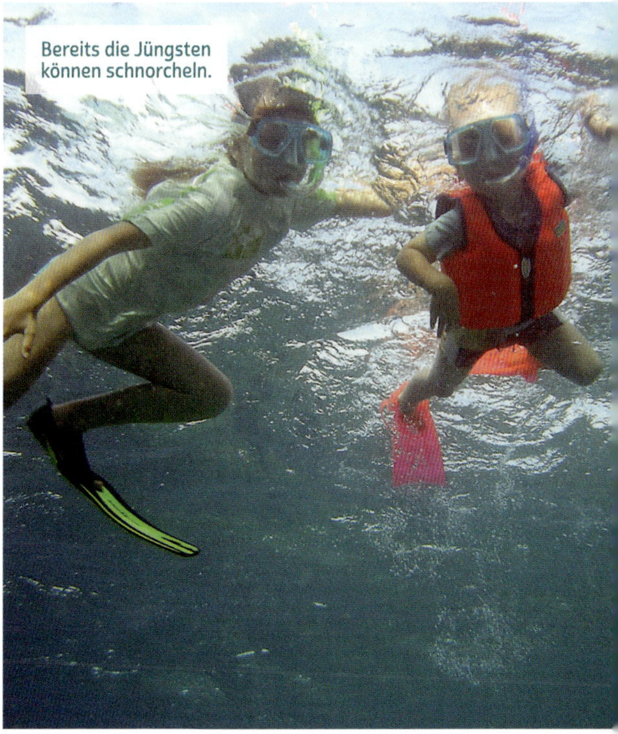

Bereits die Jüngsten können schnorcheln.

der Eltern kommen sie oft halb erfroren aus dem Wasser heraus. Nach einer kurzen Pause an Land warten sie dann schon wieder ungeduldig auf den nächsten Sprung ins kühle Nass.
Nicht nur aufgrund der kindlichen Verhaltensweise des »Alles-Austesten-Wollens« und des Mangels an Erfahrung, sondern auch vor dem Hintergrund des sich noch entwickelnden Körpers, müssen beim Schnorcheln mit Kindern verschiedenste Problembereiche angesprochen und beachtet werden:

Altersgrenze

Starre Altersgrenzen sind bei Kindern leider nur schwer festzulegen, da sowohl unterschiedliche Lernvoraussetzungen als auch unterschiedliche körperliche und intellektuelle Entwicklungsstadien bei Heranwachsenden gleicher Altersstufe vorhanden sind.

Körperliche Voraussetzungen

Besonderes Augenmerk muss beim Aufenthalt im Wasser vor allem auf die physiologischen (körperlichen) Voraussetzungen gelegt werden. Kinder kühlen beispielsweise im Wasser sehr viel schneller aus als Erwachsene, und dies selbst in tropisch warmen Gewässern und mit Neoprenanzug. Zu erkennen ist dies an physiologischen Abwehrreaktionen wie z.B. Kältezittern, Gänsehaut, blass-bläuliche Hautverfärbung etc. Dies liegt u.a. daran, dass sie im Verhältnis zu ihrer Körpermasse eine viel größere Körperoberfläche haben, und somit im Vergleich zu Erwachsenen eine erheblich größere Wärmeaustauschfläche besitzen. Abgesehen davon haben Kinder auch ein geringeres, und damit weniger gut isolierendes Unterhautfettgewebe, sowie einen höheren, periphereren Blutfluss. Kinder können auch aufgrund ihres kleineren Lungenvolumens keinen so

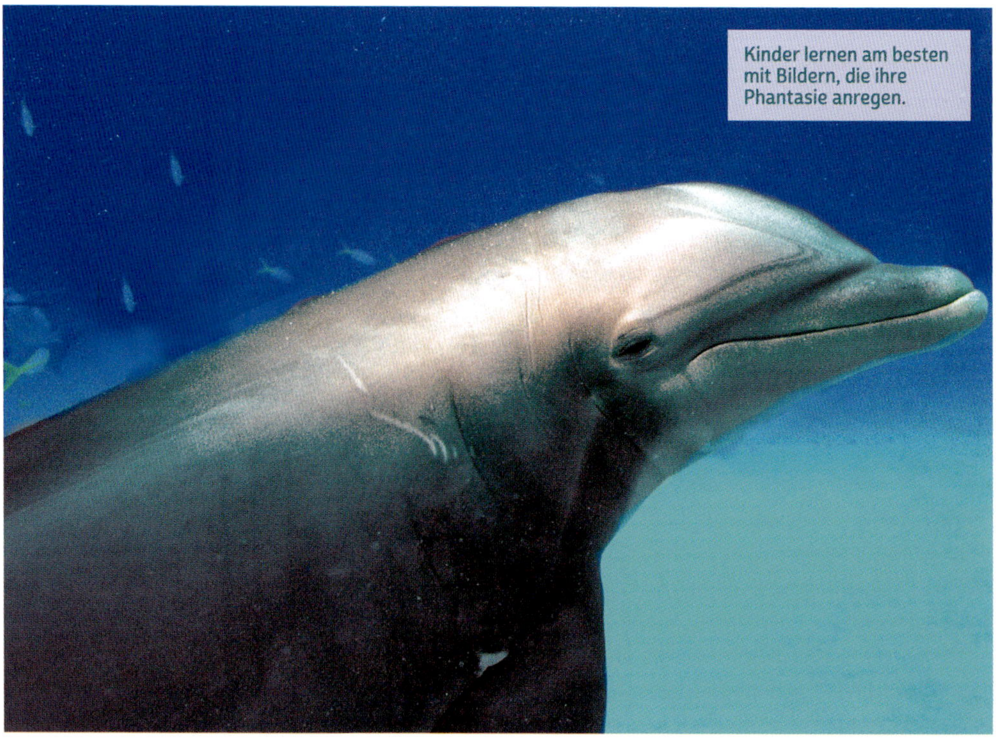

Kinder lernen am besten mit Bildern, die ihre Phantasie anregen.

großen Pressdruck mit ihren Lungen aufbauen, um beispielsweise den Schnorchel optimal auszublasen. Außerdem sind ihre Bewegungen im Wasser eher kraftraubend als energiesparend, wodurch sie eher ermüden.

Heranführen

Kinder sollten auf spielerische Art und Weise und ohne großen Erwartungsdruck an das Element Wasser herangeführt werden. Um einen möglichst großen Lernerfolg zu erzielen, müssen Theorie und Praxis kindgerecht aufgebaut und gestaltet werden.

a) Theorie

Jedes Kind ist einzigartig, lernt unterschiedlich, und lernt auch unterschiedlich schnell. Allgemein gilt, Kinder können sich nur schwer über einen längeren Zeitraum konzentrieren, daher sollten theoretische Ausführungen möglichst kurz gehalten werden. Sicherlich braucht ein Kind nicht das gleiche fundierte theoretische Wissen wie ein Erwachsener, denn wozu muss es beispielsweise den Hintergrund der Hyperventilation beschreiben können, es reicht doch vollkommen aus, wenn es seine persönlichen Grenzen kennt.

Vermittelt werden sollte unbedingt das richtige Verhalten im und unter Wasser, und es sollte auch nicht vergessen werden, die Heranwachsenden auf ihre Verantwortung zum Schutz der Unterwasserwelt hinzuweisen. Kinder haben Fantasie und lernen am besten in Bildern. Daher ist häufig gerade die Geschichte, die sich um etwas herumrankt, von immenser Bedeutung für den Erfolg. Den Schnorchel ausblasen wie ein Wal, mit den Flossen schwimmen wie ein Delphin, die Arme ausbreiten wie ein Adler, die Luft anhalten wie ein Gewichtheber ... all das regt die Fantasie der Kinder an und erleichtert ihnen so das Lernen. Die wahren Abenteuer finden im Kopf statt.

b) Praxis

Durch praktische Übungen sollten Kinder zunehmend an Sicherheit im Wasser gewinnen und möglichst auch eventuell vorhandene Ängste verlieren. Die Bewegungen im dreidimensionalen Raum schulen sowohl das Gleichgewicht und die Motorik, fördern aber auch die Beweglichkeit und Kondition auf sanfte und schonende Art und Weise. Elementare Fertigkeiten sind u.a. der richtige Umgang mit der Ausrüstung, kraftsparend mit den Flossen schwimmen, den Schnorchel und die Maske ausblasen, richtig auf- und abtauchen, und beim Abtauchen das Druckgefühl in den Ohren vermeiden, indem man einen Druckausgleich macht. Doch aufgepasst, Kindern fehlt häufig das Gefühl und die Erfahrung für einen erfolgreichen Druckausgleich im Mittelohr. Hier ist deshalb besondere Vorsicht geboten damit kein Barotrauma entsteht.

Wichtig ist auch die richtige Atemtechnik zu erlernen, damit nicht zu viel Wasser geschluckt wird, und so wahrscheinlich schnell die Lust am Schnorcheln verloren geht. Gerade Kinder bekommen sehr leicht eine Art Einatem-Blockade (Bradykardie), was oft einen panikartigen und unkontrollierten Aufstieg zur Wasseroberfläche zur Folge hat. Eine richtige Atemtechnik ist auch zur Vermeidung einer Pendelatmung (Kohlendioxid-Vergiftung) wichtig, die bekanntlich zur Bewusstlosigkeit führen kann.

Bei all dem Spiel und Spaß am und im Wasser, darf man aber auch nicht vergessen auf Anzeichen von Unterkühlung zu achten. In Folge einer Unterkühlung sinkt u.a. die Angstschwelle, was gerade bei Kindern böse Folgen haben kann.

Neben Theorie und Praxis ist aber noch mehr zu beachten. Die Wahl des Schnorchel-Platzes und die Umgebungsbedingungen sollten möglichst sicher und einfach sein. Außerdem sollte mit den

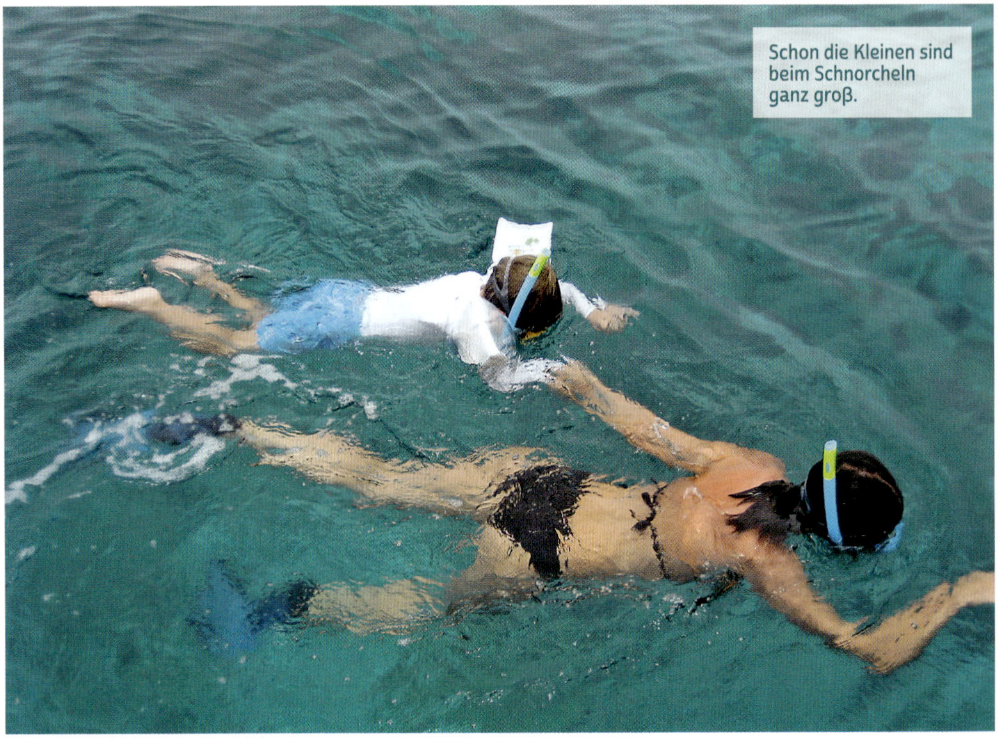

Schon die Kleinen sind beim Schnorcheln ganz groß.

Kindern die Tiere der Unterwasserwelt und ihr Verhalten besprochen werden.

Schnorchel-Ausrüstung für Kinder

Der richtige Umgang mit der Schnorchel-Ausrüstung ist Grundvoraussetzung für einen erlebnisreichen und vor allem sicheren Schnorchel-Ausflug. Die Ausrüstung muss speziell für Kinder zusammengestellt werden, wobei der Großteil, im Vergleich zur Ausrüstung für Erwachsene, kleiner und viel leichter ist. Der Nachwuchs ist aber auch auf eine sichere und gute Schnorchel-Ausrüstung angewiesen. Natürlich macht es bei Kindern wenig Sinn, auf Zuwachs zu kaufen, obwohl ja, wie wir wissen, der Schnorchel-Sport ein Leben lang faszinieren und begeistern kann. Ein wichtiges Auswahlkriterium im Kinderbereich ist sicherlich eine ansprechende Farbgestaltung der einzelnen Ausrüstungsteile. Nicht nur aus Sicherheitsgründen (besser Sichtbarkeit), sondern auch aus emotionaler Sicht sollten auffällige Farben gegenüber der Farbe Schwarz den Vorrang haben. Doch wer kauft schon gern teure Ausrüstung, wenn diese im nächsten Jahr bereits nicht mehr passt, oder dann vielleicht sogar ein neues Hobby aktuell ist? Einige Tipps können da sicherlich helfen, die richtigen Entscheidungen zu treffen. Generell sollte man seinen Nachwuchs mit auf die Einkaufstour nehmen, denn wer sonst soll und kann die neue Schnorchel-Ausrüstung richtig anprobieren?! Die Anforderungen an die kindgerechte Schnorchel-Ausrüstung sind folgende.

Maske

Kinder haben eine schmale Kopfform, weswegen Masken für sie deutlich kleiner sein müssen. Besonders das Maskenband verrutscht häufig am

Kindermasken gibt es in unterschiedlichen Formen und Farben, wichtig sind Qualität und Passform.

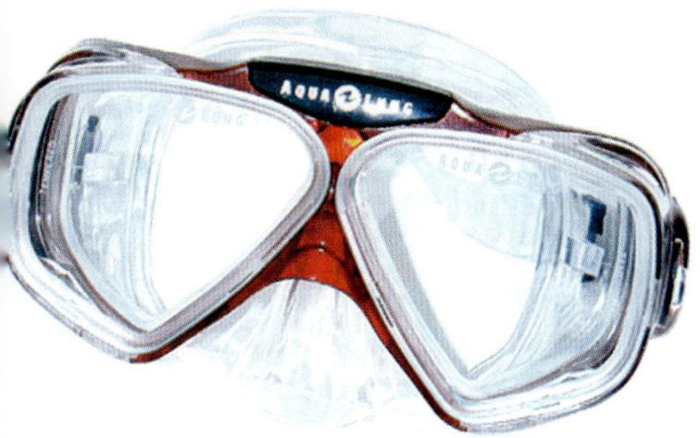

Hinterkopf nach oben oder unten, sodass die Maske undicht wird. Eine mögliche Lösung dieses Problems bietet beispielsweise eine breite Neoprenlasche, die über das Maskenband gezogen werden kann. Im den Fachgeschäften wird inzwischen eine große Produktpalette von verschiedenen Maskentypen für Kinder angeboten. Ansonsten sind die gleichen Produktmerkmale wichtig wie bei Erwachsenenmasken und auch die Passform wird bei beiden auf die gleiche Art und Weise überprüft.

Schnorchel

Kinder-Schnorchel müssen nicht nur kürzer als Erwachsenen-Schnorchel sein, sondern auch der Durchmesser sollte deutlich geringer sein. Sie haben damit ein kleines Innenvolumen, da Kinder keinen so großen Pressdruck mit ihren Lungen aufbauen können. Die DIN-Norm 7878 schreibt für Kinder-Schnorchel vor: maximale Länge 30 cm (zwischen Mundstück und Lufteintritt), Innendurchmesser von 15 bis 18 mm. Kinder-Schnorchel sind auch nicht ganz so gebogen und sollten keinerlei Konstruktionen am offenen Schnorchel-Ende aufweisen, die das Eindringen von Wasser verhindern, da diese erfahrungsgemäß meistens nur unzureichend funktionieren. Selbstverständlich sollte das Mundstück auch passen und bequem sein. Ansonsten sind die gleichen Produktmerkmale wichtig wie bei Erwachsenen-Schnorcheln.

Flossen

Die ersten Flossen sollten am besten mit geschlossenem Fußfach (auch Hallenbad-, oder Schwimmbad-, oder Schnorchel-Flosse genannt) sein, da diese Fersen und Gelenke schonen. Der Kinderfuß sollte möglichst scheuerfrei in der Flosse Halt finden. Das Fußfach sollte daher aus einem weichen, anschmiegsamen Kautschukmaterial bestehen, was günstige Billigware leider oft nicht bieten kann.

Flossen mit offenem Fußfach (auch Fersen- oder Geräteflossen genannt) sollten nur dann genutzt werden, wenn der Fuß beispielsweise im Freigewässer vor Kälte geschützt werden soll. Die Füßlinge schützen den Fuß zusätzlich beim Laufen über heißen Sand, spitze und scharfkantige Steine, Felsen oder Muscheln. Es gibt leider kaum Geräteflossen speziell für Kinder, weswegen bei Bedarf auf die kleinste Erwachsenengröße zurückgegriffen werden muss.

Füßlinge

Füßlinge gehören zu Flossen mit offenem Fußfach und können daher auch für die Schnorchel-Ausrüstung für Kinder wichtig sein. Füßlinge immer zusammen mit den Geräteflossen anprobieren, da sie als eine Einheit zusammen arbeiten. Füßlinge sind im Fachhandel bereits in Kindergrößen erhältlich. Sie geben den Füßen in den Flossen Halt und verhindern Blasen und andere Verletzungen der Haut durch Scheuern (Hautabschürfungen). Füßlinge schützen die Füße vor Kälte und gewährleisten Rutschfestigkeit sowie einen sicheren Tritt auf glattem Untergrund (z.B. Bootsdeck, Hallenbad etc.). Wer gern von Land bzw. vom Strand aus schnorchelt, wird gern auf Füßlinge zurückgreifen, da sie beim Laufen gut gegen heißen Sand, spitze und scharfkantige Steine, Felsen oder Muscheln schützen.

Tauchanzug

Beim Nachwuchs ist die Qualität und Passform des Tauchanzuges sehr entscheidend. Zu dick sollte das Material nicht sein, da gerade bei Kindertauchanzügen jeder Millimeter mehr die Bewegungsfreiheit noch viel stärker einschränkt (im Vergleich zu Tauchanzügen für Erwachsene). Grundsätzlich sollte das Neoprenmaterial sehr weich, möglichst dehnfähig und maximal 5 mm stark sein. Bewährt haben sich warme Zweiteiler mit Glattneopren an allen Abschlüssen. Dies reduziert die Wasserzirkulation und verhindert dadurch eine zu schnelle Auskühlung. Aber auch Neoprenoveralls mit langen Armen und Beinen eignen sich gut. Für wärmere Gewässer eignen sich Shortys mit halben Armen und Beinen, die es in der kleinsten Kindergröße XXS gibt, und die aus dünnem Neoprenmaterial bestehen. Reißverschlüsse sollten von Kindern gut bedienbare und robust sein, und den Kindern das selbstständige An- und Ausziehen ermöglichen. Neben dem passiven Kälteschutz durch Tauchanzüge gibt es noch den aktiven Kälteschutz durch beispielsweise Warmwasserduschen (vor dem schnorcheln einfach eine warme Dusche nehmen). Dies ist aber leider oft nur von kurzer Dauer, da über die dadurch erhöhte Hautdurchblutung die Auskühlung nur noch verstärkt wird.

Schnorchel-Weste

Schnorchel-Westen für Kinder müssen den Körperproportionen optimal angepasst und für Kinderhände leicht zu bedienen sein. Es ist darauf zu achten, dass die Bauchgurte und die Schulterbänderung verstellbar sind, denn mit ihrer Hilfe kann unter anderem ein ungenauer Sitz korrigiert werden. Außerdem ermöglichen sie es, die Schnorchel-Weste etwas auf Zuwachs zu kaufen, wodurch sie über einen längeren Zeitraum verwendet werden kann. Selbstverständlich muss auch bei kleinen Schnorchel-Westen der Auftrieb stimmen. Für Kleinstkinder haben sich auch Schwimmflügel bewährt.

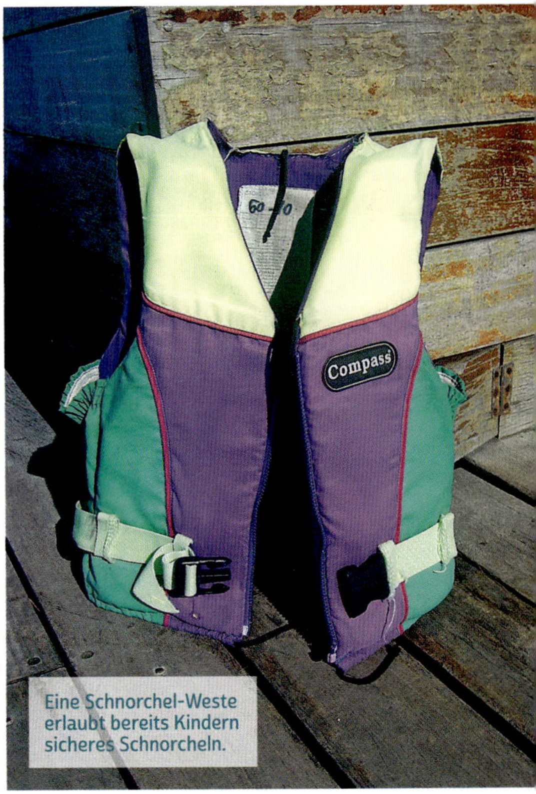

Eine Schnorchel-Weste erlaubt bereits Kindern sicheres Schnorcheln.

Bleigurt

Auf einen Bleigurt und auf große Zusatzgewichte sollte bei Kindern aus Sicherheitsgründen verzichtet werden.

Index

V

W

Z

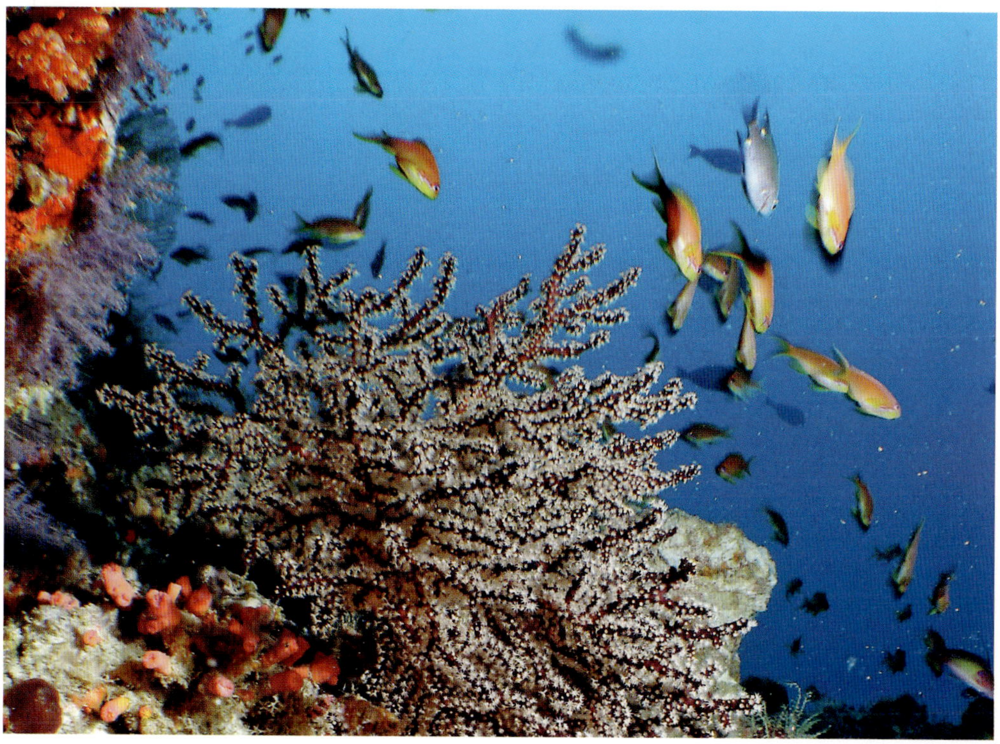